成都大学人文社会科学高水平学术著作出版资助基金资助

公司代表权体系化配置研究

宋　雨/著

法律出版社
LAW PRESS·CHINA
北京

图书在版编目(CIP)数据

公司代表权体系化配置研究 / 宋雨著. -- 北京 :
法律出版社, 2022
ISBN 978-7-5197-7073-0

Ⅰ. ①公… Ⅱ. ①宋… Ⅲ. ①公司法-研究-中国
Ⅳ. ①D922.291.914

中国版本图书馆 CIP 数据核字(2022)第 169350 号

公司代表权体系化配置研究
GONGSI DAIBIAOQUAN TIXIHUA PEIZHI YANJIU

宋 雨 著

责任编辑 孙东育 曲 杰
装帧设计 贾丹丹

出版发行 法律出版社
编辑统筹 学术·对外出版分社
责任校对 晁明慧
责任印制 陶 松
经 销 新华书店

开本 710 毫米×1000 毫米 1/16
印张 15.25 **字数** 210 千
版本 2022 年 9 月第 1 版
印次 2022 年 9 月第 1 次印刷
印刷 三河市龙大印装有限公司

地址:北京市丰台区莲花池西里 7 号(100073)
网址:www.lawpress.com.cn
投稿邮箱:info@lawpress.com.cn
举报盗版邮箱:jbwq@lawpress.com.cn
销售电话:010-83938349
客服电话:010-83938350
咨询电话:010-63939796

书号:ISBN 978-7-5197-7073-0
定价:88.00 元
凡购买本社图书,如有印装错误,我社负责退换。电话:010-83938349

目录

图目录

表目录

导　论

一、研究背景及意义

无论采“拟制说”(the fiction theory)还是“实在说”(the realist theory),公司都是以一个法律概念的形式存在,它由外部责任结构和内部治理结构两个不同的监管领域组成。在外部责任结构方面,法律必须决定公司以何种方式以及在何种程度上与其他市场参与者进行互动。为此,法律以赋予公司独立人格的方式,将公司塑造为一个资产和债权债务关系的集合,用来约束公司与其他市场参与者签订的合同,同时确定各自债权的顺序。作为组织的法人要一体化地对外承担责任,正如学者所言,“法人人格的突出后果是:权利义务均由作为一个整体的团体承担,并将成员个人完全排除在外;‘如果有什么东西应给付团体,它不应付给团体所属的个人,个人也不应偿还团体所欠之债’。个人作为团体成员有另一种身份,而且,即使该团体只剩下他一人,该身份也不同其人格相混淆”。[①] 不过,公司内外部的关系绝不是完全割裂的,这个联系就是公司的意思表示机制。因此,在内部治

---

① [意]彼得罗·彭梵得:《罗马法教科书》,黄风译,中国政法大学出版社2017年版,第55~57页。

理结构方面，法律会在不同程度上规范公司的内部信息和控制的流程及机制，确定公司的意思形成机制不会因内部人控制或管理失当损害公司、股东及其他债权人的利益，要保证公司对外意思表示的一致性和真实性。由于组织内的个人在代表组织对外作出意思表示的时候，责任由组织吸收，并依附于组织的人格，这表明：首先，一个组织内的不同个人不能或者不应当代表组织作出相反或者相冲突的意思表示。其次，组织由不同权力机关和雇员组成，内部存在分权与分工以及决策等级的划分是不争的事实，以至于有观点从宪治角度理解公司，并将其直接比作"私的国家"。

与此相悖的是，我国特有法定代表人制度打破了公司治理的框架，在这一制度下，公司只能由一个自然人作为唯一的公司代表人，其集对内管理、对外代表、向下监督、向法律负责等各种功能于一体；他是对外签订合同的最终授权者，也是公司财务的最后控制者，对企业的全部行为负责。不仅如此，如果法定代表人行为导致公司损失，除了刑法或行政法追究责任外，股东或者公司对这种行为无能为力。法定代表人还会与公司民主制度和权力分工相冲突。有学者认为，法定代表人制度在现实中是以国有企业为主的企业制度造成的，理论上则是受苏联法学影响。[①] 这一缺乏体系化代表权配置规则的制度在司法实践的适用中碰到诸多问题，因此，引来诸多批评。

《民法典》延续了原《民法总则》第 61 条第 3 款的规定，即法人章程或者法人权力机构对法定代表人代表权的限制，不得对抗善意相对人，从而在立法层面上确立了代表权的概念。这为代表制度赋予了新的技术支点：第一，法人制度问题意识的转换。由于特殊的历史背景，我国法人制度最初承载着推进国有企业改革的重要使命，不过，随着社会主义市场经济体制的确立，法人制度的问题意识已逐渐从实现国有企业的所有权和经营权分离，明确国有企业市场主体地位逐渐发展为法人内部结构与外部责任之间的关系以及由此衍生的相关问题。因此，基于对人性的合理

① 方流芳：《国企法定代表人的法律地位、权力和利益冲突》，载《比较法研究》1999 年第 3、4 期。

假设,响应商业实践的实际需要成为民法典时代法人制度的初衷;提高法人民事活动的效率,保障交易安全成为民法典时代法人制度的目标。相应地,法人制度也回归团体法规则所蕴含的必然内容,具体包括:法人的意思与表达,法人内部程序规则以及相关主体的利益冲突与协调等。第二,法人制度立法技术的提升。法人制度发展到今天,立法已经储备了一定的资源,足以实现民事立法技术的进一步提升。在民商合一的背景下,民事基本法和各单行法各自分工的格局已经形成,作为民事基本法的《民法典》适合解决民事主体的资格问题,而各单行法具有凸显具体类型的法人特点的优势,侧重于法人内部的权益分配。在此基础上,"意思决定与意思表达的事实性分离构成了区别于自然人的法人行为机制,这意味着可以对法人的意思决定与意思表达进行分别规制"。[①] 故而,区分法人内部的意思决定与意思表达成为立法技术上的当然选择。第三,代表制度的功能回归。在原《民法通则》及以前的时代,立法对代表制度并没有清晰的定位,也并未明确代表权的概念,实践中则常将法人的意思决定与意思表达集合在法定代表人一人身上,造成其成为法人内、外权力的垄断者。随着我国现代企业制度的不断发展,尤其是在吸取比较法的经验基础上,以公司为主要模型,法人的意思决定机关分化为由出资者组成的权力机关及其委任的董事会。在此背景下,代表机关的功能回归为单纯的实现法人的意思表达,代表制度的主要问题也转换为规范代表权的正确行使。除此之外,《民法典》对于职务代理制度进一步规范和明确,为职务代理制度更为广泛的实践创造了条件,这也意味着代表机关不再是法人意思的唯一表达者。

具体到公司这一特定法人类型,公司对外担保为代表权体系化配置提供了一个很好的视角和契机,十分具有代表性,其涉及公司金融担保、关联交易和无偿行为等几大交叉领域。为此,我国《公司法》第 16 条专门对这一特定类型的交易形态进行了立法规制,该条表明,即使是法人的法定代表人的行为(如法律行为),其效果也并不能当然归属于法人。不

---

① 蔡立东:《论法人行为能力制度的更生》,载《中外法学》2014 年第 6 期。

过,由于立法技术、时代背景和问题意识等原因,在关于公司对外担保的立法中,没有区分关联担保和非关联担保,造成了实践中的混乱,我国公司法缺乏体系化的代表权配置规则的弊端也在公司担保问题中表现突出。比如,实践中的同案不同判现象和同种类型案件对举证责任分配不同的情况的发生,最高人民法院先后公布的两则关于公司对外担保公报案例的判决结果和判决理由也有所不同。在学理探讨中,每年有大量的研究聚焦于此,从最早的规范性质之争①,到后来代表权限制属性之争,围绕公司对外担保问题的争议一直没有停息,至今仍然没有达成共识。为了解决相关的争议,2019 年年末,最高人民法院颁布的《全国法院民商事审判工作会议纪要》(法〔2019〕254 号)(以下简称《九民纪要》)最终将公司担保的裁判路径框定在代理规则之中,但这一权宜之举并不能真正解决问题,尤其是在该纪要仍然未区分关联担保和一般担保,立法仍未形成体系化的代表权配置规则的情况之下。比如,《九民纪要》规定在公司一般担保当中,相对人有对公司章程和决议等内部文件的审查义务,然而,公司章程的本质是自治性规范,具有极强的任意性和公司与公司之间的差异性,相对人查阅公司章程以及在此基础之上查阅相关决议机关的决议文件并确定决议程序符合章程规定显然不具有可操作性。②

从裁判结果来看,《九民纪要》迅速改变了司法实践的裁判规则,并实质性地影响了对公司对外担保合同效力评价的裁判结果。以最高人民法院审判的案件为例,在 2019 年 11 月 14 日《九民纪要》颁布前,司法实践普遍以内外区分的方式裁判公司对外担保案件,绝大部分案例认为,公司未经有权机关合法决议的担保合同有效,总有效率在 80% 以上。而在 2019 年年底《九民纪要》颁布以后,情况迅速发生了变化,2020 年最高人

---

① 参见钱玉林:《公司法第 16 条的规范意义》,载《法学研究》2011 年第 6 期;罗培新:《公司担保法律规则的价值冲突与司法考量》,载《中外法学》2012 年第 6 期;刘贵祥:《公司担保与合同效力》,载《法律适用》2012 年第 7 期;梁上上:《公司担保合同的相对人审查义务》,载《法学》2013 年第 3 期;王保树、崔勤之:《中国公司法原理》,社会科学文献出版社 2006 年版,第 42 页等。

② 参见吴越、宋雨:《公司担保合同中相对人审查义务的边界》,载《甘肃社会科学》2020 年第 4 期。

民法院审判的担保合同有效率迅速下降到 46.15%。

这种骤然的变化显然不利于同案同判原则，并且给商事审判带来了极大的不确定性，这种不确定的根源实际上正是缺乏代表权范围判定的体系化规则造成的。对此，有学者认为《九民纪要》的规定虽然暂时缓解了司法实践中裁判路径的分歧，但遗憾的是，立法未抓住时机建立体系化的效力规则，其表示："十几年来围绕第 16 条的适用规则，商法学界内部也有分歧，主流意见虽然坚持决议被否定、对外担保合同无效的基本原则，但终究没有提出体系化的决议外部效力规则，甚至缺乏提出决议外部效力规则学说的主动意识。"①如果建立了系统性规则，明确了代表权范围，那么如果是关联担保，自然应当受到关联交易的特别规制，关联担保在概括授权的代表权范围以外，代表人不得擅自代表。如果是一般担保，则根据对公司的重要性程度不同，划定的代表权范围判断合同效力。如果对公司影响大，自然就超出代表权范围，如果对公司影响小，当然属于正常交易，属于常规代表权范围之内，现在这种方式缺乏具体适用性，无疑对司法不利。

随着公司担保暴露出来的公司代表权体系化配置的缺失，更多问题开始引发人们的关注和反思，比如，公司的意思形成与表示机制的特别之处，如何能够规范实现公司意思的真实表达，过去的研究和认识中，人们对公司意思表示构造中的上述两类行为，在法律效力上都是采取"划界处理"的，法律将公司组织内部意思形成——公司决议的效力局限于公司内部，使其与公司意思表示——外部交易行为的效力区分开来，人们可能忽略了特殊情形下公司决议之效力可能具有外部扩张性。公司组织是自然人与资本之结合团体，属法律上拟制之主体人格，其意思表示构造源于自然人又超越自然人。公司组织体的意思表示具有复数性/多元性、可视性、程序性及意思形成与意思表示分离性的特点。尤其是，公司组织的内心意思是表示出来的，本身是一种意思表示过程。因此，法人的意思表示是复杂的构成（内部意思表示 + 外部意思表示），公司意思表示构造中存

---

① 李建伟：《公司决议的外部效力研究——〈民法典〉第 85 条法教义学分析》，载《法学评论》2020 年第 4 期。

在两类法律行为：一类是公司内部意思形成之法律行为；另一类是公司意思外部表示之法律行为。与自然人的意思形成不同，公司意思形成具有多元性、可视性、程序性和分离性等特点，[①]那么在作为公司意思表示出口的代表权配置规则中就不可能忽视公司意思形成的这些特点。

当意识到公司意思形成机制在代表权配置中的重要作用后，那么势必就要考虑公司决议的扩张性，即公司决议对代表权的效力约束。然而，这个问题在既有实践和理论中的争议同样非常剧烈。现有立法中，《民法典》第85条和《最高人民法院关于适用〈中华人民共和国公司法〉若干问题的规定(四)》(以下简称《公司法司法解释四》)第6条以相对人是否善意划分公司决议的效力，不过这一规则完全基于民法思维，未考虑商法和商事实践的特殊性，“忽视和损害了应受优位保护的公司组织及相关利益主体的利益”。[②]

上述问题都展现了公司代表权体系化配置的重要性，这一问题并不仅仅依靠法定代表人制度或者代表制度就能解决，如前文所言，公司代表权的配置与行使，是公司内部治理和经营成果的外化表现，因此，关系整个公司制度的成败。所幸，在2018年公布第十三届全国人大常委会立法规划中，《公司法》的修订被列入第二类，即“需要抓紧工作，条件成熟时提请审议的法律草案”，提请审议机关或牵头起草单位明确为“委员长会议”。这次《公司法》修改估计是继2005年的全面大修后又一次较大规模的立法修订工作，这为我们完善法律提供了一个历史机遇，也是本书的研究背景。

二、国内外研究现状

(一)国内研究现状

对于公司代表权的研究，最早始于对法人代表制度的研究。在早期

---

① 参见蒋大兴：《公司组织意思表示之特殊构造——不完全代表/代理与公司内部决议之外部效力》，载《比较法研究》2020年第3期。

② 李建伟：《公司决议的外部效力研究——〈民法典〉第85条法教义学分析》，载《法学评论》2020年第4期。

的研究中,石慧荣教授在《法人代表制度研究》(1996)一文围绕代表权、代表机关和代表行为等进行了基础性论述;甘培忠教授则在《公司代理制度论略》(1997)一文中通过比较方式探讨了公司法人代表制度,从理论与实践的结合上分析了几种不同情况下的代理关系,是较早提出代表权与代理权没有本质区别的学者之一。史际春和邓峰教授从法律经济学角度讨论了我国唯一制代表制度的产生背景和原因,他们在《论经济责任制对国企改革价值的再发现》(1999)中提出国有企业对领导责任承担的需求可能催生了法定代表人制度。方流芳教授《国企法定代表人的法律地位、权力和利益冲突》(1999)无疑是本研究领域非常具有影响力的一篇重要文章。在这篇文章中,方流芳教授以国有企业为研究对象,详细分析了我国代表制度的法律框架和产生原因等,并较早地分析了唯一制代表制度的弊端,强烈的权力和利益冲突造成了法定代表人在实践中权力滥用现象非常普遍,"风险和利益逆向行走",并提出针对国有企业的改革结论。不过该文的不足之处在于,除了国有企业,未延伸至其他类型的公司企业,这与文章的写作背景有关,在 20 世纪 90 年代,国有企业仍然是我国最主要的企业形式和经济力量;江平和龙卫球教授的《法人本质及其基本构造研究——为拟制说辩护》(1998)以及蔡立东教授的《重估"代表说"》(2000)两篇文章中,作者都提出了对"代表说"的质疑,其共同之处在于,认为代表和代理没有本质区别,代表说存在"无法回避和忽视的弊端",《法人本质及其基本构造研究——为拟制说辩护》提出,"法学创造法律人格概念,从而将现实实体与法律主体分离开来,现实的人属于社会的范畴,法律主体属于法律的范畴,它们不是同一的。因此,立法思想总是以它自以为是的目光挑选应予法律人格化的社会实体,建立以之为中心的法律秩序,以法权形式推入到现实世界"。这鲜明地表达了作者立场。该论文采纳了凯尔森的"法律秩序"说,阐述了法人概念与自然人概念在塑造机理上的相同之处。《重估"代表说"》一文聚焦于法定代表人的越权行为,其认为"代表说"顺应了效率居先这一现代法精神的价值指向。这是我国民事立法采用"代表说"的主要考虑和基本理由。这两篇文章的重要性在于较早地发现了代表说与代理说并非截然对立的两种理论,并且代表说更不是金科玉律,只是在特定理论和背景中较为适合当时环境的一种学说选择。不过,这两篇文章还是在民法思维下的分析,没有注意到商法上的特殊性。应该说,上述文献按时间顺序发展,逐渐从单一的代表理论开始结合代理理论讨论,说明了这两者密不可分的关系。

2000 年以后的研究逐渐开始在公司法领域讨论代表制度。杨继博士的《中国股份公司法定代表人制度的存废》(2004)一文以比较法研究,对比研究了德国和我国代表制度的异同。在这篇文章之中,杨继博士通过德国的文本和实践中的情况,介绍了德国的真正共同代表和不真正共同代表两种制度,表明德国大型股份公司在实践中实际上同时考虑了效率和安全两种因素,对我国公司代表制度的完善十分具有借鉴意义。柳经纬教授的《"斩不断、理还乱"的法定代表人制》(2006)一文是在针对 2005 年《公司法》修订以后的代表制度的变化展开论述的,其认为,2005 年《公司法》的修订虽然改变了单一的董事长模式,但唯一制的基本模式没有改变。并表示"修订基本上维持了原有的单一性的法定代表人制,并没有解决原有体制所存在的问题,而且它将经理作为法定代表人的备选人,势必改变传统公司的权力配置,滋生出更多的法律问题。"不过该文是以提出问题为主要内容的文章,没有就如何构建新的制度提出见解;杨汝轩的《论中国公司代表人制度的改革》(2012)主要是从法定和自治模式两种公司代表权配置模式中研究了公司代表权问题,其提出了在公司中全面推行自治模式的观点。该文的思路和具体方案非常具有参考价值,然而,该文并没有认真考虑公司类型的不同对代表制度的需求上的差异,尤其是公共性强的股份公司中,两权分离的现实和对内部人控制规制的强烈需求。殷秋实副教授的《法定代表人的内涵界定与制度定位》(2017)一文较为彻底地比较了代表制度和代理制度的差异,其认为代表本身与代理没有本质区别,两者之间的唯一区别只是形式上的,仅仅在于代表需要登记,而代理无须登记。这一见解非常具有启发性,不过,其没有注意到代表权和代理权在主体和授权方式上的差异,尤其是代表权与代表人职权的关系,对确定代表权范围发挥着至关重要的作用。蔡立东教授的《论法定代表人的法律地位》(2017)一文是其继《重估"代表说"》

一文又一非常具有现实意义的文章，该文的写作背景在原《民法总则》的颁布实施之后，其坚持了代表与代理没有区别的观点，并认为代表说的人格同一性假说是完全站不住脚的。不过该文的讨论也是建立在不改变法定代表人制度之上的解释论文章，并没有提出针对性的改革意见或措施。2019年，时隔20年以后，方流芳教授再次撰文讨论了法定代表人制度，其在《“法人”进入当代中国法律，意义何在》一文中，提出“一个机关是不是需要唯一的‘法定代表人’，这主要是看‘法定代表人’实在权限与机关权力分配的一致性”。从而开创了新的从机关构造角度讨论代表权与职权关系的研究角度。

除此之外，从代理角度探讨代表问题的文献也不在少数，比较有代表性的文献有：以民事代理制度为切入点的德国学者福·博伊廷教授撰写的《论〈德国民法典〉中的代理制度》(1998)、尹田教授的文章《民事代理之显名主义及其发展》(2010)、尹飞教授的《代理：体系整合与概念梳理》(2011)和《体系化视角下的意定代理权来源》(2016)、迟颖副教授的《意定代理授权行为无因性解析》(2017)、王浩老师的《论代理的本质：以代理权授予时的意思瑕疵问题为契机》(2018)以及许德风教授的《意思与信赖之间的代理授权行为》(2020)等文。在这些论文中比较值得特别注意的是福·博伊廷教授撰写的《论〈德国民法典〉中的代理制度》(1998)、王浩老师的《论代理的本质：以代理权授予时的意思瑕疵问题为契机》(2018)和许德风教授《意思与信赖之间的代理授权行为》等文章，因为它们都是从代理的发生原因方面对代表权作了解释。从商事代理制度为切入点的文献则更加丰富，比如周林彬和文雅靖的《表见代理实务问题分析：商事代理的视角》(2010)、蒋大兴教授和王首杰博士的《论民法总则对商事代理的调整——比较法与规范分析的逻辑》(2016)、徐深澄博士的系列文章《商事代理制度的合理性与立法路径选择》(2017)、《商事代理制度的合理性与立法路径选择》(2019)和《〈民法总则〉职务代理规则的体系化阐释——以契合团体自治兼顾交易安全为轴心》(2019)，郑泰安和钟凯教授的《民法总则与商事立法：共识、问题及选项——以商事代理为例》(2018)等文章。当然，这些文章大部分都并非专门针对公司代表的研究,不过这些文章中涉及代理和代表的内容也是非常具有参考价值的。

按照从一般到特殊的发展规律,除了上述专门讨论代表和代理的文章外,在公司法领域,讨论公司担保和法定代表人越权代表行为效力的文章对本书也十分具有参考价值,对这个主题的研究产生了大量的学术成果,比如钱玉林教授的《公司法第 16 条的规范意义》(2011)、罗培新教授的《公司担保法律规则的价值冲突与司法考量》(2012)、刘贵祥教授的《公司担保与合同效力》(2012)、梁上上教授的《公司担保合同的相对人审查义务》(2013)、高圣平教授的《公司担保相关法律问题研究》(2013)、冉克平教授的《论公司对外担保合同的效力》(2014)、杨代雄教授的《公司为他人担保的效力》(2018)、邹海林研究员的《公司代表越权担保的制度逻辑解析》(2019)和马更新教授的《公司担保中决议形成程序与合同效力认定间牵连关系探析》等。通过上述大量关于公司担保问题的学术讨论可见,公司代表权配置和行使问题在公司治理中的重要作用。不过,上述针对公司担保的文章的主要局限在于并没有围绕公司代表权问题做体系化的研究,这也是论文选题所决定的。不过,正是因为从现实中的公司担保问题折射出来理论问题,产生了本书的写作动机,关于公司担保问题的研究对于本书具有非常重要的参考意义。

当然,除了围绕代表制度探讨代表权问题论文外,由于代表权的配置问题的实质关涉公司治理和公司理论等根本问题,因此,这方面的文献也具有十分重要的价值。罗培新教授的《股东会与董事会权力构造论:以合同为进路的分析》(2016)、许可博士的《股东会与董事会分权制度研究》两篇文章对于本书展开对公司决策权分配问题的研究具有重要的启发意义;邓峰教授的系列文章,包括:《作为社团的法人:重构公司理论的一个框架》(2004)、《业务判断规则的进化和理性》(2008)、《公司利益缺失下的利益冲突规则——基于法律文本和实践的反思》(2009)、《董事会制度的起源、演进与中国的学习》(2011)和《公司合规的源流及中国的制度局限》(2020)对于本书形成对公司的体系化思考非常有帮助。在邓峰教授看来,公司应当是以董事会为中心独立于股东或股东团体,以社团性为基本特征，应当在公司内建立一个分权与制衡的公司治理体系，并且这个体系内是分权与分责共同构筑的，不应该有一个凌驾于所有制度之上的最高权威者——法定代表人，这一思想帮助本书形成了思想内核。蒋大兴教授的系列文章《团结情感、私人裁决与法院行动——公司内解决纠纷之规范结构》(2010)、《论公司治理的公共性——从私人契约向公共干预的进化》(2013)、《公司法中的合同空间——从契约法到组织法的逻辑》(2017)、《股东大会授权董事会的法理分析——基于理论与实践的双重解读》(2018)、《重思公司共同决议行为之功能》(2019)和《公司董事会的职权再造——基于"夹层代理"及现实主义的逻辑》(2020)等同样形成了对公司法和公司治理认识的体系化脉络，对本书形成核心观点具有巨大帮助。而且蒋大兴教授的观点往往十分具有创新性和突破性，比如在《重思公司共同决议行为之功能》一文中，蒋大兴教授指出，公司内部通过会议方式进行决议没有太大的实质意义，其作用主要是形式上的彰显权威和仪式感。再如，在《公司董事会的职权再造——基于"夹层代理"及现实主义的逻辑》(2020)中，蒋大兴老师提出了不同于传统观点的见解，认为公司意思的形成不只有股东会和董事会，实际上经理在现实中发挥了绝大多数情况下的决策作用，这是与公司实践的发展契合的。除此之外，李建伟教授的《公司决议的外部效力研究——〈民法典〉第85条法教义学分析》详细探讨了公司决议的外部效力问题，对本书也十分有帮助。最后，除了上述论文外，还有从经理权角度研究公司代表的文章，比如王保树教授和钱玉林教授的《经理法律地位之比较研究》(2002)对本书也非常具有帮助。

专著方面，蒋大兴教授在《公司法的展开与评判》一书中就经理的代表权问题提出了在我国确定经理代表权的必要性，并详细构建了我国设立经理权的具体规则。不过，该书提出的经理代表权和公司代表权的区分是让人困惑的，在实际中反而可能因概念的混乱致使达不到制度效果；蒋大兴教授在《公司法的观念与解释Ⅱ》中，提出了一个极富创新性的意见，即股东会的代表权。他认为，从代表权配置的一般机理来看，其应当与公司意思形成相联系，而不是割裂。在特定情况下，公司的代表机关可能无法正确代表公司对外作出意思表示,因此,应当由股东会作为代表机关。该文非常正确地指出了意思形成与意思表达的联系,并致力于在两者统一关系中进行代表权制度的构造,无疑非常具有建设性。不过,颇为遗憾的是,仔细阅读下来可以发现,该文中所研究的股东会代表权实际上是对股东会决议的对外效力问题的研究,其并没有明确表示,股东会的代表权具体由谁来行使。从机关构造的机理来说,股东会作为非常设的会议体机关,实际上是很难完成公司的代表职能的,公司决议文件本身实际并不能作为代表权的载体。在钱玉林教授的《公司法实施问题研究》一书中,讨论了公司意思形成机制和公司代表制度相关问题。关于公司意思形成机制的问题,钱玉林教授主要从股东会决议效力及其瑕疵角度为切入点,分析了瑕疵决议效力的问题,并提出了公司决议效力的二分法和三分法。关于公司代表制度的讨论,钱玉林教授探讨了代表制度产生和机关分化的原因,并提出了公司经理应当具有公司代表权的论点。应当说,钱玉林教授的讨论是在其前期成果的基础上形成的,具有非常重要的价值。不过,其在讨论中并没有将公司意思形成问题和公司代表问题联系讨论,也没在董事会的意思决策权方面着墨太多。对于经理的代表权,钱玉林提出其代表权是基于身份产生的观点与本书的论点有契合之处,不过,与本书不同的是,其认为经理代表权的缺失的漏洞应当由法官在裁判中弥补。邓峰教授的《代议制的公司:中国公司治理中的权力和责任》重点讨论了董事会在公司中的地位和作用,以及中国公司治理形成的模式。在该书中,邓峰教授明确提出了树立董事会为公司的决策中心,对于保持公司独立和治理结构的完整统一的意义。同时,邓峰教授还犀利地指出了中国公司治理的制度生成逻辑和路径依赖问题,在其看来,公司毕竟不同于政治制度,完全照搬政治制度的模式并不一定适合公司。该文对于我们正确认识股东会和董事会关系,以及如何建立适合中国的公司治理模式有十分重要的启发意义。在这方面,赵万一教授主编的《公司治理的法律设计与制度创新》也十分具有参考价值。李建伟教授撰写的《关联交易的法律规制》讨论了关联交易问题,这一问题对于正确构建具体的公司代表权配置模式也十分重要,尤其是在当今司法实践中,关联交易问题频发,法定代表人常常利用自身的独特定位,滥用代表权的背景下。除上述较为重要的文献以外,还包括郭富清教授的《公司权利与权力二元配置论》、刘文科老师的《商事代理法律制度论》、梅慎实教授的《现代公司治理结构规范运作论》等著作都对本书研究具有参考价值。

(二)国外研究现状

在国外文献方面,除了中文译著类文献,主要有以下文献对讨论本书主题很有帮助。首先是从比较法角度全面介绍世界主要国家公司治理和代表制度的文献:*Comparative Company Law*(Carsten Gerner-Beuerle, Michael Schillig,2019)是英国牛津大学出版的重要公司法学术文献,本书不仅介绍了文本上的法律,还介绍了法律文本之后大量的学术理论;剑桥大学出版的 *Comparative Company Law*:*Text and Cases on the Laws Governing Corporations in Germany*,*the UK and the US*(Andreas Cahn, David C. Donald,2018)也是一本重要的公司比较法专著,与前述文献不同的是,该文献除了法律文本,还搜集了大量相关案例,对于本文理解具体制度在国外的实践情况非常有益;同样由剑桥大学出版的 *Corporate Governance in ASIA*(Bruce Aronson、Joongi Kim,2019)则专门介绍了亚洲地区的公司治理情况,资料非常新颖和宝贵,该专著从立法宗旨、法律框架、价值导向和具体规则等方面全面介绍了亚洲地区的立法和实践情况,对于本书研究具有较大参考价值。

相对于大陆法系的代表制度,英美法中的代理制度是相对陌生的,因此,除了上述全面性的比较法专著,为深入理解英美法上的公司代表制度,这些专著对于本书的研究也非常有益。英国方面,主要有:保罗·戴维斯(Paul L. Davies)和萨拉·沃辛顿(Sara Worthington)两位教授是英国公司法的权威学者,他们所著的 *Gower's Principles of Modern Company Law*(2016)对英国公司法成文法和判例法进行了详尽的介绍,包括英国《2006 年公司法》的演变、成文理由和今后可能的发展方向。除了上述全面性的论著以外,萨拉·沃辛顿教授个人撰写了 *Sealy & Worthington's Cases and Materialsin Company Law*,与前述论著不同,在这一文献中,作者主要分专题进行研究,其中,对于与本书研究主题紧密的“越权原则”

“特昆德规则”等有专章介绍和讨论,从其表述来看,英国学者对于英国立法从绝对的越权无效到如今形成的仅仅“知道”不能构成非善意的规定也是非常惊讶的。德里克·弗伦奇(Derek French)教授所著 *Mayson, French &Ryan on Company Law*(2019)在英国被定位为教科书,对研究英国法基础性知识进行了介绍。

美国方面,经典专著主要有富兰克林·格乌尔兹(Franklin A. Gevurtz)所著 *Corporation Law*(2000)、詹姆斯·考克斯(James D. Cox)和托马斯·哈森(Thomas L. Hazen)教授合著的 *Cox & Hazen on Corporations*(2013)以及詹姆斯·考克斯和马尔文·艾森伯格(Melvin A. Eisenberg)教授合著的 *Cox and Eisenberg's Business Organizations, Cases and Materials*(2019)。这三个重要的文献是美国著名公司法学者所著,对美国公司法的立法、判例和理论作了详尽的介绍,并包括了作者本人的学术讨论和观点。其中与本书有关的,关于美国公司法中关于关联交易的“安全港规则”“商业判断规则”等补充了大量案例,对本书的研究具有裨益。除此之外,罗伯特·布朗(J. Robert Brown)和丽莎·凯西(Lisa L. Casey)教授所著 *Corporate Governance*(2016)从公司治理角度讨论了大量美国公司法实例中的情况,如今,公司治理已经成为横跨法学、经济学、管理学、政治学、社会学乃至宗教学的共同课题,这一文献的价值就在于以美国公司实践中的做法为导向,展开跨学科研究,尤其重点介绍了伯利和米恩斯自 1932 年提出两权分离八十多年后,美国公司在发展中的实际变化,这个变化的一个主要反应就是公司控制权的进一步下沉,如今美国公司中的大量决策是通过以 CEO 为代表的经理层作出,美国实践也倾向于将经理层作为公司的主要决策者和经营者。

除此之外,由杰弗里·戈登(Jeffrey N. Gordon)和沃尔夫·乔治·林奇(Wolf-Georg Ringe)教授主编的论文集 *The Oxford Handbook of Corporate Law and Governance*(2018)、由贝特·夏菲尔(Beate Sjåfjell)和克里斯托弗·布鲁纳(Christopher M. Bruner)教授主编的论文集 *The Cambridge Handbook of Corporate Law, Corporate Governance and Sustainability*(2020),其中收录的有影响力的论文对本书研究也很有帮

助。比如收录于前者中由罗纳德·吉尔森(Ronald J. Gilson)撰写的 *From Corporate Law to Corporate Governancn* 讨论了公司法与公司治理的关系,包括在不同理论下对公司的认识等问题。这个讨论的核心就在于,以不同的角度认识公司,则公司治理的核心就不同,从而影响公司的决策机制和执行方式;约书亚·格兹勒(Joshua Getzler)教授的论文 *Fiduciary Principles in English Common Law*(2018)全面回顾了信义原则在公司法发展历程中所起的作用,其尤其指出了在公司法发展初期,以信托为原型的合股公司是如何从“协议”变成“法人”的,对于本书研究制度原型很有帮助;亨利·汉斯曼(Henry Hansmann)和莱纳·克拉克曼(Reinier Kraakman)两位教授是以法律经济学作为研究方法的,在公司法学界非常有影响力。其系列论文 *The Essential Role of Organizational Law*(2000)、*Law and the Rise of the Firm*(2006)从经济学视角分析了公司独立人格的意义,两位教授另一篇论文 *The End of History for Corporate Law*(2001)提出了以股东利益之上是实现公司及相关利益者利益的最佳手段,可以说,这篇论文就像亚当·斯密提出“看不见的手”那样在公司法学界具有深远的影响。当然,对本书影响最大的当属美国公司法学者梅尔文·艾森伯格(Melvin A. Eisenberg)教授,他的思想是深远并且有预见性的,无论是对美国的学术和立法的影响还是对世界其他地方,都不能忽略其对公司法发展所作的贡献。艾森伯格教授早在1969年的论文 *The Legal Roles of Shareholders and Management in Modern Corporate Decisionmaking* 就提出了股东会和董事会在决策权分配上的一个基本模型,充分体现了艾森伯格教授逻辑思维和理性思维的能力,这一标准决策模型也符合两权分离的现实,颇为合理,为本书探索公司决策结构的应然建构提供了很大帮助;在1975年论文 *Legal Models of Management Structure in the Modern Corporation: Officers, Directors, and Accountants* 里,艾森伯格教授探究了董事会和经理角色的变革,提出了现代公司的大分工,董事会履行管理职能存在时间、信息、人员组成、选任和期限上的约束,其职能应当从管理、经营职责向监督经理层方向转变。艾森伯格教授的这一观点影响巨大,从《示范公司法》开始,美国法逐渐采纳了其观点。

这一结论为本书研究董事会和经理的分权与分工问题具有启发意义。在 *The Duty of Care of Corporate Directors and Officers*（1989），艾森伯格教授最早界定了董事注意义务，并提出“在公共性较强的公司中，董事会应当对公司产生的‘系统性错误’负责”，这一论点对于本书研究董事会是集体代表还是个人代表问题提供了导向，在公共公司中强调的安全和效率，分别由董事会和经理来实现；1999 年，在 *The Conception That the Corporation is a Nexus of Contracts, and the Dual Nature of the Firm*，艾森伯格教授提出了公司与外界的界分，在公司内部是存在权力和权威的，而公司参与市场的过程中，其才能作为一个合同连结点来认识，从而，他认为公司的本质就像物理学中的光一样，是双重属性的。受其影响，本书在考虑文章结构时，也从两个角度考虑，公司内部的分权与制衡，外部的相对人保护，必须在一个统合思想下，实现内部利益与外部利益的平衡。拉里·索德奎斯特（Larry D. Soderquist）教授的 *Theory of the Firm: What a Corporation Is*（2000）一文对公司本质的认识是独到的，其认为公司就像一个星座图（Constellation Theory），根据围绕其星星的数量发生变化，从最小的单星最后发展成星云。对于本书的意义在于，这个比喻生动地描述了公司社团性和公共性的变化，对公司本质的影响，不同的两个公司的社团性和公共性本质是完全不同的，从而提示我们对于这两种公司应当采取不同的治理结构。

除了以上的英文文献外，还有大量译著文献对本书的研究很有帮助。比如日本法学家前田庸所著、王作全教授翻译的《公司法入门》；韩国学者李哲松所著、吴日焕老师翻译的《韩国公司法》，德国公司法专家托马斯·莱赛尔和吕迪格·法伊尔合著，高旭军等翻译的《德国资合公司法》等，都对本书的比较研究具有非常重要的作用。

三、研究方法

（一）实证研究的方法

本书采取案例统计和典型个案分析相结合的方法对本书研究对象展开研究。在案例统计方面，本书通过检索中国裁判文书网所登载的关于公司为他人提供担保相关案例的裁判文书确定样本案例来源,[①]采用多阶抽样[②]的方法从中抽取相关案例507个对公司为他人提供担保问题展开研究[③]。样本案例包含我国四个审级的人民法院所审理的案件;[④]在审判程序方面,样本案例包含了通过一审、二审和审判监督程序裁判的案件[⑤],能够在一定程度上反映司法实践的整体情况。案例统计只能显示趋势,并不表明趋势背后的原因和逻辑,在典型案例分析方面,案例类型不仅仅局限在公司对外担保问题,本书挑选数十个与公司代表权相关的案例作为研究对象,这些典型案例或者判决结果值得商榷、或者说理部分值得关注、又或者可能对同一问题出现同案不同判的情况等,这些典型案例均匀分布于本书各章节,基本每一章的问题都不泛泛而谈,做到有的放矢。总之,这些争议或者纠纷的事实成为研究公司代表权体系化配置的最佳实证资料,为本书论证的说服和为论文的应用提供价值。

(二)比较研究的方法

虽然大陆法系和英美法系国家对法人的本质存在不同认识,但就公司行为方面而言,代表和代理没有本质不同,英美法国家也存在主要归因规则(Primary Rules of Attribution)和一般归因规则(General Rules of Attribution)的区分,前者主要适用公司法规则,后者主要适用合同法或代理法规则。[⑥] 因此,本书在研究过程中大量采用了比较研究的方法,考察各国家在公司意思形成、代表权范围和行使规则等方面的异同。在研究

---

① 由于中国裁判文书网所收录的裁判文书并非司法实务中所有相关案例的裁判文书,因此本书将裁判文书网收录的裁判文书视为全部相关案件的一阶随机样本。

② 参见[美]Alan Agresti、[美]Barbara Finlay:《社会科学统计方法》,朱红兵、何丽娟译,电子工业出版社2011年版,第23页。

③ 样本案例抽样起始时间为2013年8月2日,截止时间为2019年6月30日。

④ 样本案例中最高人民法院审理案件为全国范围内整群抽样,高级人民法院审理案件为全国范围内整群抽样,中级人民法院和基层人民法院所审理案件为北京市、天津市、上海市及重庆市四直辖市范围内的整群抽样。

⑤ 为避免重复抽样,本书全部样本案例均为生效判决案例,未生效判决或经审判监督程序审理的原审判决案例未纳入抽样范围。

⑥ Carsten Gerner-Beuerle & Michael Schillig, *Comparative Company Law*, Oxford University Press, 2019, p. 473.

对象方面，本书主要选取了大陆法系中比较有代表性的欧洲国家——德国和法国，与我国同属东亚文化圈的日本和韩国，以及英美法系国家最具代表性的两个国家——英国和美国。在研究内容方面，本书主要考察了大陆法系国家成文法的法律文本规则和学说理论；英美法则分别研究了成文法和判例法，并比较了成文法对判例法的影响和判例法对成文法的遵循情况。同时，本书也对英美法系国家的学说理论进行了研究，极大地丰富了研究视野。

（三）规范分析的方法

在民商法的研究领域内，规范分析的研究方法始终占据重要地位，本书也不例外。本书的主要研究对象——公司代表权，同时受到传统民法意思表示制度，代表和代理制度以及商法公司理论的影响，因此，本书离不开上述制度理论的支撑。具体而言，第一，本书以民法意思表示理论为模型，按照意思表示组成，即意思（Wille）与表示（Erklärung）①，区分意思表示的意思形成和表达。在此基础上，根据意思形成与表达的分离与否，总结出公司意思表示与自然人之间，不同类型的公司之间意思表示的不同特点，明确了公司意思表示机关和公司意思形成的逻辑，由此得出公司代表权应当受到公司决策结构和决策形式的约束，并以决策权归属作为股份公司代表权体系化配置的类型构建基础。第二，针对司法实践中的问题，分别以不同角度为切入点，论证和明确了公司代表权的范围，并具体解释了公司内部对代表权的意定限制与法律对代表权的法定限制对代表权范围的不同影响。第三，针对司法实践中的问题，在不同法律规范与商法价值之间寻找平衡，明确了代表权的行使规则。第四，重新审视了公司理论中极为重要的两权分离的真正含义，重新认识两权分离，在中国语境下，“控制权”与“经营权”应作合理区分。在此基础上，反思现有立法对有限公司与股份公司区分度不足造成的弊端，提出以公开公司与封闭公司作为公司类型划分的合理之处，以此作为区分两类公司代表权配置方案的基础。

---

① 参见朱庆育：《民法总论》，北京大学出版社2016年版，第192页。

四、本书的研究路线

本书的行文结构和研究路线图基本按照传统的提出问题、分析问题和解决问题的逻辑结构和思维路线展开。首先,本书在第一章中以实证分析的研究方法发现和提出由于我国公司代表权体系化配置的缺失在司法实践中的具体表现,并归纳出主要四个方面的问题,即代表权行使主体单一、代表权行使中的决策结构不清、代表权权限范围不明和代表权行使规则混乱,这部分相当于本书的问题提出部分。其次,本书的第二章、第三章和第四章分别就第一章中提出的三个问题对应展开分析,该三章之间的关系为并列关系。第二章公司的意思决定机制是公司代表权体系化配置的前提,根据传统民法意思表示的一般原理,作为意思表达部分的代表权规则要受到公司意思形成的约束。这一章节主要对应第一章中提出的代表权行使中的决策结构不清问题;第三章论述公司代表权范围的确定,为本书核心章节,对应解决第一章提出的代表权权限范围不明的问题;第四章讨论了公司代表权的行使规则,这部分内容对应第一章中提出的代表权行使规则混乱的问题。第一章中提出的代表权行使主体单一的问题则贯穿于第二章、第三章和第四章始终。最后,第五章为本书的结论部分,根据前文的分析,得出由于代表权体系化配置的复杂性和困难性,提出类型构建方案。(见图0－1)

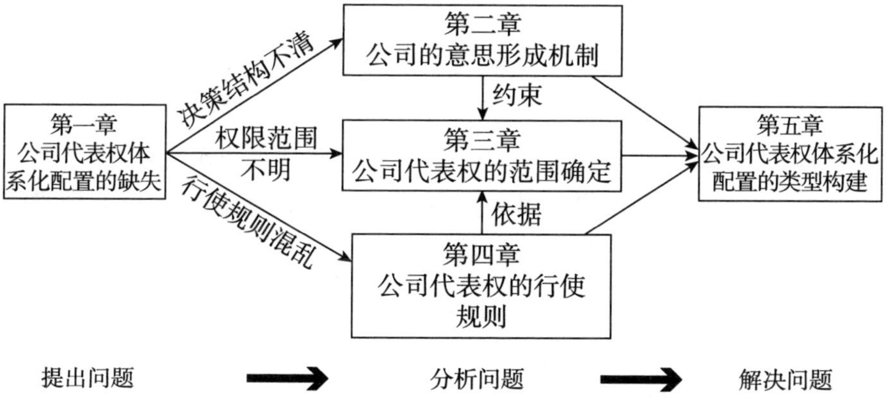

图0－1　本书的研究路线

五、创新与不足

本书研究可能的创新在于视角、材料和论点,以新视角为切入点展开论述,以新材料作为论证材料和探讨对象,最终形成新的观点。

首先,本书以代表权为切入点展开研究,并以传统意思表示理论为模型区分公司与自然人的不同,这与其他同类型研究的视角不同。其他同类型研究或者以公司整体视角切入,关注代表行为的效力;或重于历史的研究,重点介绍公司代表制度的历史沿革,或重于法定代表人本身的权利、义务和责任,但很少从代表权角度切入,从公司治理角度作体系化的整体思考。代表行为的效力问题当然重要,不过同类型的研究已经汗牛充栋,不仅仅是公司法领域的学者在研究,传统民法领域的学者的研究成果本身已很难超越;代表制度的历史研究当然也是个重要的领域,不过,历史梳理的目的是作为以后的经验借鉴,具体结论还是要立足于未来;法定代表人的权利、义务和责任是传统的民法研究思维,没有考虑到从整体上对公司治理的影响。

其次,本书以大量的相关案例作实证研究,并结合全方位的比较法内容,本土实际情况结合域外经验和学说,是为本书研究的新材料。美国大法官霍姆斯在《普通法》一书中开篇就说:"法律的生命不在于逻辑,而在于经验。"表明了案例研究的重要性,其本质上是一种与时俱进的法律发展观。本书在研究过程中,以社会统计学中科学的采样方式,提取大量与本书研究主题相关的案例作为实证研究对象,是在其他同类型研究中不多见的。不仅如此,仅仅依靠实证数据并不能充分说明问题,有时数据背后可能存在不同的原因和解读,原因在于案例统计只能显示趋势,并不表明趋势背后的原因和逻辑。因此,本书在微观层面上,同时结合大量的典型案例作具体的案例分析,从裁判背景、裁判理由和裁判结果深入分析现有制度在实践中的运行情况。在域外比较研究方面,本书的研究以特定有代表性的国家为比较研究对象作深入研究,避免为比而比,只比纸面上的法律,不研究制度背后的理论和实践情况的做法。这样做的好处在于,对于具体制度的理解能够更加清晰、理性,法律规则背后底层的文化认识,限制、约束着法律制度的形成、发展和变化,深入理解这些内容,才能得出比较公允的结果,单纯探讨文本法律的优劣并没多少实际意义。

最后,在以新视角为切入,新材料为支撑的前提下,本书得出了与其他同类型不同的新结论。首先,本书具体研究了代表权和代理权的异同,提出了代表权是特殊代理权的主张,并细致梳理了其特殊之处。本书具体研究了公司的意思形成与表示机制,借鉴域外学说和立法、司法经验,建立了一个将公司意思决策与公司机关职权相对应,公司两权分离与职责相对应的理论模型。本书澄清了两权分离的真正含义,提出了按照公司类型划分代表权配置规则的新观点。

本书的不足之处在于,首先,可能关于代表权的讨论并不全面,本研究仅仅涉及了公司对外行为中的代表权配置问题,没有涉及公司特殊情况下的代表问题,比如,监事会在特定情况下的代表权,股东代表诉讼中代表权问题等。其次,由于时间、语言和能力等所限,面对这个既有很强理论性又有实践性的命题,可能不能做到细致入微和完全精确。尤其是,受语言限制,对于大量英语文献以外的文献,只能依靠译著文献展开研究,这无疑对研究视野有一定的局限性。

第一章　公司代表权体系化配置的缺失

一、公司代表权及相关概念的界定

（一）代表权的性质

概念的明晰是法学研究的起点，我国《民法典》第61条第3款规定，法人章程或者法人权力机构对法定代表人代表权的限制，不得对抗善意相对人。从而，第一次从立法层面上确立了代表权的概念。然而，在学理上，关于代表权的性质一直存在争议。

从学术讨论来看，针对代表权的性质，学界目前主要存在三种理解。第一种观点为权力说，认为："公司代表权是公司代表人代表公司为意思表示的权力。"①第二种观点为权利说，认为："在大陆法系国家，将公司机关（或法定代表人）所享有的代表公司为法律行为的权利称为代表权。"②第三种观点为资格说，其认为"从性质上看，代表权与代表人不仅无利益可言而且也无强制支配力可言，因而它既不是权利，也不

---

① 朱慈蕴：《公司法原论》，清华大学出版社2011年版，第138页。

② 范健、蒋大兴：《公司经理权法律问题比较研究——兼论我国公司立法之检讨》，载《南京大学学报（哲学·人文·社会科学）》1998年第3期。

是权力或权限，只是一种平等交往的资格或身份。”[①]或“代表权是代表人能够对外代表公司作出意思表示或者接受意思表示的权限或资格。”[②]这一观点强调代表人通过自身意思表示改变他人法律关系的地位，较为接近代理权的性质。传统民法观点认为，代理权是代理人为他人为法律行为的效力的直接归属于本人的权能、资格或地位。[③]

权力说的观点显然是从职权角度来看待代表权的，但是职权是建立在职位基础之上的，并不是代表人个人有权力约束公司。权力说强调代表人行为对公司的约束力，以公司人格和代表人人格的同一性为前提，即“代表人的行为就是公司的行为”。[④] 这一学说的理论基础是“有机体说”（organ theory）。在观念上，将法人的机关视为法人本身，这是法人“实在说”的自然逻辑推导，属于“实在说”的衍生理论。然而，将法人的机关视作法人本身并不等同于将组成法人机关的自然人也视作法人本身，尤其是独任制的法定代表人制度更缺乏有效的监督和制约。将法人的机关视作法人本身的制度设计是为了满足实现法人意思能力和行为能力的需求，实现法人行为的可归责性，这既不代表组成法人机关的自然人的人格的消灭或消失，也不意味着不区分法人行为和组成法人机关的自然人的行为。近年来，越来越多的学者对“代表人的行为就是公司的行为”的这一“人格吸收理论”提出批评，由于人的自利性本能，代表人的自然人人格与法人人格的完全同一是不可能实现的，[⑤]“进而，如果人格上的同一性无法贯彻，代表制度就丧失了立论基础”。[⑥] 事实上，在满足法人行为能力基础上，各国越来越重视通过立法技术来区分法人机关和组成法人机关的自然人，比如，在代表权公示方面的商事登记制度、在代表权行使

---

① 石慧荣：《法人代表制度研究》，载《现代法学》1996 年第 4 期。

② 杨汝轩：《公司代表人法律制度研究》，中国政法大学 2008 年博士学位论文，第 8 页。

③ 参见王泽鉴：《民法概要》，北京大学出版社 2011 年版，第 101 页；马俊驹、余延满：《民法原论》，法律出版社 2010 年版，第 226 页；陈华彬：《民法总则》，中国政法大学出版社 2017 年版，第 594 页。

④ 朱慈蕴：《公司法原论》，清华大学出版社 2011 年版，第 154 页。

⑤ 蔡立东：《论法定代表人的地位》，载《法学论坛》2017 年第 4 期。

⑥ 殷秋实：《法定代表人的内涵界定与制度定位》，载《法学》2017 年第 2 期。

方面的联合签名、印章制度以及集体代表和共同代表制度等。还需注意，机械地将代表人的行为视作法人行为的观点，“只能解决法人是否能够对其行为负责的问题”，“无法回应法人意思与其表达不一致时所引发的民事法律行为效力的问题”。[①] 更重要的是，这一观点在将代表人行为视为法人行为的同时，也否定了代表权存在范围和限制的问题，即代表人的代表权与公司权力（Corporate Power）无异，这显然不符合实际情况，公司机关的能力不可能等同于公司的能力，就像自然人的手或脚的功能不可能等于整个人。并且，这种认识既不利于公司内治理结构的自治性需求，也不利于实现国家在特定情况下立法目标的实现。事实上，承认代表权存在范围和限制已经成为国际上的立法惯例，[②]我国《民法典》也顺应了这一立法趋势，为我国的代表人制度提供了新的技术支点。前述关于法人章程和权力机构对法定代表人代表权的限制不得对抗善意相对人的规定表明：第一，法人内部可以对代表权进行限制。第二，当相对人不为善意的时候，代表人的行为不能归属于法人。

权利说从代表人自身的角度出发，侧重于公司内部关系，强调只有代表人可以代表公司对外行为的排他性。但是，从民法角度讲，权利总是和民事法律关系中的主体联系在一起的，常常意味着主体的利益或意志。比如，德国通说认为，权利是“旨在维护特定利益之意志支配力”。[③] 我国民法学家对权利的描述是，所谓确认社会每个成员均拥有一定范围自身利益为法律生活的出发点，并将这种利益量化为一个个“个人享有特定利益的法律之力，这就是权利。[④] 显然，在公司与代表机关的关系上，在代表机关与其他机关的关系上，代表机关并不能被看作独立的民事主体，它们是整体与部分、部分与部分的关系，不存在为维护特定利益的权利。因此，权利说也是混淆了代表机关与代表人个人的一种观点，代表人是指拥

---

① 蔡立东：《论法人行为能力制度的更生》，载《中外法学》2014 年第 6 期。

② 参见吴越、宋雨：《公司担保合同中善意相对人认定标准研究——基于〈民法总则〉对〈合同法〉第 50 条之扬弃》，载《社会科学研究》2018 年第 5 期。

③ 朱庆育：《民法总论》，北京大学出版社 2016 年版，第 503 页。

④ 参见龙卫球：《民法总论》，中国法制出版社 2002 年版，第 117 页。

有代表权的自然人,其作为一个独立民事主体的自然人才能谈得上权利。另外,应当指出的是,权利说或多或少也受到了权力说的影响,将代表人为实现约束公司的效果描述为权利。然而,正如凯尔森所指出的,“法律的实效(私权)不等于法律的权力。如果法律实效等于任何自然现实,那就不可能理解法律指向现实并因而监督现实的特定意义了”。[①]

本书赞同资格说,并认为代表权“既不是权力也不是权利”,从性质上讲,其类似于代理权,是一种权限、资格或地位。必须明确和再次强调的是,代表人约束法人的基础是其作为代表机关的职权,而不是代表人个人的权力或权利。从组织社会学的角度看,公司是法人,同时也是一个组织。马克斯·韦伯认为,任何组织的成员与成员、成员与组织之间都存在支配关系,[②]让这种支配得以正当化的来源只有三个,即法理型权威、传统型权威和“卡理斯玛”式权威。[③] 其中,法理型权威的突出特点和运作方式是:按照合理规则进行运作,对法理型权威支配的服从是针对规则,而非针对人。[④] 调整公司支配关系的是法律、章程等组织规则,[⑤]这显然符合韦伯所谓的法理型权威的特征。在这种权威之下,成文规定是所有行为的依据,行动必须与规则一致,规则必须体现在每一事件中且要保持连续性,其核心是一种观念,即权威是职位的权威,而非占据职位的人的权威。[⑥] 具体而言,公司代表人的行为之所以能够约束公司,是因为其处在代表机关的职位或资格,其职权的正当性来自法律和公司章程的直接规定。因此,本书认为,代表权指公司代表人依据法律和章程为他人为法律行为或事实行为的效力的直接归属于公司的权能、资格或地位。

---

① [奥]凯尔森:《法与国家的一般理论》,商务印书馆2013年版,第188、189页。

② 参见[德]马克斯·韦伯:《支配社会学》,康乐等译,广西师范大学出版社2010年版,第18页。

③ 参见[德]马克斯·韦伯:《支配社会学》,康乐等译,广西师范大学出版社2010年版,第19页。

④ 参见[德]马克斯·韦伯:《支配社会学》,康乐等译,广西师范大学出版社2010年版,第23页。

⑤ 参见许德风:《组织规则的本质与界限——以成员合同与商事组织的关系为重点》,载《法学研究》2011年第3期。

⑥ 参见[德]马克斯·韦伯:《支配社会学》,康乐等译,广西师范大学出版社2010年版,第37页。

(二)代表权与代理权

如前所述,代表权与代理权在本质上是没有区别的,都是通过行为人自身行为,其法律效力直接归属于本人的权能、资格或地位。因此,将公司代表人称为公司特别职务代理人的观点是合理的。① 事实上,作为大陆法系立法的代表性国家——德国正是以代理理论作为代表权基础理论的,②这一点通过德国法都是用"Vertretung"一词来指称代表权和代理权就足以看出。③ 因此,德国将法人机关称为法定代理人。④ 并且,与我国不同的是,德国主流学说以代表来解释代理,认为代表和代理在适用上也没有差别。⑤

代表权与代理权没有本质的区别,意味着:第一,代表权与代理权一样,存在范围和限制的问题,进而提出了对代表权行使方式的要求。第二,当代表制度没有特别规定时,应当适用代理制度的规定,以弥补代表制度规则上的缺失。这种适用并非类推适用,而是基于特别法与一般法的关系基础上的当然适用。不过,特别法优先于一般法,厘清代表权之于代理权的特别之处是非常必要的。本书认为,代表权与代理权存在如下区别:

第一,代表权的享有主体特定。作为法人的公司,其意思表示存在分离性,即意思形成和意思表达分别由不同机关承担。按照法律和章程规定,公司承担对外表示职能的机关为代表机关。代表权只能授予组成代表机关的集体或个人,当这些主体不再组成代表机关时,即丧失代表权。正因如此,在法人"实在说"的框架下,代表也可称为机关代理(organschaftliche Vertretung)⑥。而代理权一般具有一定的人身属性,即代理权的享有主体为明确的自然人或法人,代理权一般不因代理人身份

---

① 参见蔡立东:《论法定代表人的地位》,载《法学论坛》2017 年第 4 期。

② 参见邓峰:《普通公司法》,中国人民大学出版社 2009 年版,第 116 页。

③ 参见许德风:《意思与信赖之间的代理授权行为》,载《清华法学》2020 年第 3 期。

④ 参见龙卫球:《民法总论》,中国法制出版社 2002 年版,第 357 页。

⑤ 参见[德]福·博伊庭:《论〈德国民法典〉中的代理理论》,邵建东译,载《南京大学法律评论》1998 年第 2 期;朱庆育:《民法总论》,北京大学出版社 2016 年版,第 332 页。

⑥ See Reinhard Book, Allgemeiner Teil des Burgerlichen Gesetzbuchs, 3. Aufl. , 2011. Rn. 1433. 转引自朱庆育:《民法总论》,北京大学出版社 2016 年版,第 330 页。

的改变而丧失。即使是无民事或限制民事行为能力人的法定代理人，如父母，也不因婚姻关系的改变而丧失代理权。简言之，“代表权相对本人（法人）具有从属性，即代表权附属于法人的代表机关，而代理权相对于本人（被代理人）则具有独立性，即它并不附属于本人”。①

第二，代表权的来源不同。按照代理权的来源，代理可以分为法定代理和意定代理。根据法律直接取得代理权的为法定代理，代理权来自当事人意志的代理为意定代理。但代表权的来源是法定授权和意定授权的结合，②法律只能规定承担代表职责的机关，但是，具体由哪个机关以及哪个自然人担当董事长、执行董事或经理并不能由法律规定，只能由公司章程规定。另外，这也使代表权区别于职务代理权，因为职务代理人并非公司的机关，其仅仅属于公司的授权委托人，其代理权源于公司代表人代表公司的授权。

第三，代表权的授权方式不同。代理权和代表权都因授权取得，③但两者取得方式不同。在意定代理中，代理人因本人授予代理权的意思表示取得代理权；在法定代理中，代理人因法律规定取得代理权。而在代表权情况下，公司代表人因任命成为代表机关而取得代表权。只有在个别情况下，公司代表人需要股东会或董事会以决议形式单独授权。④ 然而，代表人因任命取得的不仅是代表权，⑤还应当包括履行其职务所需的其他职权，比如，在不设董事会的有限公司，如果章程规定执行董事为公司的法定代表人，那么公司任命某特定自然人为执行董事时，就不仅是授权其对外代表公司，还应当包括授权其为公司负责公司的经营管理决策，以及管理公司内部事务。

第四，代表权的权限范围不同。首先，代理权的范围只及于法律行为；相对代理权而言，代表权的容许性更高，其基于法律行为、准法律行为

---

① 石慧荣：《法人代表制度研究》，载《现代法学》1996 年第 4 期。

② 参见施天涛：《公司法论》，法律出版社 2018 年版，第 375 页。

③ 参见许德风：《意思与信赖之间的代理授权行为》，载《清华法学》2020 年第 3 期。

④ 参见吴越、宋雨：《公司担保合同中相对人审查义务的边界》，载《甘肃社会科学》2020 年第 5 期。

⑤ 参见许德风：《意思与信赖之间的代理授权行为》，载《清华法学》2020 年第 3 期。

和事实行为。其次,除法定代理外,代理权一般是对单独事项的个别授权。也就是以个别授权为原则,概括授权为例外。代表权则不同。为了满足迅捷、便利的需要,代表权原则上包括代表人履行其职务所需的概括授权。此外,对于特别事项,代表权仍然需要单独的个别授权。比如,我国《公司法》第16条第2款规定公司为公司股东或实际控制人提供担保,需要股东会决议。同时,《九民纪要》又规定,担保行为不是法定代表人所能单独决定的事项,而必须以公司股东(大)会、董事会等公司机关的决议作为授权的基础和来源。法定代表人未经授权擅自为他人提供担保的,构成越权代表。这表明,法定代表人的概括授权并不包括其代表公司为公司股东或实际控制人提供担保的权限,其要代表公司为公司的股东或实际控制人提供担保必须获得股东(大)会的单独授权。由此可见,代表权的取得以概括授权为原则,以个别授权为例外。

第五,代表权的公示程度不同。代表权与代理权的区别还在于,代表权需要登记,代理权不需要登记,两者的公示程度不同。从授权角度来说,这相当于公司的外部授权,即公司向公司代表人以外的相对人或第三人作出授权的意思表示或对代表权的确认。按照德国法学家弗拉姆(Flume)的说法,外部授权之承认,仅系为交易安全之确保。[①] 通过查询登记信息,可以满足相对人对代表人身份的确认,故"同样是实施了越权行为的情形,法定代表人的行为效力更易于确定,因为登记制度的存在可以减免相对人的调查义务,促进外观责任的适用,有利于交易的快速展开"。[②] (见表1-1)

表1-1 代表权与代理权的区别

比较项	代表权	代理权
主体	组成代表机关的自然人	自然人或法人
来源	法律和章程	法律或本人意志

① 参见Flume. Das Rechtsgeschäft,4. Aufl,1992,S. 844。转引自陈自强:《代理权与经理权之间——民商合一与民商分立》,北京大学出版社2008年版,第87页。

② 殷秋实:《法定代表人的内涵界定与制度定位》,载《法学》2017年第2期。

续表

比较项	代表权	代理权
授权方式	任命	法律或本人意思表示
授权范围	概括授权为原则	个别授权为原则
公示程度	需要商事登记	无须登记

(三)代表机关与代表人

公司的代表机关与代表人,这二者是易于混淆的两个概念,只有弄清两者的区别和联系,才能继续探讨代表权问题。对此,很早就有学者提出批评,表示:“我国理论界一般不注意代表机关与代表人的区别,往往把代表人同代表机关甚至法人机关混为一谈。”[①]然而,遗憾的是至今我们依然常常将这两个概念混用,并造成了对代表制度的颇多误解。之所以出现这种情况,是由于我国特有的法定代表人制度,在该制度下,唯一的法定代表人充任公司的代表机关,立法上又将代表机关表述为法定代表人,在法定代表人就是代表机关,代表机关就是法定代表人的观念长期影响下,造成了代表机关和代表人两者的混淆。实际上,从概念上来看,代表机关是指在法人“实在说”下,为实现公司意思表示机能的公司固有组成部分。公司代表人则是指具体组成公司代表机关的,具有公司代表权的自然人个体或集体,两者并不在同一法律层面上,所以可以说具有代表权的代表人是代表机关,但不能反过来讲代表机关就是代表人。[②]

从与公司的关系上来说,公司与代表机关的关系是整体与部分的关系,一般论及代表机关时,主要是讲代表机关的职能。在传统民法中,意思表示的构成可以分为内部要素和外部要素,内部要素指行为人的意思形成,外部要素则主要指行为人的表示行为。在自然人作为行为人主体时,意思表示的内部要素和外部要素是同一的,由该自然人形成意思并向外表示。然而,在公司场合,法人的意思表示存在内部要素和外部要素的分离,公司内部形成的内心意思通常需要通过公司机关对外宣示,这个机

---

① 石慧荣:《法人代表制度研究》,载《现代法学》1996 年第 4 期。

② 参见石慧荣:《法人代表制度研究》,载《现代法学》1996 年第 4 期。

关即公司的代表机关。代表机关作为一个抽象概念,既不可能成为民事法律关系的主体,也不可能成为民事法律关系的客体,更谈不上行为和责任,公司代表机关的行为就是公司的行为,代表机关的责任就是公司的责任。

相反,公司代表人是一个具体的概念,其独立人格和作为一个民事主体的资格不会因其成为公司的代表机关而消失,当论及公司代表人时,人们主要关注代表人行为的归属。从法理上讲,公司与公司代表人是主体与主体的关系,只有作为民事主体的公司代表人才能具有代表权,才能以忠实义务和勤勉义务对其行为进行约束。作为公司代表人的自然人通过公司授予其代表权,才能够成为公司代表机关,因此,"一个人只有当其持有代表权时,他才能以法人名义出现社会才承认他的法人代表身份","显然代表权是确定机关担当人的人格价值的标志或凭据"。[①]

二、公司代表权体系化配置缺失现状的实证分析

我国特有的法定代表人制度,规定了我国享有代表权的唯一主体是法定代表人,其内涵在于:一个法人只能有一个自然人作为唯一的法定代表人,其集对内管理、对外代表、向下监督、向法律负责等各种功能于一体。他是对外签订合同的最终授权者,也是公司财务的最后控制者,对企业的全部行为负有责任。[②] 这一缺乏体系化代表权配置规则的制度在司法实践的适用中碰到诸多问题。

我国《公司法》第 16 条关于公司对外担保中代理问题的规定,有助于更好地理解代表制度,其表明了即使是法人的法定代表人的行为,其效果也并不能当然归属于法人。因此,本书以公司对外担保案件为主要分析对象,结合其他案由的案例对公司代表权体系化配置规则缺失的现状展开实证分析。

在样本案例的来源方面,本书通过检索北大法宝所登载的关于公

---

① 石慧荣:《法人代表制度研究》,载《现代法学》1996 年第 4 期。

② 参见邓峰:《普通公司法》,中国人民大学出版社 2009 年版,第 126 页。

司为他人提供担保相关案例的裁判文书确定样本案例来源，采用多阶抽样的方法[①]从中抽取自2013年8月2日至2019年6月30日相关案例507个作为样本案例，该507个样本案例包含我国四个审级的人民法院所审理的案件；[②]在审判程序方面，样本案例包含了通过一审、二审和审判监督程序裁判的案件，能够在一定程度上反映司法实践的整体情况。（见表1－2）

表1－2　本书选取样本案例的来源情况

单位：件

审理年度	审理法院和审理程序												合计
	最高人民法院			高级人民法院			中级人民法院			基层人民法院			
	一审	二审	再审	一审	二审	再审	一审	二审	再审	一审	二审	再审	
2013年	—	—	—	—	2	—	—	—	—	—	—	—	2
2014年	—	1	8	1	30	20	1	5	—	24	—	—	90
2015年	—	1	13	5	42	16	9	12	1	28	—	—	127
2016年	—	2	13	2	49	32	5	13	1	23	—	—	140
2017年	—	1	13	1	11	17	2	10	1	3	—	—	59
2018年	—	—	4	—	23	5	3	18	—	9	—	—	62
2019年	—	—	3	2	11	—	1	7	—	3	—	—	27
合计	59			269			189			90			507

通过样本案例统计和对典型案例的细致观察，本书认为我国公司代表权体系化配置规则的缺失主要表现在以下4个方面。

（一）公司代表权行使主体单一

公司代表权行使主体单一可以实现简洁高效、便于行动的目的，但独

① 参见［美］Alan Agresti、［美］Barbara Finlay：《社会科学统计方法》（第4版），朱红兵、何丽娟译，电子工业出版社2011年版，第23页。

② 样本案例中最高人民法院审理案件为全国范围内整群抽样，高级人民法院审理案件为全国范围内整群抽样，中级人民法院和基层人民法院所审理案件为北京市、天津市、上海市及重庆市四直辖市范围内的整群抽样。

任的法定代表人缺少监督,容易造成权力滥用,也不利于董事会的民主建设和公司治理结构的完善。在实践中,独任制的法定代表人常常不顾公司利益,滥用权力,严重违反其忠实义务,这在公司对外担保案件中表现得尤为明显。根据我国《公司法》第 16 条的规定,公司为他人提供担保应当经公司的股东会或董事会决议,但在实践中,公司的法定代表人在未经过公司有权机关决议的情况下以公司名义为自身债务或为与其存在关联关系的企业或个人担保的情况占所有违规担保的大多数,在本书取样研究的全部样本案例中,这一比例达到了 58.9%,这充分说明独任的法定代表人制度容易诱发公司代表人通过自我交易损害公司利益的严重弊端。(见表 1-3)

表 1-3 公司违规担保中的担保对象情况

担保对象	数量/件	比例/%	合计占比/%	典型案例
法定代表人	260	51.28	51.28	(2018)最高法民申 404 号
法定代表人为股东或实际控制人的公司	33	6.52	57.80	(2017)最高法民申 2340 号
与法定代表人存在关联关系的个人	6	1.10	58.90	(2016)鄂民终 619 号
公司的股东或实际控制人	53	10.47	69.37	(2017)最高法民终 865 号
公司的子公司	5	0.99	70.36	(2017)最高法民申 370 号
其他与公司存在关联关系的个人或公司	12	2.37	72.73	(2018)京 02 民终 9465 号
公司外部人	138	27.27	100	(2018)最高法民申 206 号

另外,根据我国现行《公司法》第 13 条的规定,法定代表人的候任来源分别为董事长、执行董事和经理。当公司选任董事长为公司法定代表人时,独任的法定代表人制度会造成董事长与其他董事会成员之间关系的不平等,进而不利于董事会的民主建设。董事会作为会议体组织,采取一人一票的决议机制,董事长并不比其他董事拥有更多的决策权,其职权仅仅是召集、主持会议等程序性权力。董事与董事长只在职责分工上有所差别,没有职位高低之分,作为董事会成员的董事长与其他董事的关系应当是平等的,不存在领导与被领导关系,每个董事的独立决策权都应当

得到体现,从而保证董事会共决系统发挥作用。董事在公司内部表决上采取一人一票原则,在对外事务上,却排斥除法定代表人以外的其他董事的对外代表权。唯独授予法定代表人以对外代表权,这意味着董事长或者法定代表人与其他董事意见不一致时,董事长有权独立对外。这将造成董事会的共决模式失去意义,导致事实上的独裁。因此,有学者提出批评表示,“没有哪个国家的公司法将董事会成员降格为议事机构成员,没有哪个国家将董事长地位提升至如此之高,董事与董事长只在职责分工上有所差别,没有职位高低之分”。①

值得注意的是,独任制的法定代表人破坏了公司的治理结构,表现在司法实践中,则是由于法定代表人长期独揽大权,致使司法对公司利益以及治理结构尊重不够,在具体案件中则是使裁判完全倒向交易安全,造成严重的利益失衡。比如,在(2018)沪02民终6567号案件中,公司法定代表人违反《公司法》第16条的规定,在未取得公司同意的情况下,以公司名义为其丈夫的债务提供担保,但法院的裁判依据并非相对人善意,其表示:

> 本院注意到,(担保)公司及其股东对(行为人)与(债务人)的夫妻关系是明知的,既然决定由(行为人)担任法定代表人,理应预见到可能存在的利害关系。可见,(担保)公司及其股东应当知道(行为人)作为法定代表人决定公司对外担保的法律后果。因此,时任(担保)公司法定代表人的(行为人)有权以(担保)公司名义对外提供担保,(行为人)以(担保)公司名义签署《还款及担保协议》不存在超越权限的情况。

这一裁判理由显然缺乏足够的说服力,公司选任法定代表人并不代表法定代表人对公司一切事务均有业务决定权,尤其是与法定代表人自身有关的关联交易,更不能认为公司因应当预见当事人与关联方的利害关系,就存在相应授权。

---

① 叶林:《公司法研究》,中国人民大学出版社2008年版,第208页。

总之,法定代表人的这种特殊地位,造成在本来就有待完善的传统中国公司中,面临着临股东会对其无法管、董事会对其管不着、监事会对其管不到的尴尬境地,[①]并且,公司代表权的行使主体单一致使“法定代表人的担纲者垄断了法人的意思决定与意思表达,形成了中国特色的‘独任代表制’,并由此导致了‘僭主现象’频发等弊端”。[②]

(二)公司代表权行使中的决策结构不清

代表权体系化规则配置的缺失导致法定代表人的代表权内容存在不确定性,从而导致公司治理结构混乱。这主要表现在:唯一的法定代表人的意思是否可以作为公司意思,换句话说,法定代表人是否存在独立的意思决定空间,如果有的话其与公司其他意思机关的关系如何?其决策权是基于其法定代表人的身份还是基于其作为董事长、执行董事或经理的职权?从立法角度看,在对外关系方面,《民法典》和《公司法》等法律规定法定代表人以法人名义从事的民事活动,其法律后果由法人承担;而在对内关系方面,公司法对法定代表人的代表权未作回应,对法定代表人是否具有决策权以及在什么样的范围内具有决策权也没有回应,这使意思表示理论难以适用到公司行为的分析,同时背离了股东会为意思机关、董事会为经营意思决定及业务执行机关的根本公司治理结构。

按照一般法理,公司意思表示的分离,意味着作为公司代表机关的法定代表人并没有独立的意思决定空间,其对外行为应当以公司意思机关的意思决定为基础,这表明代表权的内容要受到公司意思的约束,即代表权的行使依赖于公司意思的形成,既要受到公司决策结构的约束,也要受到决策形式的约束。但实践中的情况与此有较大差别,同样以公司对外担保案件为例,在立法明文规定需要有公司股东会、董事会决策的情况下,法定代表人擅自对外提供担保的情况非常泛滥,并且一度在司法实践中获得法院的广泛认可。从案例统计的情况可见,法定代表人违规对外提供担保的情况可以分为未经过有权机关决议和虽经有权机关决

① 何建:《公司意思表示论》,法律出版社2019年版,第346页。
② 蔡立东:《论法定代表人的法律地位》,载《法学论坛》2017年第4期。

议但决议有瑕疵两种形态。在这两种形态中,法定代表人在无决议情况下对外提供担保的案例占到了所有案型的87.03%,裁判有效率达到了79.36%。由此可见:第一,即使法律对特定事项有明文规定,法定代表人在实践中独揽公司意思决策权的情况依然非常普遍。第二,法院在裁判公司担保案件时,明显倾向于维护担保合同效力的稳定性,由于事后追责的困难,这一结果几乎造成在事实上对法定代表人独立决策权的认可。(见表1-4)

表1-4　是否存在决议对担保合同效力的影响

决议状态	裁判结果					
	有效		效力有瑕疵		合计(数量)	
无决议	346件	79.36%	90件	20.64%	436件	87.03%
决议有瑕疵	61件	93.85%	4件	6.15%	65件	12.97%
合计	407件	81.24%	94件	18.76%	501件[1]	

[1]在全部样本案例中,获取该项目统计的有效样本案件501件,其中有6件案例未在判决书中体现公司决议情况。

具体案件中的情况则更为复杂,表现出法院对公司主体性的重视度不够和在长期缺乏代表权体系化配置规则下的僵硬裁判思维。比如,在最高人民法院审理的(2018)最高法民申404号案例中,公司的法定代表人违反法律和章程规定,在没有获得公司同意的情况下对外提供担保,法院认为担保有效,其在本案判决书中表示:

> (行为人)担任(担保)公司的董事长及法定代表人,(担保)公司的董事亦变更为(行为人)指定的人员……这一制度(《公司法》第16条)安排的规范趣旨在于确保相关担保行为符合公司的意思,不损害公司、股东的利益。而在本案中,虽然(担保)公司的章程规定为他人提供担保须经董事会决议,但考虑到案涉借款、担保行为发生之时,(担保)公司的董事均由(行为人)委派这一事实,可以认定(担保)公司股东实际赋予了(行为人)就公司经营中的所有事项作出决定的权力。

从这一判决结果来看,法院认为法定代表人不仅具有对外担保的决策权,还可以改变法律和章程的规定,替代董事会作出决定。这就衍生出一系列问题:什么是符合公司意思,公司法定代表人的意思是否就是公司的意思?法定代表人的决策权是基于代表人身份还是作为董事长的职权?公司董事会是否可以由法定代表人的决定代替董事会并以非会议形式对特定事项作出决定?公司董事经法定代表人提名并获任命是否意味着公司董事会仅仅是法定代表人的附属机关?法定代表人与公司董事会的关系是什么?公司是否可以不通过决议或章程的形式就变更章程的实质性内容?公司是否可以改变法律规定的董事会的职权范围?进一步而言,其他法人机关是否可以对抗法定代表人的行为?这显然都涉及公司代表权与决策权、代表机关与公司其他机关地位的问题,这些问题在现有立法模式中的单一的、非体系化的代表权配置规则下,并没有明确答案。

(三)公司代表权权限范围不明

公司代表权的权限范围不明,①缺乏体系化的一般性规则,最明显的表现就是公司的担保领域的巨大争议。关于公司对外担保的效力问题,从最早的规范性质之争,②到后来代表权限制属性之争,围绕公司对外担保问题的争议一直没有停息过。2019 年年底,最高人民法院颁布的《九民纪要》最终将公司担保的裁判路径框定在代理规则中,但这一权宜之举并不能真正解决问题,尤其是在《九民纪要》未区分关联担保和一般担保的情况下。比如,《九民纪要》规定在公司一般担保中,相对人有对公司章程和决议等内部文件的审查义务,然而,公司章程的本质是自治性规范,具有极强的任意性和公司与公司之间的差异性,相对人查阅公司章程

---

① 参见马更新:《公司担保中决议形成程序与合同效力认定间牵连关系探析》,载《法学杂志》2020 年第 6 期。

② 参见钱玉林:《公司法第 16 条的规范意义》,载《法学研究》2011 年第 6 期;罗培新:《公司担保法律规则的价值冲突与司法考量》,载《中外法学》2012 年第 6 期;刘贵祥:《公司担保与合同效力》,载《法律适用》2012 年第 7 期;梁上上:《公司担保合同的相对人审查义务》,载《法学》2013 年第 3 期;王保树、崔勤之:《中国公司法原理》,社会科学文献出版社 2006 年版,第 42 页等。

以及在此基础上查阅相关决议机关的决议文件并确定决议程序符合章程规定显然不具有可操作性,[①]假如公司规定担保金额达到公司一年营业额的某个比例需要股东会决议,未达到则由董事会决议,并且分别规定了不同的决议规则那么相对人应该如何审查呢?又或者,如果公司规定公司对外提供担保是否需要决议以及如何决议要根据当年公司的资产状况及盈利表现分别处理,相对人又该如何审查呢?这样的难题并不是想当然,而是反映在了实践案例之中。在最高人民法院审理(2009)民二终字第51号案例中,涉案提供担保的公司章程规定公司对外提供6000万元人民币以上的担保须经股东会决议,6000万元人民币以下则未作规定。涉案担保正好在6000万元人民币以下,那么相对人应当如何审查呢?实际上,该案例中的公司设置6000万元人民币的基准线说明了达到这个金额的担保交易对于公司来说属于重大交易,显然不是董事会及法定代表人能够决定和代表的,所以才在章程中规定必须由股东会决议。从这个角度来说,该公司显然并不会仅仅因为是对外担保交易就一律要求公司决议,换言之,判断代表权范围的是交易对公司的影响,而不是交易的类别。

从裁判的结果来看,《九民纪要》的颁布迅速改变了司法实践的裁判规则,并实质性地影响了公司对外担保合同效力评价的裁判结果。以最高人民法院审判的案件为例,在2019年11月14日《九民纪要》颁布前,司法实践普遍以内外区分的方式裁判公司对外担保案件,绝大部分案例认为,公司未经有权机关合法决议的担保合同有效,而在2019年年底《九民纪要》颁布以后,情况迅速发生了变化,2020年最高人民法院审判的担保合同有效率迅速降到了46.15%[②](见图1-1)。

---

① 吴越、宋雨:《公司担保合同中相对人审查义务的边界》,载《甘肃社会科学》2020年第4期。

② 本书提取北大法宝登载的最高人民法院2020年审判的案例共13例,其中有效6例,无效7例。在13例案例中,法院均要求相对人履行审查义务,有效的6例案件均由公司有权机关决议。其中,无效的典型案例为(2020)最高法民申2345号、(2020)最高法民申1039号、(2019)最高法民终887号、(2020)最高法民申528号和(2020)最高法民申1086号等。

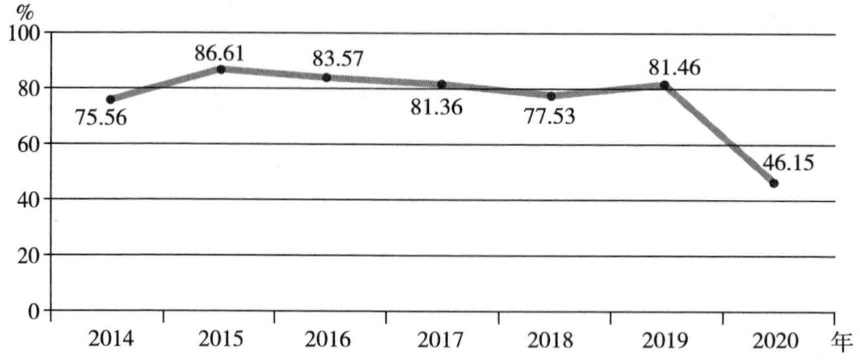

图1-1　最高人民法院审理公司担保案件的有效率情况

这种骤然的变化显然不利于同案同判原则,并且给商事审判带来了极大不确定性,这种不确定的根源实际上正是缺乏代表权范围判定的体系化规则造成的。对此,有学者认为《九民纪要》的规定虽然暂时缓解了司法实践中裁判路径的分歧,但遗憾的是立法未抓住时机建立体系化的效力规则,其表示:"十几年来围绕第16条的适用规则,商法学界内部也有分歧,主流意见虽然坚持决议被否定、对外担保合同无效的基本原则,但终究没有提出体系化的决议外部效力规则,甚至缺乏提出决议外部效力规则学说的主动意识。"[①]如果建立了系统性规则,明确了代表权范围,那么如果是关联担保,自然应当受到关联交易的特别规制,关联担保在概括授权的代表权范围以外,代表人不得擅自代表。如果是一般担保,则根据对公司的重要性程度不同,划定的代表权范围判断合同效力。如果对公司影响大,自然就超出代表权范围,如果对公司影响小,当然属于正常交易,属于常规代表权范围之内,现在这种"一刀切"的方式无疑增加了司法的混乱程度。

不过,值得注意的是,有的法院并不是仅仅从《公司法》第16条的对公司代表权的限制性规定的角度去考察担保合同的效力,而是从更为一

① 李建伟:《公司决议的外部效力研究——〈民法典〉第85条法教义学分析》,载《法学评论》2020年第4期。

般性的,公司代表人代表权的应然范围综合判定,这一裁判逻辑无疑对建立体系化的代表权配置规则更具有启发意义。比如,在(2018)川民申675号案例[①]中,提供担保公司的法定代表人(同时也是公司股东)在未经公司股东会决议的情况下,以公司名义为自身的债务向债权人提供担保。法院的裁判逻辑并非聚焦于《公司法》第16条的规范意义,而是试图探索法定代表人自我交易行为是否在其代表权的范围内。经审理,法院认为:“(行为人)作为(担保)公司法定代表人,虽然可以代表公司对外开展经营活动,但其行为应在法律、公司章程等规定的权限范围内活动……从交易风险控制角度而言,债权人应严格审查(行为人)的职务权限,并以此证明自己的善意第三人身份。”通过庭审调查可知,“债权人知道(行为人)系(担保)公司法定代表人身份和(担保)公司股东,(行为人)代表(担保)公司为其本人借款提供担保的行为,债权人就应知道不是为担保公司正常经营活动所从事的职务行为”。从该判决理由中可见,审理法院并不认为法定代表人的自我交易行为在其代表权范围之内,在一定程度上突破了常规中“法定代表人的行为就是公司行为,内部问题内部解决”的固有思维,[②]这种兼顾公司利益和相对人利益的做法值得肯定。按照代理的一般规则,这种自己代理行为当然不在代理人的应然权限范围以内,否则本人利益无法得到保障。[③] 因此,无论有没有《公司法》第16条的规定,除非得到公司的同意,代表人自我交易的行为都不应在其概括授权的范围以内。

除了从关联交易角度考察代表权范围以外,还有的法院则从担保行为对公司的重要性程度考察公司代表人的代表权范围,从公司法规则角度来讲,这无疑是一个进步。比如,在(2014)普民二(商)初字第

---

① 类似案例还可参见(2015)浙民申字第2989号。

② 比如,相反案例可参见(2016)粤民申7879号案例,同样是为法定代表人自身债务提供担保,法院认为:“《公司法》第16条是关于公司内部决策程序的规定且陈某系公司法定代表人有权代表公司从事公司业务。”

③ 参见王泽鉴:《民法总则》,北京大学出版社2009年版,第441、442页。

11667号案例,法院否定了担保合同的效力,其理由在于:"本院认为,公司法第十六条第二款规定'公司为公司股东或实际控制人提供担保的,必须经股东会或者股东大会决议',该立法本意虽在于限制公司主体行为,但在本案中,担保数额已达(第一被告)公司注册资本的1/2、(第二被告)公司注册资本的1/5,若两者承担担保责任势必会对公司经营产生较大影响,对此,原告表示其清楚被告(行为人)系两被告公司的股东,但未能提供证据证明两被告公司为股东对外担保是经过股东会决议同意这一事实,故本院认定《借款协议书》和《担保承诺书》中两被告公司提供担保的条款无效。"这一案件的裁判逻辑,显然已经跳出了《公司法》第16条的约束,径直通过探寻公司的重大交易是否在代表人的概括授权范围内作为裁判依据。从本案判决结果上来看,法院认定公司与相对人双方都存在过错,各自在"(行为人)主债务不能清偿部分的二分之一承担连带赔偿责任"。应当说,无论从裁判逻辑还是裁判结果上来看,这一案例表现出来的裁判立场更好地兼顾了公司利益与相对人利益的平衡。

在微观层面的具体案例中,法院常常利用"职务行为"这一概念来解决制度无法解决的代表权范围的问题,但对如何判断职务行为却没有明确的标准,致使其无法表达准确的法律关系,具有无法避免的缺陷。职务行为所说明的是行为人的行为是因其职务所履行的行为,而非其个人行为,即便如此,也并非所有以公司名义的行为都归属公司。职务不同,授权范围也各不相同,就此而言,职权和代表权之间是何种关系的问题并没有明确。例如,同样是董事长担任法定代表人,并在未经公司决议情况下对外提供一般担保,最高人民法院审理的(2017)最高法民申2340号表示:"(行为人)系公司的法定代表人,其在日常经营活动中代表公司对外签订合同的行为属于职务行为,该行为的法律后果应当由公司承担。"但面对同样案件事实,最高人民法院在(2018)最高法民终36号中却作出了完全相反的裁判,其在判决书中表示:

“(行为人)未经(提供担保)公司授权以该公司财产为(债务人)的债务提供担保,其行为构成无权代表、无权代理,一审判决认定其行为属于职务行为,认定事实和适用法律有误。”因此,不免产生疑问,所谓“职务行为”的职务,到底是来自董事长还是法定代表人?如果来自董事长,那么在中国的公司法体系中,董事长并不具有独立的法律地位,其仅承担召集和主持会议等内部职责;如果来自法定代表人,那么法定代表人的职务是什么?《民法典》第61条规定法定代表人以法人名义从事的民事活动,其法律后果由法人承担,这是否构成法定代表人的职务?那么为什么在案例中又会判定其行为无效呢?

不仅如此,非法定代表人的经理对外为意思表示时,须取得公司或法定代表人的授权。他们的业务执行权是否可以被法定代表人限制,这又衍生出另一个问题,代表权与业务执行权是相互分离,还是紧密相关?比如,《公司法》列举了经理的8项职权,其中最为重要的职权当数“组织实施公司年度经营计划和投资方案”,设立这一职位的本来目的是经营和执行,而不是决策。经理组织实施经营计划和投资方案就要通过具体、日常的经营活动来实现。那么经理对外签订合同是否必须要法定代表人授权?还是依职权可以独立代表公司。比如,最高人民法院审理的案件(2015)民申字第1062号载明:“行为人为公司的总经理,并且其在《担保函》上所加盖的公司的公章真实,因此,其行为应视为职务行为。”而在(2012)民提字第208号案例却作截然相反的裁判:“(担保权人)知晓(被告公司)由几名股东组成,并专门聘请律师草拟协议,在(行为人经理)不能提供股东会同意证明的情形下,(担保权人)根据协议内容理应知道(行为人)的行为不是为机电公司经营活动所从事的职务行为,(担保权人)以协议和委托书加盖了(被告)公司公章为由主张信赖代表权的理由不能成立。”那么,经理的职权范围以及代表权范围究竟如何,则无从判定。

(四)公司代表权行使规则混乱

在行使规则方面,在我国司法实践中表现出行使规则混乱的现象,除了对法定代表人的代表行为缺乏相应的监督和约束以外,我国长期以来的印章文化致使印章在代表权中具有特别显著的地位,甚至到了即使公司法对某一事项有特别规定时,法院在裁判时依然以公章为主要裁判依据。比如,在公司对外担保的案件当中,根据本书统计,只要有公司印章,即便没有公司决议或决议有瑕疵,担保合同的总有效率达到 75.68%,其中不乏印章与工商备份不一致,行为人私刻印章等情况。比如,在(2016)津 0114 民在 4 号案例中,行为人并非公司法定代表人也无职务,而是公司股东并实际参与公司管理,法院认为,"虽担保书中加盖的(担保)公司印章是(行为人)自行刻制,其该行为并未被认定为构成刑事犯罪,虽该印章与(担保)公司提供的印章样本不一致,但其不影响该担保行为的效力"。足以看出,在司法实践中,唯印章论已经到了严重影响公司利益的程度。在这则案例中,加盖公章的担保书可能存在两种解释:第一,是表明持该担保书的行为人本身具有代表权,能够代表公司行事。第二,加盖公章的担保书意味着公司对行为人的代理授权,表明行为人是公司的委托代理人。但授予代理权的行为本身也属于法律行为,在没有其他约定,行为人不属于公司职务代理人的情况下,仅仅加盖公章的担保书并不符合代理权授予的形式要件。但无论如何,在法院的裁判逻辑中,公章实际上都具有承载代表权的功能,只不过前一种理解是承载代表公司对外担保的代表权,后一种理解是承载代表公司向行为人授予代理权的代表权。

同时,通过全部样本案例统计观察还可以发现,这种现象并非个案或少数,样本案例统计显示,即便是无任何职务的公司工作人员,甚至公司以外的人员,只要持公章以公司名义签订担保合同,公司就很可能受到约束,其有效率达到了 75.68%,整体情况见表 1-5:

表 1－5　表意人类型结合权利外观情况裁判结果

		裁判结果															
		有效								担保合同存在效力瑕疵							
		公章	法定代表签字或加盖个人名章	公章＋代表人签章	公章＋代表签章＋决议	公章＋授权	公章＋授权＋决议	公章＋决议	合计	公章	法定代表签字或加盖个人名章	公章＋代表人签章	公章＋代表签章＋决议	公章＋授权	公章＋授权＋决议	公章＋决议	合计
概括授权的代表人	法定代表人	79 件（79%）	20 件（64.52%）	108 件（89.26%）	18 件（94.74%）	—	—	11 件（100%）	236 件（83.69%）	21 件（21%）	11 件（35.48%）	13 件（10.74%）	1 件（5.26%）	—	—	—	46 件（16.31%）
	总经理	11 件（73.33%）	—	—	—	1 件（50%）	—	—	12 件（70.59%）	4 件（26.67%）	—	—	—	1 件（50%）	—	—	5 件（29.41%）
	合计	90 件（78.26%）	20 件（64.52%）	108 件（89.26%）	18 件（94.74%）	1 件（50%）	—	11 件（100%）	248 件（82.94%）	25 件（21.74%）	11 件（35.48%）	13 件（10.74%）	1 件（5.26%）	1 件（50%）	—	—	51 件（17.06%）
部分概括授权的代表人	非执行董事	1 件（100%）	—	—	—	—	1 件（100%）	—	2 件（100%）	—	—	—	—	—	—	—	—
	监事	3 件（100%）	—	—	—	1 件（100%）	—	—	4 件（100%）	—	—	—	—	—	—	—	—
	经理	9 件（64.29%）	—	—	—	1 件（100%）	—	1 件（100%）	11 件（68.75%）	5 件（35.71%）	—	—	—	—	—	—	5 件（31.25%）
	其他高管	1 件（100%）	—	—	—	—	—	—	1 件（100%）	—	—	—	—	—	—	—	—
	合计	14 件（73.68%）	—	—	—	2 件（100%）	—	11 件（100%）	18 件（78.26%）	5 件（26.32%）	—	—	—	—	—	—	5 件（21.73%）
个别授权的代表人	无职务实际控制人	12 件（75%）	—	—	1 件（100%）	1 件（50%）	—	—	14 件（73.68%）	4 件（25%）	—	—	—	1 件（50%）	—	—	5 件（26.32%）
	无职务股东	12 件（85.71%）	—	—	—	1 件（100%）	—	—	13 件（86.67%）	2 件（14.29%）	—	—	—	—	—	—	2 件（13.33%）
	工作人员	2 件（50%）	—	—	—	—	—	—	2 件（50%）	2 件（50%）	—	—	—	—	—	—	2 件（50%）
	公司以外人员	2 件（66.67%）	—	—	—	—	1 件（100%）	3 件（100%）	6 件（85.71%）	1 件（33.33%）	—	—	—	—	—	—	1 件（14.29%）
	合计	28 件（75.68%）	—	—	1 件（100%）	2 件（66.67%）	1 件（100%）	3 件（100%）	35 件（77.78%）	9 件（24.32%）	—	—	—	1 件（33.33%）	—	—	10 件（22.22%）

上述案例统计情况反映出,法院将公章作为代表权的权利外观已经成为了惯性思维,甚至到了过分倚重的程度。严格来讲,这是一种司法懒惰现象,因为既然简单通过公章就能判断行为人是否有权,何必再通过公司治理中复杂的体系化规则来判断行为人是否真正有权。

另外,从微观层面的具体案例分析,当法定代表人身份和商事登记、公章持有情况发生冲突时,还出现无法判明实际拥有代表权的主体是谁的情况。这些情况按诉讼类型可以分为“人人冲突”、“人章冲突”和“章章冲突”。[①] “人人冲突”是指发生原法定代表人不认可股东会决议且未配合办理移交手续等原因,而未能及时办理工商变更,以致工商登记与股东会选任的不同法定代表人同时存在,并产生公司代表权归属争议。在最高人民法院审理的(2019)最高法民申3747号案例中,工商登记的法定代表人和股东会决议决定的法定代表人不一致,双方都声称有权代表公司,并且存在意见冲突。该案性质为一件民间借贷纠纷,原公司法定代表人主张未经工商登记的新任法定代表人无权代表公司,应当作撤诉处理。法院审理认为:“(涉诉)公司依据《中华人民共和国公司法》的规定,通过股东会决议变更公司法定代表人为折某某,并出具了任职文件,虽然未办理法定代表人变更登记,但并不影响股东会变更法定代表人决议的效力。折某某依据股东会决议享有法定代表人职权,有权代表(涉诉)公司进行诉讼,(原法定代表人)依据股东会决议不再享有法定代表人职权。”

“人章冲突”则是指法定代表人和印章控制人非同一人的情形,两者争夺公司诉讼代表权应如何处理的问题。比如在(2016)粤20民辖终206号案中,公司股东持公章和公司证照要求代表公司撤诉,并表示新任公司法定代表人既未通过公司股东会决议,也未在工商登记处作变更登记,无权代表公司;公司新任法定代表人认为该股东持有公司公章和公司证照实施了危害公司利益的行为,要求其交回公章和公司证照。法院审理认为:

---

① 上海市高级人民法院民二庭课题组:《公司意志代表权争议的现状与问题解决思路》,载《法律适用》2013年第5期。

> 一般而言,公司公章和证照本身并无明显的财产属性,其价值主要在于为对外所代表的公司意志权,故而从实质上看,本案双方当事人的诉争标的主要体现为公司内部治理中对公司控制权的争夺……(涉诉)公司已向原审法院出具法定代表人身份证明书,确认(新任法定代表人)目前担任该公司经理职务,为该公司法定代表人,该证明书具有对外明示效力,工商登记资料中的法定代表人登记信息虽未及时变更,但并不影响(新任法定代表人)作为公司现任法定代表人的资格。

从裁判理由来看,法院一方面认为公章具有代表公司意志的功能;另一方面法院确认法定代表人资格的依据并非工商登记或股东会决议,而是依据公司出具的“法定代表人身份证明书”,实际上就产生了持有公章的股东和持有身份证明书的法定代表人之间的矛盾。另外,这一证明书的法律效力本身是不明确的,因为,第一,其是否能够作为对外公示的一种方式与现有立法存在冲突。第二,其证据能力不足,如果该“证明书”是由公司新任代表人出具的,那么其是否具有代表公司的资格正是争议焦点,该“证明书”是否值得采信应作怀疑。

“章章冲突”是指公司存在的多枚印章之间的冲突。比如,公司中已经工商登记备案的章与未备案的章之间的冲突,或多枚未备案的章之间的冲突。例如,在(2018)京03民终4840号案例中存在两枚印章相互冲突的情况。本案原告股东持公司备案印章向法院起诉,被告股东则持另一在实际经营中使用的印章进行答辩。本案的焦点便是哪枚印章更能代表公司的真实意思,产生了对立股东对公司代表权争夺的问题。本案的特别之处还在于,公司的原法定代表人已经死亡,在公司主要股东对立的情况下,形成公司僵局,无法选任出新的法定代表人。在这种情况下,公司通过董事会选任新的法定代表人,然而,法院认为通过董事会选任的法定代表人“没有合法根据”,无法代表公司。最后,法院认为无法通过两位股东持有的不同公章确定公司代表权,公司应当“依法定途径确定新的法定代表人后，由新的法定代表人代表公司主张权利”。至于如何确立出新的法定代表人，则需要“另案处理”。

面对以上司法现象，要提出的问题是，在公司代表人行使代表权的规则中，到底如何确认公司代表人？在不同案件事实中，其又以什么作为代表权的权利凭证？是仅凭法定代表人身份、公章，还是其他形式要件，尤其是在公司的非常规业务中，股东会或董事会的决议是否具有对外作为权利凭证的效力。总之，在代表权的行使规则方面，现有立法并未形成系统性规则，容易造成公司治理结构的混乱和代表行为效力的不稳定。

本章小结

本章首先通过对当前几种对代表权性质的学说进行比较，明确了代表权的性质，指出代表权与代理权在本质上是没有区别的，都是通过行为人自身行为，其法律效力直接归属于本人的权能、资格或地位，因此，将公司代表人称为公司特别职务代理人的观点是合理的。随后，通过对代表权与代理权的对比分析，厘清代表权之于代理权的特别之处，具体包括：代表权的享有主体特定、代表权的来源不同、代表权的授权方式不同、代表权的权限范围不同和代表权的公示程度不同等几方面。在奠定了理论基础后，本章通过以案例统计和典型个案分析相结合的方式展开实证分析，总结出公司代表权体系化配置缺失的四种具体表现，分别是：公司代表权行使主体单一；公司代表权行使中的决策结构不清；公司代表权权限范围不明；公司代表权行使规则混乱，本书后续章节是在本章基础上，围绕这四个方面的问题进行研究。

第二章 公司代表权体系化配置的前提：公司的意思形成

自从康德提出主体性并加以论证以来，以其作为启蒙运动之后理性主义的旗帜，自由意志便成为法律规则中的灵魂，[①]近代以来民法的意思表示制度正是这一论断的直接体现。公司通过自己的意思表示取得权利并承担义务，以代表制度连接公司内外关系。然而，不同于自然人意思表示构造的同一性，在公司组织中，公司的意思表示具有分离性，意思形成与表示行为分别由不同公司机关实现，而不同公司机关又具有各自的公司程式要求。在构造机理上，公司意思表示分为意思形成和对外表示两个阶段，意思形成是公司代表权体系化配置的前提，在这一阶段，公司内部决策的不同规则造成了判断公司独立意志真实性和来源的困难，构成了长期以来公司法上的难题。

一、公司的意思能力

“拟制说”认为公司完全是法律拟制的产物，其存在和行为依赖于法律的明确授权，因此公司不具有意

---

① 参见刘学义、范卫洋：《人的主体性是康德哲学的核心》，载《甘肃社会科学》1998年第3期。

思能力;而法人"实在说"则认为公司跟其他法人组织一样,是先于法律存在的,具有独立的意思能力,两种学说下公司行为的实现机制不同。不过,"拟制说"与"实在说"并非绝对对立,两者之间具有重要的共同点,即公司人格的意义源于责任承担的需要,这也是自己责任理念的直接体现。有意思能力就有责任能力,无意思能力就无责任能力,[①]责任能力以意思能力为前提,依解释论,"实在说"确立公司意思能力更符合公司行为的需要。

(一)公司的法人性

从法人的概念开始出现,到20世纪早期,法律上的公司理论一直被法人理论主导。在这些理论中,对现代公司法人制度影响最大的两个法人理论无疑就是"拟制说"和"实在说",以这两种学说为基础形成的公司理论不仅在公司与国家的关系、公司与股东的关系和公司权利能力范围等问题的认识上不一样,更为重要和本质的区别是以这两种学说为基础形成的公司理论是否承认公司具有行为能力(Handlungsfähigkeit)[②],这无疑又进一步对公司的意思能力及其范围产生了影响。

1. 大陆法系。从历史和比较法两个角度考察,"拟制说"和"实在说"都发端于德国,前者的提出者是弗里德里希·卡尔·冯·萨维尼(Friedrich Carl von Savigny)。该学说建立在只有个人才能拥有法律人格的假定之上,其主要源于罗马法和教会法。[③] "拟制说"认为,实在法可以通过赋予非人类实体法人资格(通过创建法人)来扩展"人"的自然概念。法人不得根据其成员的意愿自主设立,它必须得到国家以法律形式的承认,才能享有法律上的资格。因此,在"拟制说"看来,在法人与国家的关系上,法律先于法人。法人这一人为实体,完全是为了法律目的才创设出来的,其本质是拥有财产的能力。萨维尼认为,由国家以公权力垄断组建法人的必要性具有令人信服的法律理由:与个人不同,法人缺乏实际的外表;为了使第三方意识到自己的权利,必须以国家权威的行为代替自然的确认。

---

① 参见江平主编:《法人制度论》,中国政法大学出版社1994年版,第27页。

② 参见杨代雄:《越权代表中的法人责任》,载《比较法研究》2020年第4期。

③ 参见邓峰:《普通公司法》,中国人民大学出版社2009年版,第54、55页。

否则,将导致法律关系极大的不确定性。法人要取得财产,必须由其代理人代理。因此,法人仅仅是财产所有人,没有自己的意志,更没有行为能力和责任能力,刑法无法对它实施管辖,这一原则同样适用于法人的侵权行为。[①]

与此相对,德国的另一位学者奥托·基尔克(Otto Gierke)提出了"实在说",其核心是"真实集合的人"(real aggregate person)的思想,认为法人在本质上是一个真正的集体单位(real collective unit)。这个集体单位不同于其组成的个体成员的总和,应当在法律上承认其具有"人"的资格。尽管该理论致力于结社自由原则,但它并不否认法人只能通过法律才能合法存在:通过法律,国家可以规定承认法人的前提条件。然而,法人并不是由法律所创造的,相反,法律只是对现实中本来就存在的实体加以确认,故法人是先于法律存在的。[②] 在这方面,基尔克的观点其实与萨维尼并没有太大的不同,后者也承认某些组织实体存在于法律之外的社会现实,只是这些实体并不具有法律上的"人"的资格。基尔克认为,法人的权利能力不仅涉及拥有财产的能力,还包括其他个人权利,例如,姓名、住所、荣誉等。[③] "拟制说"和"实在说"在法人存在基础方面的主要区别在于,根据基尔克的观点,不能任意授予任何特定事物以法律人格,因为这是"法人"这一"法律概念"(concept of law)所固有的,只有能够形成人的意志的实体才适合具有法律人格。因此,法律只能承认人和人类集体是"人",并且通过法人的机关,"集体的人"(the collective person)也是有自己的意思和行为能力的,法人机关在职权范围内的意志和行为就是法人自身的意志和行为,故并不需要代理来完成。在此基础上,法人应当对自己的过错负责,并可以承担刑事责任和侵权责任。

值得注意的是,这两种理论在被提出时都没有考虑现代商业公司。

---

① See Archibald Brown, *An Epitome and Analysis of Savigny's Treatise on Obligations in Roman Law*, Sagwan Press, 2015, p. 35 – 38.

② 参见仲崇玉:《论基尔克法人有机体说的法理内涵和政治旨趣》,载《现代法学》2013 年第 2 期。

③ See Carsten Gerner-Beuerle & Michael Schillig, *Comparative Company Law*, Oxford University Press, 2019, p. 196 – 197.

当萨维尼在19世纪上半叶提出“拟制说”时,公司这种组织形式才刚刚开始出现,它还没有达到今天在经济活动中所占据的主导地位。相反,这两种理论所关心的是任何一种组织——无论出于公共利益、商业或任何其他目的。萨维尼对这些介于个人和国家之间的“中间权力”(intermediate powers)保持警惕。他认为,随着经济权力的集中和潜在的民主运动,法人对国家和贵族的传统权力中心构成了挑战,因此,他们必须时刻受到严密的检查和监督。在“拟制说”下,法人的设立和活动要受到国家的严格限制,①这与英美法特许制下的公司十分相似。相比之下,基尔克坚持自由结社的自由主义理想,这种理想可以促进社会进步和向更民主的方向发展。随着19世纪末德国的法典编纂运动及随后的法律实证主义的发展,争论逐渐得以平息。立法者没有赞成任何特定的理论,《德国民法典》的起草者在《立法记录》中强调:“法人究竟是具有行为能力的实体,通过其机构自身参与交易,还是不具有行为能力,因而需要由他人(机构)来代表? 这个问题,应当由法学界来定夺。”②但是,随着公司现象的普遍化,公司对其机关行为的侵权责任和相对于第三方代表公司的权限——“实在说”的重要组成部分——的规定被写入了法律。③

受德国思潮的影响,法国也于19世纪起展开了对法人本质的讨论,这场讨论很大程度上借鉴了萨维尼和基尔克的学术观点,而且正如与德国一样,并不仅限于公司,④还包括公法人在内的所有法人。⑤ 在最初的

① See Archibald Brown, *An Epitome and Analysis of Savigny's Treatise on Obligations in Roman Law*, Sagwan Press, 2015, p. 37.

② 龙卫球:《民法总论》,中国法制出版社2002年版,第327页。

③ See Andreas Cahn & David C. Donald, *Comparative Company Law: Text and Cases on the Laws Governing Corporations in Germany, the UK and the USA*, Cambridge University Press, 2018, p. 14 – 17.

④ 法国法下的公司类型比较复杂,可以分为“商事公司”、“民事公司”和“特殊公司”等几类。这里的民事公司是指具有明显合伙性质的律师事务所、建筑师事务所等,因此也被称为民事合伙。在法国法的规定下,这类民事公司也具有独立人格,不同的是,他们不具有通过自己行为取得权利、承担义务的能力,换言之,它们不具备行为能力。参见罗结珍:《法国民法典(下)》,法律出版社2005年版,第1359页。

⑤ See Carsten Gerner-Beuerle and Michael Schillig, *Comparative Company Law*, Oxford University Press, 2019, p. 198.

讨论中,法国关于公司独立人格的认识更接近于“拟制说”。19 世纪上半叶,主导法国公司讨论的是契约论(the contractual theory),这一观点建立在罗马法的思想基础上。根据《法国民法典》对公司的定义:公司是两个或两个以上的人之间的合同。① 随着这一合同的签订,作为参与人的自由意志行为,公司在股东或合伙人之间成立。而公司对公司以外则是以整体的形象出现,这是因为法律直接规定了公司是法人。这一理论与 19 世纪法国盛行的自由意志和契约自由的一般观念产生了很好的共鸣。它倡导商业实体的自由成立,并最终导致注册成立有限责任公司(société anonyme)的普遍。不过,有限责任公司的兴起凸显了契约论在概念上的相当大的困难。要求登记、多数决原则、强制性规定、公司与股东利益不同的观点、公司无限期的存续期、法人资格等都表明公司不能简单地产生从参与者的自由意志出发,这些可能远远超出了当事人之间的合同。②

20 世纪初,法国公司理论借鉴源自公法人理论的“机构”(the institution)概念,将公司人格引向了“实在说”。在公法理论下,“机构”是指为了追求共同目标而被一个群体的大多数成员所接受的社会组织。机构超越个人,追求个人意志必须服从的目标。通过这种方式,它平衡了参与者之间相互冲突的利益,并将他们团结在一种持久的社会和平状态中。③ 这意味着公司成员的权利和义务并不是由合同确定的;相反,类似于现代公司章程,如果公司的利益需要,合同可以通过多数决原则进行修改。公司董事不仅仅是股东的代理人;相反,他们拥有相应权威(the authority)来确保共同目标的实现,这表示公司具有独立于其成员的意志和行动能力。④ 当然,这一理论仅仅代表了一种较为有影响力的学术观

---

① 参见《法国民法典》第 1832 条;罗结珍:《法国民法典(下)》,法律出版社 2005 年版,第 1359 页。

② See Carsten Gerner-Beuerle & Michael Schillig, *Comparative Company Law*, Oxford University Press,2019,p. 198 – 199.

③ See Carsten Gerner-Beuerle & Michael Schillig, *Comparative Company Law*, Oxford University Press,2019,p. 199.

④ See Carsten Gerner-Beuerle & Michael Schillig, *Comparative Company Law*, Oxford University Press,2019,p. 199.

点，并没有实际产生任何特定的法律制度。并且，由于它的模糊性，其存在公司边界不清的缺点。① 然而，从规范上讲，它可以为强制性规范公司活动和国家干预市场提供一个理由，即公司活动将影响利益相关者和更广泛的社会大众。更进一步说，在"机构"概念基础上形成的公司理论除了承认公司的意思能力以外，更加关注公司的目标，可以看作早期的公司社会责任和利益攸关者理论。②

德国的法人学说对其他大陆法系国家产生了深远的影响，并且，从某种意义上来说，这种影响直接涉及公司理论的形成，以至于今天绝大多数大陆法系国家在"实在说"基础上构建公司制度，如日本和韩国。日本学术界深受"实在说"影响，③其《公司法典》第 3 条规定，凡公司均为法人，④并且其股份公司可以从事营业商行为和附属商行为，独立承担责任。⑤ 韩国公司法也规定公司都具有法人资格，公司基于组成机关的自然人的意思，自己持有行为能力。⑥

2. 英美法系。相对于大陆法系学者而言，英美法系学者较少受到民法概念、体系、框架的束缚，他们以法律技术来应对公司组织所面临的问题。⑦ 因此，英国几乎没有专门针对法人的理论。在英国，即便没有取得法律人格，信托的存在也能使许多人在信托财产上享有经济权利成为可能。⑧ 英国的公司理论，尤其是关于公司法人本质的讨论，是随着 1600 年左右东印度公司的成立发展起来的。⑨ 首先便是"拟制说"与"特许论"

---

① See Carsten Gerner-Beuerle & Michael Schillig, *Comparative Company Law*, Oxford University Press,2019,p. 199.

② 实际上，法国公司理论一直在契约和法人理论之间摇摆，"机构"概念对法国公司人格制度影响较为明显。See Carsten Gerner-Beuerle and Michael Schillig, *Comparative Company Law*, Oxford University Press,2019,p. 198 – 200.

③ 参见龙卫球：《民法总论》，中国法制出版社 2002 年版，第 329 页。

④ 参见王保树主编：《最新日本公司法》，法律出版社 2006 年版，第 58 页。

⑤ 参见[日]前田庸：《公司法入门》，王作全译，北京大学出版社 2012 年版，第 21 页。

⑥ 参见[韩]李哲松：《韩国公司法》，吴日焕译，中国政法大学出版社 2000 年版，第 61 页。

⑦ 参见钱玉林：《公司法实施问题研究》，法律出版社 2014 年版，第 9 页。

⑧ See Joshua Getzler, *Fiduciary Principles in English Common Law*, in Evan J. Criddle, Paul B. Miller & Robert H. Sitkoff eds. ,Fiduciary Law, Oxford University Press,2019,p. 592 – 594.

⑨ 参见王文宇：《公司法论》，台北，元照出版公司 2008 年版，第 5 页。

(the concession theory)的结合，[①]这一理论是从罗马法和教会法渊源中引入英国法的，主要是为了解释教会和市政机构的财产持有能力。"拟制/特许论"将公司视为一个拟制的人，其含义在著名的 Salomon v. Salomon & Co. Ltd. 案得到了阐明："在法律上，公司与组织大纲(memorandum of association)的签署者完全不同。"[②]公司独立人格的合法性来自国王的特许，正如英国著名法学家威廉·布莱克斯通(William Blackstone)在《英格兰法律评论》中的表述："为了公众的利益，有必要建立一个可以永久延续的法人，并享有一种法律上的不朽……这些人为的'人'被称为政治团体、法人团体或公司……任何公司的建立都必须得到国王的许可……"[③]在拟制/特许论下，公司不仅不具备行为能力，并且其权利能力要受到公司目的的严格限制，[④]著名的越权原则(ultra vires)正是在这一背景下产生的。[⑤]

然而，与一般认为的，英国法主要以"拟制说"作为公司的法人理论基础所不同的是，"实在说"在英国也得到一定程度的认可。1900 年，梅特兰(Frederic William Maitland)将基尔克的部分作品翻译成英语，使其得以推广和普及。英国公司理论中的"实在说"与德国的法人理论一样，公司被视为一个独立存在且与股东不同的自然实体，它们并非法律的创造物。戴雪(Albert Venn Dicey)在其著作中写道："每当人们为了共同的目的而协同行动时，他们往往会创造出一个实体，这个实体不是来自法律虚构，而是来自事物的本质，它不同于构成它的个人。"[⑥]用梅特兰的话说，"这个实体不是虚构的，不是象征，不是国家机器的一部分，不是个人

---

① See M. Stokes, *Company Law and Legal Theory*, in William TWining ed., Legal Theory and Common Law, Blackwell Pub, 1986, p. 162.

② [1897] A. C. 22.

③ William Blackstone, *Commentaries on the Laws and Constitution of England: Book* Ⅰ, Oxford University Press, 2016, p. 71 – 72.

④ 参见李建伟：《公司法学》，中国人民大学出版社 2018 年版，第 80 页。

⑤ See Paul Davies & Sarah Worthington, *Principles of Modern Company Law*, Sweet & Maxwell, 1992, p. 166.

⑥ Albert Venn Dicey, *Lectures on the Relationship between Law and Public Opinion in England during the Nineteenth Century*, Macmillan, 2011, p. 153.

的集体名称,而是一个有实体、有成员、有自己意愿的活生生的有机体和真实的人。它自己有自己的意志,能行动;它的意志和行动是由人组成的机关来实现的,就像人的意志和行为是通过大脑、嘴和手一样"。这一理论在后来的 Bolton (Engineering) Co. Ltd. v. Graham & Sons 案中得到了延续,大法官丹宁阐述道:"一个公司在很多方面可以被比作一个人体。它有一个大脑和神经中枢来控制它的行为。它也有手拿着工具,按照中心的指示行动。公司里有些人只是仆人和代理人……其他人则是代表公司指导思想和意愿的董事和经理。"①

19 世纪上半叶的美国公司法人理论主要以"拟制/特许论"为主导。②首席大法官马歇尔在 Dartmouth College 一案中的经典陈述就体现了这一点:"公司是一个拟制的人,(它)看不见、摸不着,仅存在于法律之中。"③在这一时期,公司的设立取决于州立法机关授予的特许状。④ 并且,这种观点坚持认为,授予特许状不能仅为了私人牟利,应当至少部分为了公共利益。公司被概念化为拟制的实体,其存在独立于构成公司的人。⑤

不过,在基尔克和梅特兰的作品广为人知之前,美国学者就已经开始将公司概念化为"自主、自给自足、自我更新的团体","可以决定和执行他们的共同意志",⑥这一理论与"实在说"的基本观点相吻合。1897 年,恩斯特·弗伦德(Ernst Freund)在对基尔克的观点继承和发展的基础上表示"一个公司作为一个客观真实的实体而存在,任何发育良好的孩子或正常人都必须认识到这一点:法律仅仅承认并给予这个实体的存在以法律效力……一个实体——不是人为创造或虚构的,而是真实的,不是人工

---

① [1957] 1 QB 159,172 (CA).

② Michael J. Phillips, *Reappraising the Real Entity Theory of the Corporation*, 21 Fla. Stanford Law Review 1061 (1994).

③ Trustees of Dartmouth Coll. v. Woodward,17 U. S. 518,4 L. Ed. 629 (1819).

④ William W. Bratton,Jr. ,*The New Economic Theory of the Firm*: *Critical Perspectives from History*,41 Stanford Law Review 1471 (1989).

⑤ D. Gordon Smith & Cynthia A. Williams, *Business Organizations*: *Cases*, *Problems*, *and Case Studies*, Wolters Kluwer,2016,p. 242.

⑥ J. P. Davis,*The Nature of Corporations*,12 Political Science Quarterly 273,294(1887).

的,而是自然的。它的存在就像军队或教会一样真实"[①]。作为一个通过其成员的自由协商"自然"创建的实体,公司被认为不应该受到国家的干预。[②] 美国的"实在说"在20世纪前20年占据主导地位,直到20世纪20年代末,在法律现实主义占据学术和实务界的地位时,公司理论的争论才告一段落。

在1926年发表的一篇重要论文中,哲学家约翰·杜威(John Dewey)断言,任何对包括公司在内的法人的真实性质或本质的探究都是无意义的。他认为,关于公司人格本质的学说都具有高度不确定性,其表示:"每种理论都可以既被用于相同的目的,又可以(在被需要时)被用于完全相反的目标。"[③]重要的是将法律权利和义务赋予一个实体——无论是拟制的还是真实的——所产生的社会后果。这篇文章标志着从传统上对公司人格讨论的终结,此后英美法中的公司理论开始转向其他方向。[④]

3. 简要评析。两大法系法学理论中对于法人本质都有着深入的研究,并提出了多种学说。虽然其间存在差异,但从总体上看,可以认为两大法系的法人本质理论在更大的程度上具有共通性。不过,随着经济学的渗入,英美法的公司法人本质理论受企业理论的影响,仍然处于发展和争鸣之中。大陆法系国家和地区则除了引入英美法的合同联结理论等经济学提出的新学说外,法学上对于法人本质的认识基本上达成了一致,即认为各种学说均有其合理性,不存在充分的理由完全肯定或者否定某种学说。但基于公司在现代社会经济中的巨大作用及公司实践的需要,公司被认为具有也应当具有行为能力,从而"实在说"被多数大陆法系国家立法和学说所肯认。即使立法没有明确采纳"实在说"的德国,多数学者的观点也倾向于"实在说",以致"实在说"成为德国学者承认的通说。至于英美法系,虽然传统的法人本质理论中也存在"实在说",并为少数学

① A. W. Machen, *Corporate Personality*, 24 Harvard Law Review 253,261 -2(1911).

② See D. Millon, *Theories of the Corporation*, Duke Law Journal 213(1990).

③ John Dewey, *The Historic Background of Corporate Legal Personality*, 35 Yale Law Journal 655 (1926).

④ 参见邓峰:《普通公司法》,中国人民大学出版社2009年版,第58页。

者所认同,而且经济学中的企业理论不断提出对企业本质新的认识,但法人拟制说仍然占据主流地位,学者在公司法及相关著作中均明确公司乃拟制之人。英美法判例对于公司的认识也明确采"拟制说",认为公司不能自己行为,需借助董事、高级职员等代理人实现公司行为。从而,英美法系公司法中都没有规定代表人制度。正是基于对法人本质的不同观点,导致在公司代表人制度上两大法系存在显著差异。

(二)公司法人性的意义

无论是"拟制说"还是"实在说",都是从某一个方面对公司人格本质作出的揭示,它们并非完全的对立关系。[①] "拟制说"和"实在说",共同的规范意义在于,"法律承认公司作为权利和义务归属的一个独立的分配终点,得以独立对外承担责任"[②]。从法律层面来看,以公司人格为前提,表明公司能够签订合同——或通过代表或通过代理——并拥有自身的财产。[③] 此外,公司人格避免了其成员变动时合同相对性的问题,不会像合伙那样可能因为其成员的退出而导致解散,即公司的"永久存在"(perpetual existence)[④]。比如,在美国法上,合伙企业并未采用实体概念,[⑤]因此,当合伙企业成员退出时,原来与该企业签订的合同关系也会发生变更,在 Fairway Development Co. v. Title Ins. Co. of Minnesota 案中,多德大法官的阐释表达了公司人格在其成员变动时的作用:"(原告)明确知道打交道的是一家合伙企业……根据俄亥俄州的法律,合伙企业人员的任何变动都会导致其解散,并引起(合同)关系的变更……只有公司,这样的实体才可以避免这种状况……"[⑥]最后,公司能够以自己的名义起诉和被起诉,确立了公司作为独立主体的可诉性,避免必须通过或向

---

① 参见吴越:《公司人格本质与社会责任的三种维度》,载《政法论坛》2007 年第 6 期。

② Carsten Gerner-Beuerle & Michael Schillig, *Comparative Company Law*, Oxford University Press,2019, p. 160.

③ 参见[美]莱纳·克拉克曼、[美]亨利·汉斯曼等:《公司法剖析:比较与功能的视角》,罗培新译,法律出版社 2012 年版,第 9 页。

④ 施天涛:《公司法论》,法律出版社 2018 年版,第 14 页。

⑤ 参见邓峰:《普通公司法》,中国人民大学出版社 2009 年版,第 107 页。

⑥ Fairway Dev. Co. v. Title Ins. Co. of Minnesota, 621 F. Supp. 120 (N. D. Ohio 1985).

个别股东提起诉讼的效率较低且不稳定的程序规则。[①] 这几个方面都使公司能够向债权人作出更坚定、更可靠的承诺，为与公司交易的相对人建立稳定的预期。此外，法人概念允许在公司接纳新成员和现有成员离开时，平稳地"转移"业务资产。而且，通过转让股份而不是单独转让公司的所有资产，公司作为一个整体更容易转让。[②]

不过，公司独立人格最重要的意义还在于其独立于公司股东、董事和其他任何人员的独立性。这种独立不仅表现为公司人格与组成公司的成员人格互相独立，而且还表现为公司财产与公司成员财产的分离。[③] 以经济学的观点来看，这可以减少公司和与之相关各方的交易成本，并且这种经济上的优势并不会轻易被其他成本所抵消。在亨利·汉斯曼（Henry Hansmann）和莱纳·克拉克曼（Reinier Kraakman）等几位非常有影响力的法律经济学家的系列研究中，针对公司独立性带来的经济问题进行了讨论。[④] 他们将公司与股东财产分离的现象称为"确定性资产分割"（affirmative asset partitioning），并提出了"实体屏护"（entity shielding）的概念。"资产分割"的法律表达就是股东有限责任，[⑤]其功能在于实现资本积累、投资多元化和股份自由转让。在公司外部关系方面，"实体屏护"涉及两项相对独特的法律规则："优先权规则"（the priority rule）和"清算保护规则"（rule of liquidation protection）。优先权规则作为一项默认规则，规定了公司财产优先用于清偿以公司名义所负担的债务。由于公司将自己所拥有的财产本质上"质押"（pledged to）给了公司的债权人，因此，债权人只需把他们的监控工作完全集中在公司和聚集财产所形成的资产池上，这样就降低了债权人监控和交易成本。如果没有独立的法

① 参见[美]莱纳·克拉克曼、[美]亨利·汉斯曼等：《公司法剖析：比较与功能的视角》，罗培新译，法律出版社2012年版，第8页。

② David Goddard, *Corporate Personality: Limited Recourse and its Limits*, in Ross Grantham & C. E. F. Rickett, Corporate Personality in the 20th Century, Hart Publishing, 1998, p. 11－18.

③ 朱慈蕴：《公司法原论》，清华大学出版社2011年版，第39页。

④ See Henry Hansmann & Reinier Kraakman, *The Essential Role of Organizational Law*, 110 Yale Law Journal, 387 (2000); Henry Hansmann et. al., *Law and the Rise of the Firm*, 119 Harvard Law Review 1333 (2006).

⑤ 参见王文宇：《探索商业智慧——契约与组织》，台北，元照出版公司2019年版，第199页。

人资格,公司的债权人将很容易受到股东的所有业务和个人事务的影响,以致其没有能力通过评估这些个体的信用情况来确定交易条件。此外,当公司遭遇破产时,通过优先权规则来确认债权人的受偿比例,可以极大节省司法资源,并保证清偿顺序的公平性。清算保护规则是指公司股东不得随意撤回其在公司中的出资,股东的债权人也不得直接执行投资者在公司中的出资财产。这一规则可以保护公司的运营价值免受股东或其债权人的侵害,保证公司的资本维持原则。根据汉斯曼教授等学者的研究,如果仅采用优先权规则的商事主体,例如我国的合伙企业,那么这种对债权人的"实体屏护"被称为"弱式实体屏护";如果同时采用优先权规则和清算保护规则的商事主体,例如我国的股份公司,那么这种对债权人的"实体屏护"就被称为"强式实体屏护"。公司人格的独立性为与公司交易的相对人提供了"强式实体屏护",这样公司与交易相对人以及其他潜在的债权人之间就建立起一个共同预期,即公司与任一债权人签订的合同,对于公司其他债权人可以产生什么影响,极大地便利了公司参与市场。①

(三)公司意思能力的确立

在"拟制说"下,法律不承认法人具有独立的行为能力,自然也不存在公司的意思能力,公司的行为必须通过代理实现。而在"实在说"下,公司被认为是与自然人一样,具有意思能力并能够独立实现行为的法律主体。具体而言,现代民法观念中的主体是以自然人作为规范模型的,这种自然人的模型地位不仅止于理念,还在于规则的具体设置上,②其最突出的表现就是以意思表示为中心建立的法律行为制度,这一制度的理论核心和哲学基础正是17世纪启蒙运动建立起来的"人是一种理性的可以自己负责的创造物"③的思想。申言之,"实在说"以独立意思为基础实现

---

① See Henry Hansmann & Reinier Kraakman, *The Essential Role of Organizational Law*, 110 Yale Law Journal 387 (2000); Henry Hansmann et. al., *Law and the Rise of the Firm*, 119 Harvard Law Review 1333 (2006).

② 参见朱庆育:《民法总论》,北京大学出版社2016年版,第379页。

③ [德]K. 茨威格特、[德]H. 克茨:《比较法总论(上)》,潘汉典等译,中国法制出版社2017年版,第162页。

了行为与归责的统一,尤其是公司的事实行为和违法行为(侵权和犯罪行为)。以公司的侵权行为为例,在侵权责任领域中,“所有人自负其责”是侵权法的逻辑起点,①其意味着:“一个人要对其基于独立自主的意思而作的行为负责且仅对自己的行为负责”②,这源于民法自近代以来“自己责任原则”③的理念建构。因此,侵权责任的追究对象应首先及于行为人本身,并以此为侵权赔偿请求权的基础。针对法人行为和责任归属的问题,有观点认为在法人侵权责任中无须考虑主体的意思能力,而应当由法人机关与法人承担连带责任。④ 这一观点是值得商榷的。因为无论如何,行为的可归责性必须以存在主观意思下的行为为前提,在他人支配或影响下实施的行为不能归属于行为人自身,否则就违背了“自己责任”原则。正所谓,有意思能力就有责任能力,无意思能力就无责任能力。⑤ 因此,法人的意志因素始终是需要被考虑的内容。如果以这一逻辑来检视公司的法人本质,那么“拟制说”存在不可克服的局限,按照“拟制说”创立者萨维尼的观点,行为是以具备思维和意志的存在体即自然人为前提的,作为拟制主体的法人并不是这样的人。⑥

“实在说”正是创造了法人机关的概念,来解决法人行为能力的难题。毫不夸张地说,机关的创设正是“实在说”的极大贡献,它不仅圆满地解决了法人的人格问题,而且结束了法人本质形而上的纷争。⑦ 比如就公司而言,公司本身并没有意志和思维活动,只有依靠具体执行这些行为的特定的自然人或由特定的自然人组成的会议体组织,来思考、决议和表示公司意志,上述自然人或会议体组织就叫作公司的机关。⑧

---

① 参见[德]马克西米利安·福克斯:《侵权行为法》,齐晓琨译,法律出版社 2006 年版,第 1 页。

② 程啸:《侵权责任法》,法律出版社 2015 年版,第 85 页。

③ 在侵权法中也称为“肇因原则”。参见程啸:《侵权责任法》,法律出版社 2015 年版,第 85 页。

④ 参见蒋学跃:《法人侵权责任能力的理论预设与制度设计——以法人本质理论为线索》,载《现代法学》2007 年第 5 期。

⑤ 参见江平主编:《法人制度论》,中国政法大学出版社 1994 年版,第 27 页。

⑥ 参见杨代雄:《越权代表中的法人责任》,载《比较法研究》2020 年第 4 期。

⑦ 参见钱玉林:《公司法实施问题研究》,法律出版社 2014 年版,第 11 页。

⑧ 参见[日]前田庸:《公司法入门》,王作全译,北京大学出版社 2012 年版,第 260 页。

一般而言,私法人内部的机关创立和设置都属于自治范畴,但法律为了维护交易安全、规范法人行为或出于加强监管的考虑,对私法人的必设机关做了强制要求。① 针对公司机关的划分,传统法学主要存在"二分法"和"三分法"两种。在"二分法"看来,公司的必设机关是意思机关和执行机关。前者是指股东会,后者主要是指董事会或董事。"三分法"认为,公司的必设机关为三个:首先是全体股东组成的股东会决定最高意思。其次是根据股东会的意思开展工作的执行机关,即董事会或董事。最后是由作为监督机关的监事会或监事监督执行机关开展工作的情况。在某些情况下,"二分法"被称为单一董事会(the unitary board)或单层制(one-tie system),比如美国;"三分法"被称为双重董事会(the dual board)或双层制(two-ties system),比如德国。② 尽管如此,上述两种分法的共同点是显而易见的,股东会是公司的最高意思机关,在公司内部形成公司意思;董事会或董事负责日常经营事务,为业务执行机关。概言之,在"实在说"下,公司必须有意思机关和执行机关才能实现其行为能力。

二、公司的意思机关

法人的意思能力由法人机关实现,在一般社团法人中,主要是由全体社员组成的社员大会予以实现,故传统观点认为,公司的意思机关应当为公司的股东会。然而,公司所有权与控制权的两权分离也意味着公司意思机关的分离,不同事项由不同公司机关决定,公司的意思机关不再由单一机关担任,股东会与董事会都被认为是现代公司的意思机关。不过,两权分离也并非一概而论,这取决于不同类型公司的社团性与公共性的强弱,故而,不同类型公司的意思机关也应当有所不同。

(一)公司的社团性

公司本质上是社团法人,③作为社团的公司,按照法律、公司章程以

---

① 参见朱庆育:《民法总论》,北京大学出版社 2016 年版,第 424 页。

② See Stephen M. Bainbridge, *The Board of Directors*, in Jeffrey N. Gordon & Wolf-Georg Ringe eds., Corporate Law and Governance, Oxford University Press, 2018.

③ 参见朱慈蕴:《公司法原论》,清华大学出版社 2011 年版,第 32 页。

及内部规则所界定的公司程式，形成有别于股东的意志，成为公司意思的基础。社团法人是以社员权为基础的人的集合体，也称人的组合，[①]按照传统民法中的社团理论，社团的意志来自其组成成员的共同意志，这个不是生理学上的意思，而是一个依整体程序依法讨论的结果。[②] 江平先生在《法人制度论》中指出："只有当每个人的意思形成共同意志，而共同意志又有机地形成团体意思时，团体才可能具有独立人格。"[③]社团意志的正当性就在于以近代哲学思想为基础的人"生而自由"的意思自治原则，具体而言包含两个方面：第一，法人设立时，法人依照设立人的自由意志而设立。[④] 第二，法人设立成功后，社团法人中每一个成员的个人意志都是法人团体意思形成的基础因素，在充分的民主机制运行下，每一成员的意志都会通过法律或章程规定的程序体现出来，并成为构成团体意思的组成部分或影响力量。一旦法人的团体意思确立后，社团即以其自己的名义独立参与民事法律关系，实现法律认可和保护的利益，则每一成员都应理所当然地承担其带来的法律后果。[⑤] 论及社团意志在社团中的广泛约束力，卢梭从政治学的角度解答了团体意志与个人自由之间的关系问题。他认为社会契约逻辑其实包含了社会或团体整体必要时可以强迫个人接受团体意志的契约。进一步而言，团体意志与大众意志不同，因为后者不过是所有着眼于个人意志的总和。[⑥] 团体中与团体意志不符合的个人意志必然是一种受到自私或非理性因素所辖制的想法，本身就是一种不自由。因此，当社会或团体强迫个人接受符合社会或团体利益的想法时，是让他承认其如果没受到非理性因素捆绑的自己也会同意的想法，等同于让他的真我得到发声，重新掌控自己的机会，也是其个人自由意志的

---

① 参见马骏驹、余延满：《民法原论》，法律出版社2010年版，第115页。

② 参见[德]卡尔·拉伦茨：《德国民法通论（上册）》，王晓晔、邵建东等译，法律出版社2013年版，第183页。

③ 江平主编：《法人制度论》，中国政法大学出版社1994年版，第7页。

④ 参见[日]山本敬三：《民法讲义Ⅰ》，解旦译，北京大学出版社2012年版，第364页。

⑤ 参见马骏驹：《法人制度的基本理论和立法问题之探讨（中）》，载《法学评论》2004年第5期。

⑥ 参见[法]卢梭：《社会契约论》，何兆武译，商务印书馆2016年版，第35页。

表现。[①]

英美法中,美国学者格雷(John C. Gray)关于社团意志的观点具有代表性。虽然他对法人"实在说"表示怀疑,但其并不否认社员意志是社团意志的前提这一事实,他表示,"国家因保护名为社团的人类组织化团体之利益而规定了人们的义务,并且允许与这些义务相对应权利在特定个人的意志的推动下行使,而这些个人受制于社团的组织,这些意志将归属于社团。无论社团是真实的还是拟制的,他人针对社团的义务和推动与这些义务相对的权利的意志都不会有什么差别"。[②]

公司意志源于股东的集体意志,这显然不同于个别或部分股东的少数股东的意志,否则公司就仅仅是股东"手臂"的延伸。从公司社团性的反面来看,一人公司不存在股东相互之间的制约和民主,导致社团的意志无法与股东的个人意志区分,丧失了社团独立性赖以存在的基础。[③] 因此,传统上,不仅单独一人不得设立公司,即使公司设立后股东减为一人也为立法所不容许。[④] 为了恰当地解释一人公司的合法性问题,有学者表示,现代公司法承认一人公司并非对公司社团性的完全否定,从根本上说,一人公司只是公司形式的例外。[⑤] 强调公司的社团性的旨趣在于强调其团体人格性,一人公司尽管得到了立法上的有条件地承认,但也附加了不少限制性的规定,以求其尽可能地保证人格上的独立。[⑥] 因此,一人公司被称为传统公司形态的一种例外并非毫无根据。

独立人格要求公司的独立意志,这是公司人格独立的实质要素。[⑦] 随着社团性强弱的变化,公司组织形式——甚至连公司本质——以及相

---

① 参见[法]卢梭:《社会契约论》,何兆武译,商务印书馆2016年版,第35~43页。

② [美]约翰·奇普曼·格雷:《法律的性质与渊源》,马驰译,中国政法大学出版社2012年版,第47页。

③ 参见邓峰:《普通公司法》,中国人民大学出版社2009年版,第176页。

④ 参见[日]末永敏和:《现代日本公司法》,金洪玉译,人民法院出版社2000年版,第5页。

⑤ 参见赵旭东主编:《公司法学》,高等教育出版社2015年版,第7页;赵德枢:《一人公司详论》,中国人民大学出版社2004年版,第225~229页。

⑥ 参见冯果:《公司法》,武汉大学出版社2017年版,第5页。

⑦ 参见范健、王建文:《公司法》,法律出版社2018年版,第207页;冯果:《公司法》,武汉大学出版社2017年版,第101页。

应的规则适用也会发生变化,邓峰教授针对这一问题进行了深入研究,并提出了非常具有建设性的观点。在该项研究中,邓峰教授采纳了菲舍尔(Fischel)、伊斯布鲁克(Easterbrook)和波斯纳(Posner)等学者的观点,将社团比作一个标准化契约或主体结构。在此基础上,他提出了"公共性"的概念,并表示随着公共性的增强,社团的独立性也逐渐增强,其组织形式逐渐从个人独资企业—合伙企业—有限责任公司过渡到标准的股份有限公司。公共性程度判断的核心标准是公司意志与公司成员意志的分离程度,即社团意志与社员意志的分离程度越大,社团的独立性就越强。而这种分离程度,进一步成为包括内部人控制、两权分离、营利性目的、股东利益还是利益相关者利益等争论的核心。那么,又如何判断社团意志与社员意志的分离程度呢?社团性——股东人数的多寡与分散度是其中一个重要指标。① 这项研究带给我们的启示是,公司的社团性不仅直接区分了公司意思与个别或部分股东的少数成员意思,更进一步与公司意思独立性呈正向相关关系,间接决定了公司的组织形式。依此而言,一个合理的反推便是,有限公司因其社团性要弱于股份公司,因此其意思独立性也要弱于股份公司,那么两种公司类型的意思形成与表示机制应有所不同。

(二)公司社团性的意义

公司社团性的意义在于两点:第一,阐明了公司权力包括公司治理权力的来源,即章程。第二,促进了公司机关的分化。

公司社团性的核心表现是在公司内部代表组织规则的公司章程。② 这是因为:一方面,公司章程由发起人共同制定并可以由股东共同修改,是股东意思自治的产物。③ 就此而言,这其实也是社团法人与财团法人

---

① 参见邓峰:《作为社团的法人:重构公司理论的一个框架》,载《中外法学》2004 年第 6 期。

② 参见许德风:《组织规则的本质与界限——以成员合同与商事组织的关系为重点》,载《法学研究》2011 年第 3 期。

③ 参见李建伟:《公司法学》,中国人民大学出版社 2018 年版,第 106 页。

的重要区分标准:传统上的财团法人并不是以“人的结合”为成立基础,[①]其章程的作成者并不进入财团内部,故财团的意思来自外部,属于意思他治。[②] 另一方面,公司章程具有公司内部广泛的约束力。按时间顺序,公司章程需要调整公司成立前后两个不同阶段的民事关系:[③]在公司成立前,公司章程相当于公司设立协议,约束发起人股东和募集设立时的认股人股东,适用合同法的一般规则;在公司成立后,公司章程不仅对原始股东具有约束力,而且对后续加入的股东、董事、监事和高级管理人员都具有约束力。说到底,公司章程是股东团体意思的载体,其内容、制定与修改都体现了股东意思。[④]

公司组织社团性的不断增强,促进了机关分化的产生。不同机关承担不同职能,才能实现公司的意思能力和行为能力。如果说在小规模、业务简单的传统家族式公司还能依靠一个万能股东会经营公司的话,那么在股东人数众多、股权分散且业务复杂的现代股份公司中,仅仅依靠非常设性的股东会经营公司根本无法实现。在这样的公司中,多数股东常常作为被动投资者游离于公司之外,他们对公司经营状况并不关心,即使给予每个股东以经营公司的权利,也无法期待他们会正常行使这些权利。[⑤]

因此,可以说,机关分化首先是来自集中管理的需要,而集中管理又被看作公司社团性的首要表现。[⑥] 在集中管理的基础上,随之而来的变化是,投资者对管理层的直接监控能力不断减弱,只能通过选择专业董事(单层董事会模式,或采取监事会,即双层董事会模式)来履行监控职能,这又使得部分公司经营管理权逐渐下沉到职业经理人手中。[⑦] 在此基础上,为了确保股东和其他要素提供者的利益,公司形成了分权制衡的治理

---

① 参见[德]卡尔·拉伦茨:《德国民法通论(上册)》,王晓晔、邵建东等译,法律出版社2013年版,第248页。

② 参见朱庆育:《民法总论》,北京大学出版社2016年版,第430页。

③ 参见赵旭东主编:《公司法学》,高等教育出版社2015年版,第134页。

④ 参见李建伟:《公司法学》,中国人民大学出版社2018年版,第107页。

⑤ 参见[日]近藤光男:《最新日本公司法》,梁爽译,法律出版社2016年版,第172页。

⑥ 参见朱弈锟:《公司法:原理·图解·案例·司考》,中国民主法制出版社2016年版,第9页。

⑦ 参见李建伟:《公司法学》,中国人民大学出版社2018年版,第8页。

结构，股东会、董事会、经理与监事会各司其职、各尽其责，促进公司价值最大化。[①]

有学者表示，公司机关分化真正的制度动因在于股东承担有限责任，[②]因为将公司的经营管理权从所有者手中分离出来的一个重要对冲，就是投资者承担有限责任。另有学者则持完全相反的观点，认为有限责任不是机关分化的因，而是机关分化的果，其表示“将公司的经营管理权从所有者手中分离出来的第一个重大贡献就是投资者有限责任的产生。既然股东不再直接参与管理企业，为什么还要让投资者对企业的债务像合伙人那样承担无限责任呢？”[③]本书认为，仅仅有限责任并不能促使机关分化，至少不能促使所有权与控制权分离理念下的机关分化。

历史地看，集中管理产生于有限责任之前，由于特许设立的历史背景，早期的私有化公司大多是以契约形式存在的，它们被看作财产的集合，受托人则作为这些财产的“看护者”，负有基于信托法的信义义务。[④]17 世纪英国，只有经过国王特许或国会批准才能够设立公司，这使得当时的公司具有浓重的官办色彩，甚至像东印度公司这样在世界各地经商的合股公司直接被看成政府的海外分支机构。[⑤] 到了 18 世纪，为了抑制“南海泡沫”，英国国会通过了别称为“泡沫法令”（Bubble Act）的《1719 年皇家交易所及伦敦保险公司法令》（Royal Exchange and London Assurance Corporation Act 1719），规定合股公司必须取得皇家特许状才能继续经营，这些规定大大限制了公司的发展。[⑥] 但由于公司形式持续受到欢迎，这些举措并没有真正阻碍商人们设立公司的热情，他们为规避特许和法令，与共同推选的受托人——尤其是专业受托人签订授产契约，

---

① 参见朱羿锟：《公司法：原理·图解·案例·司考》，中国民主法制出版社 2016 年版，第 9 页。

② 参见钱玉林：《公司法实施问题研究》，法律出版社 2014 年版，第 13 页。

③ 施天涛：《公司法论》，法律出版社 2018 年版，第 9、10 页。

④ See Julian Velasco, *Fiduciary Principles in Corporate Law*, in Evan J. Criddle, Paul B. Miller & Robert H. Sitkoff eds., Fiduciary Law, Oxford University Press, 2019, p. 105.

⑤ 参见朱锦清：《公司法学》，清华大学出版社 2019 年版，第 11 页。

⑥ See Carsten Gerner-Beuerle & Michael Schillig, *Comparative Company Law*, Oxford University Press, 2019, p. 188.

将财产交给他们经营,自发建立起合伙与信托相结合的"合股公司"(deed of settlement)[①]。这些公司虽并不具备法人资格,但由受托人集中管理,持续经营,这种安排与公司十分相似。[②] 然而,此时有限责任制度并未真正确立,这些信托企业本质上仍然是合伙企业,合伙人得不到有限责任的保护。[③] 到了19世纪20年代,工业革命加快步伐,迫切需要法律变革以促进商业活动。因此,对于普通人设立公司的限制逐渐解除。1844年,英国国会正式通过了《1844年合股公司法》(Joint Stock Companies Act 1844),允许普通人通过注册程序就可以设立公司,使组建公司不再需要国家的特许。[④] 除此之外,该法案还允许公司可以作为一个统一的实体(entity)参与诉讼等活动。[⑤] 这一具有里程碑意义的法律不仅确认了私有化公司的独立法人地位,打破了国家对团体人格的垄断,还对公司内部组织架构以及成员之间的权利义务关系等进行了详细的界定,[⑥]实现了制度化的集中经营,成为现代公司规范体系的起点。[⑦] 相较而言,真正制度化的有限责任比制度化的集中管理晚了11年,直到1855年,英国国会颁布了《1855年有限责任法》(Limited Liability Act 1855),有限责任才得以真正确立:该法案允许成员在25个以上公司(股东)的有限责任,[⑧]这一数字直到2006年公司法修订以前,都是公司与合伙的重要区分点:合伙形式人数只能在20人以下,如果超过这个规

---

① Julian Velasco, *Fiduciary Principles in Corporate Law*, in Evan J. Criddle, Paul B. Miller & Robert H. Sitkoff eds., Fiduciary Law, Oxford University Press, 2019, p. 106.

② 参见朱锦清:《公司法学》,清华大学出版社2019年版,第12页。

③ 参见朱锦清:《公司法学》,清华大学出版社2019年版,第12页。

④ See Ron. Harris, *Industrialising English Law: Entrepreneurship and Business Organisation*, 1720 – 1844, Cambridge University Press, 2011, p. 186 – 187.

⑤ See Derek French, Mayson, *French & Ryan on Company Law*, Oxford University Press, 2019, p. 378.

⑥ 参见方流芳:《中西公司法律地位历史考察》,载《中国社会科学》1992年第4期。

⑦ 参见[澳]斯蒂芬·波特姆利:《公司宪治论——重新审视公司治理》,李建伟译,法律出版社2019年版,第30页。

⑧ See Ron Harris, *Industrialising English Law: Entrepreneurship and Business Organisation*, 1720 – 1844, Cambridge University Press, 2011, p. 186 – 187.

模就必须采用公司形式。[①] 最终,英国于 1856 年合并《1844 年股份公司法令》和《1855 年有限责任法令》,将它们的主要规定——注册设立公司、集中管理和有限责任等——编入了《1856 年合股公司法》(Joint Stock Companies Act 1856),成为第一部现代意义上的公司法。

由此可以看出,投资者的多元化和分散性才是最早促使机关分化的真正动因,而这种分化的实质就是后来伯利(Adolf A. Berle)和米恩斯(Gardiner C. Means)提出的所有权与控制权的分离,在组织中"所有者"和"管理者"角色的分离。在大型公司中,两权分离的结构允许大量且变动不居的成员(股东)将公司事务委任给一小群专心致志的人们(董事),他们在公司运营中发挥着核心作用。[②] 相比之下,这种结构却不是小型公司的特征。因为这些公司往往只有少数成员,其所有者和经营者经常是同一批人,他们的角色很多时候都是重合的。甚至,将这些角色分离的公司机制对他们来说更多的是一种阻碍,而不是助益。[③] 在这种类型的公司中,公司只是赋予企业法律人格的工具,而且尽管企业的成员保留着控制权并获得利润,但企业责任却与其成员相分离。[④]

进一步而言,美国权威学者格沃茨(Franklin A. Gevurtz)教授澄清了责任承担方式与经营管理权之间的关系,他在对比合伙与公司两种组织形式时,从反面指出:"对无限责任的理解不能过于绝对化。即使在独资企业或普通合伙这样的企业形式中,也有可能在一定程度上实现类似有限责任的保护。比如,如果企业拥有可以作为贷款抵押品的资产,一些债权人可能就愿意提供'无追索权贷款'(non-recourse loan)。在这种贷款

---

① 参见英国《1985 年公司法》第 716(1)条规定了多于 20 人并以营利为目的开展营业,必须采取公司制形式。如果多于 20 人仍然采取合伙形式,则根据《1890 年合伙法》(Partnership Act 1890)第 34 条的规定,要求该合伙自动解散。See Paul Davies & Sarah Worthington, *Principles of Modern Company Law*, Sweet & Maxwell, 2016, p. 4 – 5.

② See Paul Davies & Sarah Worthington, *Principles of Modern Company Law*, Sweet & Maxwell, 2016, p. 10 – 11.

③ See Paul Davies & Sarah Worthington, *Principles of Modern Company Law*, Sweet & Maxwell, 2016, p. 40.

④ See Paul Davies & Sarah *Worthington*, *Principles of Modern Company Law*, Sweet & Maxwell, 2016, p. 11.

中,债权人同意只依靠抵押品而不是借款人的其他资产来偿还债务。就侵权之债而言,业主也可以通过购买责任保险来避免无限责任。虽然侵权损害赔偿有时会超过保险单的限额,但这就像我们每次开车时都会面临的风险一样,汽车保险也是有限额的,这完全可以接受。"①继而,在格沃茨教授看来,有限责任和经营管理权的联系并不是必然的:"立法(发展)趋势表明责任(承担方式)和控制权并没有必然的联系。很明确,有限责任可以与所有者直接控制共存,《统一有限合伙企业法》(Uniform Limited Partnership Act)的修订与'揭开公司面纱'案件的判例法规则都可以证明这一点。《统一有限合伙企业法》已经大大削弱并取消了限制有限合伙人参与控制的规定;而在'揭开公司面纱'案件中,封闭公司的股东(Shareholders of Closely Held Corporations)永远不会真正认为自己是完全安全的。"②

实际上,在实在法层面,无论是大陆法系还是英美法系的公司立法,都回应了对于不同规模的公司的差异化需求。比如,我国现行《公司法》规定,股东人数较少的有限公司可以不设董事会、经理和监事会,但股份公司则必须设立;同样,德国的有限责任公司也可以只有股东大会和经理两个机构,并且通常经理都是由股东担任,公司决策权都掌握在股东手中;③而在美国,有限责任公司(Limited Liability Company, LLC)则是一个更为有力的反例。在美国,有限责任公司是一种较新的商业组织形式,其于1977年经怀俄明州的立法机关通过法令的形式予以确认,现已在全美各州普及。美国的有限责任公司主要用于成员较少的公司,其兼具了股份公司成员有限责任和普通合伙成员共同管理的特征:有限责任公司的成员像普通合伙一样,共享公司收益并共同管理公司事务,但仅在出资范围内承担责任。④ 美国著名学者考克斯(James D. Cox)和哈森

---

① Franklin A. Gevurtz, *Corporation Law*, West, a Thomson business, 2000, p. 7.

② Franklin A. Gevurtz, *Corporation Law*, West, a Thomson business, 2000, p. 7, 76 – 77.

③ 参见[德]托马斯·莱塞尔、[德]吕迪格·法伊尔:《德国资合公司法》(第6版)下册,高旭军等译,上海人民出版社2019年版,第650页。

④ See Robert W. Hamilton, Jonathan R. Macey & Douglas K. Moll, *The Law of Business Organizations*, West Academic Publishing, 2014, p. 1199 – 1200.

(Thomas Lee Hazen)教授对此评论道:"集中管理不是有限责任公司的固有特征……许多州的法律都规定,如果没有相反约定,那么有限责任公司是成员共同管理的……每个成员都是有限责任公司的代理人,并有权在正常业务过程中约束有限责任公司。"①因此,公司的社团性是促使机关分化最直接的动因,并且社团性越强,对机关分化的需求就越明显,其具体表现就是公司资本规模和经营规模越大,公司机关越复杂精致。反之,公司规模越小,公司机关就越简约。② 正如克拉克(Robert C. Clark)教授所作的生动比喻:"'人人为我,我为人人。'这个口号对三四个滑膛枪手有可能很起作用,但对于一个拥有50,000名资本家的集团来说,就要求太高了。"③

综上所述,公司的社团性阐明了公司权力包括公司治理权力的来源——章程,奠定了股权与股东义务的法理根基,提供了股东民主的法理基础,揭示了保护中小股东的必要性,也实现了公司法理论与传统社团法人理论之间的无缝对接与有机衔接。④ 并且,公司的机关分化的真正缘由实际上在于公司的社团性:社团性越强,公司对机关分化的需求就越大,进而职责分工也越明显,这也说明了公开公司与封闭公司存在的本质区别。

(三)公司意思机关的确定

公司的社团性为公司意志提供了来源,这一意志是总括性的,公司最根本的意思,主要表现为公司的章程和股东会决议,因此,一般认为股东会是公司的意思决定机关。随着公司社团性的增强,出现了对机关分化的需要,并在公司经营活动日趋专业化、复杂化的情况下,公司的经营决策权逐渐集中到董事会和经理层手中,这不仅是一个规范性问题,更是一个描述性问题,描述了一个自亚当·斯密时代就一直存在的现象:

> 股份公司的经营由董事会掌管。在执行任务时,虽然董事会受股东大会的支配,但股东大多不了解公司的业务,他们大多

---

① James D. Cox & Thomas Lee Hazen, *Cox and Hazen on Corporations*, Aspen Publishers, 2003, p. 44 – 46.

② 参见刘俊海:《现代公司法》(第3版)上册,法律出版社2015年版,第15页。

③ [美]罗伯特·C. 克拉克:《公司法则》,胡平、林长远等译,工商出版社1999年版,第14页。

④ 参见刘俊海:《现代公司法》(第3版)上册,法律出版社2015年版,第25页。

> 满足于董事会每年或每半年分配给他们的红利，因而很少找董事的麻烦。这样不但省事，而且风险仅限于所投资金额。[①]

到了20世纪30年代，伯利和米恩斯以美国200家大公司为对象展开实证研究，正式指出了所有权和控制权两权分离的现象，从而改变了过去认为股东才是公司唯一意思决定者的错误认知：

> 公司已不再仅仅是经营私人企业的个人进行交易的法律手段……在准公共公司（modem quasi-public corporation）中，由于所有者人数的增加，出现了所有权与控制权的实质性分离……不管是多数控制、少数控制还是经营者控制，所有权与控制权的分离都产生了预期的效果——一个庞大的证券持有者团体已经被创造出来，对由他们或其前辈向企业投资所提供的财富，他们实际上并没有控制权。在经营者控制的情况下，控制集团所持有的股权只占全部股权的极少部分。[②]

因此，如同早期特许公司和合股公司决策权与执行权分化一样，[③]近代以来，公司意思机关也再次产生了分化，即公司的股东会和董事会，随着商业实践的发展，董事会已不仅仅是过去那样的执行角色了。股东会由全体股东组成，“在法理上，公司机关的权利主要来自作为投资者的股东，正是众多股东财产的大量聚合，才形成了一个最重要、极明显的权利源”。[④] 同时，股东又是公司经营风险的最终承担者和剩余价值索取者，因此，原则上股东对公司拥有的权利多为基础性权利，法律上表现为：公司股东享有资产收益、参与重大决策和选择管理者等权利。[⑤] 然而，股东

---

① ［英］亚当·斯密：《国富论》，胡长明译，江苏人民出版社2011年版，第330页。

② ［美］阿道夫·A.伯利、［美］加德纳·C.米恩斯：《现代公司与私有财产》，甘华鸣等译，商务印书馆2007年版，第6页。

③ 当时公共公司的意思主要是由国王或政府决定，合股公司则主要依据合股协议决定公司意思。

④ 梅慎实：《现代公司治理结构规范运作论》，中国法制出版社2002年版，第244页。

⑤ 参见现行《公司法》第4条。

并不得以股东身份直接干预公司的经营管理,参加股东会并在会议上行使表决权是股东参与公司事务的唯一方式。[①] 从公司的起源和发展来看,股东会这一机关并非伴随公司产生就有的,比较有趣的是董事会比股东会的历史更为悠久。在公司诞生的早期阶段,事实上存在两种类型的公司,一种是获得国王或政府特许的正式公司,比如 1602 年成立的荷兰东印度公司(Dutch East Indian Company);另一种则正如前述,是早期商人自发形成的,以信托协议为基础的合股公司。在这两种公司中,都没有形成正式的股东会,荷兰东印度公司实行的是与城市商业贵族专制相适应的董事专制制度;[②]而合股公司的股东普遍以信托人身份存在,公司完全由作为受托人的"董事"管理。直到《1844 年合股公司法》颁布并实施,公司的组织机构设置才开始定型化,其典型构造是股东大会为意思决定机关,股东大会选出的董事为执行机关,而董事组成董事会,并选出委员会负责公司日常业务。[③] 如今,在全世界范围内,股东会都是非常设性的法定必设机关,其是将股东分散的意愿汇集起来形成股东集体意志的机构。[④] 对应于传统社团法人的组织结构中,股东会相当于社员大会,由于社员大会是传统社团法人的唯一意思决定机关,因此社员大会也被称为权力机关。从职能上讲,股东会仅限于公司的意思决定,但这并不意味着股东会能够决定公司的全部事项。按照世界各国的立法通例,其决策范围只能限于法律或章程规定的范围之内。[⑤]

在理论上,尽管公司董事是由股东选任的,但公司是以两权分离为假定的,无论现实中分离程度有多大,股东并不能废除董事会直接管理公司。[⑥] 因此,董事会是公司日常经营事项的意思决定机关。同时,董事会也是负责执行股东会意思决定的执行机关。除此之外,在采用一元制治

---

① 李建伟:《公司法学》,中国人民大学出版社 2018 年版,第 281 页。

② 参见王保树:《股东大会的地位及其运营的法理》,载《中国社会科学院研究生院学报》1995 年第 1 期。

③ 参见王保树:《股东大会的地位及其运营的法理》,载《中国社会科学院研究生院学报》1995 年第 1 期。

④ 参见范健、王建文:《公司法》,法律出版社 2018 年版,第 330 页。

⑤ 参见赵旭东主编:《公司法学》,高等教育出版社 2015 年版,第 283 页。

⑥ 参见邓峰:《普通公司法》,中国人民大学出版社 2009 年版,第 543 页。

理模式的国家中,董事会还负责履行监督职能。由此可见,董事会是现代公司运营的核心机关。早在19世纪初,当公认的现代公司在英美法中出现时,董事会就已经深深植入了公司的DNA。例如,美国纽约1811年颁布的有关以制造为目的组建公司的法案就赋予了董事会管理公司的权力。[①] 同样,英国的《1844年股份公司法》广泛授予董事会"管理公司事务"的权力。并且,在现代公司的前身中,董事会之类的机构是司空见惯的,比如早在1554年,英国政府以颁布特许状形式成立贸易公司。[②] 同时,大陆法系国家也发生了类似的发展。尽管当时许多大型欧洲企业仍以合伙制组织,没有董事会,但出现了新兴的实体形式,比如,由董事会管理的荷兰东印度公司。尽管在这一时期的大部分时间里,欧洲大陆各国政府的独裁统治处于鼎盛时期,但现代欧洲公司的前身——就像他们的英国同行一样——选择在董事会或类似董事会的委员会中进行治理。[③]

就董事会决策权范围而言,各国公司法通常在关于董事会职权的规定中予以体现,主要有两种模式:一是概括式,如《美国示范公司法》(Model Act)第35条规定,"除本法或章程另有规定外,公司的一切权力都应由董事会行使或由董事会授权行使。公司的一切业务活动都应在董事会的指示下进行"。二是列举式,如我国现行《公司法》第46条和第108条的规定。应当说,尽管各国的立法模式存在差异,但有两点是共同的:其一,董事会的主要职权都是法定的,章程的具体规定不得超出法定的范围。其二,董事会的职权都非常广泛,区别主要在于经营决策权的范围大小。[④]

公司两权分离的好处至少有三点:第一,减少了债权人的监督成本。因为股东有限责任的实质是将公司经营的风险转嫁给了债权人,因此,当

① See Franklin A. Gevurtz, *The European Origins and the Spread of the Corporate Board of Directors*, 33 Stetson Law Review 925, 929 (2004).

② See Franklin A. Gevurtz, *The European Origins and the Spread of the Corporate Board of Directors*, 33 Stetson Law Review 925, 929 (2004).

③ See Franklin A. Gevurtz, *The European Origins and the Spread of the Corporate Board of Directors*, 33 Stetson Law Review 925, 929 (2004).

④ 参见李建伟:《公司法学》,中国人民大学出版社2018年版,第298页。

公司经营从利己的出资者手中脱离,进而更加客观化时,公司债权人就可以减少对公司的监督费用,从而公司也就减少了债务负担费用。第二,确保了经营的中立性。同样,将经营从利己的大股东手中脱离,可以保障公司经营的中立性。因为,一般而言,董事会的决议方式是按照人头决,即一人一票规则,这基本能够杜绝大股东的独断。并且,尽管董事是由股东选任的,但是为了保证董事会人员配备的均衡,现代公司制度采取了差额累计投票、职工代表董事等一系列制度,来保障小股东或弱势利益相关群体的利益。如果严格按照资本多数决原则,则难以避免大股东的专横,甚至可能出现因意思的分裂而导致经营的停滞。[①] 第三,可以实现经营的专门化。公司股东作为投资者,往往并不需要专门的商业经营专业技能,如果形成了经理人市场,由专业化的管理层负责经营,则更能促进公司的发展。[②]

总之,社团性决定着公司的意思独立性和治理结构:社团性越强,公司的意思独立性就越强,对规范治理结构的要求就越高;社团性越弱,公司的意思独立性就越弱,对规范治理结构的要求就更为灵活。基于此,在现代公开公司或股份公司中,公司的意思机关分化为股东会和董事会两个机关,分别对应于在公司的基础性或重大事项的决策权和在公司经营中的商业决策权,这种分权机制给公司带来了诸多好处,能够更好促进公司的发展;而在以有限公司为代表的封闭公司中,公司的意思决定权如古典企业一样,仍然可能集中在股东会手中。

三、公司意思形成的逻辑

公司的意思形成并不像自然人或古典企业一样,通过个人意志或者少数人意志就能直接形成,公司的意思形成机制是由一套规则体系组成,必须符合一定的公司程式,即决策结构和决策形式的要求,才属于有效的意思,这就是公司意思形成的逻辑。

---

① 参见[韩]李哲松:《韩国公司法》,吴日焕译,中国政法大学出版社2000年版,第337页。

② 参见张维迎:《企业的企业家——契约理论》,上海人民出版社2015年版,第133页。

(一)决策结构

如前所述,由于公司内的个人在代表公司对外作出意思表示的时候,责任由组织吸收,并依附于组织的人格,这表明:公司内的不同个人不能或者不应当代表组织作出相反或者相冲突的意思表示。又由于公司随着社团性的增强,产生了机关分化需要,因此,由不同机关和雇员组成的公司内部存在分权与分工,以及决策结构的划分是不争的事实,这种决策结构:(1)通过法律,比如,公司法,或者通过章程,按照对公司的重要性程度,对作出公司行为的权力进行了分配。(2)如果公司和市场中通行的决策结构不同,存在特殊性的内部规则,那么除非采用公示,否则不能对外发生效力。

相比理论上的所有权和控制权的两权分离,在我国立法和实践中,股东会和董事会的决策结构是不清晰的,至少,有三个问题,在现有立法规则下是没有答案的。第一,公司股东能否以章程形式改变公司法规定的决策权分配?第二,股东会能否违反公司法和公司章程的规定,直接对公司经营事项作出决策?第三,公司法或公司章程没有列明的事项,股东会能否当然享有决策权?

关于第一个问题,司法实践中的案例就发生了碰撞。在(2003)海民初字第11091号一案中,原告A公司与B公司共同出资组建C公司,并制订公司章程规定,股利按股东出资比例分配,具体方案由董事会决定。据此,C公司董事会决定了利润分配方案,但原告A公司一直未实际获得分配利润,遂诉至法院。法院经审理认为,“董事会决议不能等同于股东会决议,章程规定的董事会决定分配方案违反了法律规定,应属无效”。而另一个案例,在(2015)安市民商初字第3号中,涉案公司章程第10条规定:对公司合并、分立、变更、解散和清算等事项作出决议。据此,原告(公司股东)向法院提起诉讼,请求法院确认公司章程无效。法院经审理认为,“本案所涉公司章程将上述股东会职权赋予了董事会,该职权的赋予是经全体股东即原告、其他股东共同同意,法律并未排除董事会和股东会之间可以赋予履行对方的职权,所以在经全体股东(股东会)同意,不违反法律强制性规定,也不损害他人利益时,可将股东会的职权赋予董事会,故(原告)主张公司章程将股东会的职权赋予董事会行使违反法律强制性规定的理由不成立。原告作为公司登记股东，如认为公司章程内容违反法律规定或不当，应当根据公司法规定提议股东会进行修改，不能就此提起诉讼”。从这两个案例反应的情况看，法院在公司股东能否以章程形式改变公司法的规定的决策权分配问题上明显存在分歧，在第一个案例中，法院否定了这种做法的效力，而在第二个案例中，法院认可了股东以章程改变公司决策权分配的做法。

第二个问题，就股东会能否违反公司法和公司章程的规定，直接对公司经营事项作出决策问题而言，实践中亦存在分歧。在某公司设备出售案[①]中，公司董事会拟决定将公司某设备以 30 万元出售给第三方。公司股东知晓该交易后，以股东会的形式否决了这一交易并要求公司董事按照股东会议执行。董事会拒不执行股东会决议，并坚持处分该设备属于公司的经营事项，应在其职权内，最终，法院没有支持董事会的决定。在(2011)二中民终 17061 号案例[②]中，法院认为，股东会职权应当以公司法和公司章程的规定为限，涉诉公司章程并未赋予股东会除法定职权以外的其他职权，因此，关于免除(债务人)100 万元债权的股东会决议超越了股东会的职权范围，应属无效。

关于第三个问题，法律没有规定的情况下，股东会是否当然享有决策权？在(2007)二民终字案第 2687 号案中，涉案公司通过了关于公司证照和印章保管方法的董事会决议，公司法定代表人对此决议表示反对，认为此决议违反了法律的规定，应属无效。本案一审法院认为，“公司证照和印章属于公司财产，董事会仅有权对其如何使用进行决议，保管方式不属于董事会决议范围。公司证照和印章为公司专用物品，已经工商部门登记，具有对外公示效力，当由法定代表人保管”。公司不服提起上诉，经过二审后，法院改变了原判立场，并认为“在本案中，公司证照和印章的保管属于法律和公司章程没有明确规定的事项，在不损害公司和第三人利益情况下，董事会决议应属有效”。

通过以上三个案例可以看出，我国《公司法》对于决策权规定的模糊

---

① 参见罗培新：《股东会与董事会权力构造论：以合同为进路的分析》，载《政治与法律》2016 年第 2 期。

② 参见许可：《股东会与董事会分权制度研究》，载《中国法学》2017 年第 2 期。

性。关于股东会和董事会的决策权分配,按照学界的主流观点是股东会中心主义,①但上述实践中,却出现了相反案例。在法律的文本中,至少在公司法层面,也未对上述案例争议的问题给予回应。在具体规则层面,现有公司法无论股东会的职权范围还是董事会的职权范围都采取列举式的方式,但这种方式存在缺陷,即容易出现“挂一漏万”的问题。并且,我国《公司法》规定这些职权规则本身大多是描述性的,无法具体界定行为边界。② 例如,表2-1中“经营方针和投资计划”和“经营计划和投资方案”的具体区别是什么?实践中,法官往往是凭直觉和经验来判断的。再如,“审议批准”、“决定”和“作出决议”之间又如何区分呢?“审议批准”是否意味着,公司股东会只能依据董事会制定的方案被动决策,“决定”可以主动决策?但是,如果仅从“决定”的语义用法来看,下列事项中,“内部管理机构的设置”应当由经理拟定方案,董事会决定,依此而言的话,“决定”似乎也是一项被动决策,那么前述假设就难以成立。(见表2-1)

表2-1 我国《公司法》中的决策权分配

决策事项	决策机关	
	股东会	董事会
经营方针和投资计划	决定(§ 37 1.1)	—
经营计划和投资方案	—	决定(§ 46 1.3)
年度财务预算方案、决算方案	—	—
年度经营计划和投资方案	审议批准(§ 37 1.5)	制定方案(§ 46 1.4)
利润分配方案和弥补亏损方案	审议批准(§ 37 1.6)	制定方案(§ 46 1.5)
增加或减少注册资本	作出决议(§ 37 1.7)	制定方案(§ 46 1.6)
公司合并、分立、解散等	作出决议(§ 37 1.9)	制定方案(§ 46 1.7)
内部管理机构的设置	—	决定(§ 46 1.8)
公司的基本管理制度	—	制定(§ 46 1.10)

① 参见郭富清:《从股东绝对主权主义到相对主权主义公司治理的困境及出路》,载《法律科学》2003年第4期。

② 参见邓峰:《普通公司法》,中国人民大学出版社2009年版,第554页。

除此之外,现有规则最重要的问题就是列举式的“挂一漏万”问题,通过法律、章程的明示形成的分权和等级,不可能穷尽所有的情形或者在两种明示的表述冲突的情况下,应当有一个假定:最终的、没有界定的,并且是不能通过对法律、章程的解释而明确的权力,应当归属于哪一种群体,这是目前依据法律尚不能清晰解决的问题。

在立法尚不明确的情况下,美国学者艾森伯格教授提出的一个关于公司决策结构的分析框架颇具合理性,其认为,某事项的决策权是归属股东会,还是董事会,需要从下列因素予以考虑:

(1)该事项需要特定商业性质的技能的程度,而不是更一般的企业评估技能,可以称为投资技能。对特定业务技能的需求越大,股东就越有可能期望由管理者来决定这件事,因为管理者通常有这样的技能,而不具管理能力的股东则没有。另外,对投资技能的需求越大,所有者就越有可能希望自己作决定,因为他们通常都有这样的技能或有这样的顾问。

(2)在相对规模、相对风险、效果时间跨度和成本方面等的经济意义,一个问题的经济意义越大,股东就越有可能希望自己决定。

(3)该类事项发生的频率。事项需要决策发生的频率越高,股东就越有可能期望管理者作出决策,部分原因是此类决策往往成为常规决策,另一部分原因是,如果需要全部所有者频繁召开会议,则决策的效率会非常低下。

(4)该类事项所需决策和反应的速度。要求的速度越快,股东就越有可能期望管理者作出决定,因为管理者在现场,行动迅速,而召集所有股东开会不可避免地会导致延误。

根据上述描述,随后,艾森伯格教授将公司内的决策事项分为两大类,即经营决策(business decisions)和结构决策(structural decisions)。在此基础上,进一步划分出四种类型。

经营决策事项:包括常规事项和非常规事项,前者主要包括在日常业务过程中所作出的决策。例如,签订常规合同,选择供应商以及支付材料的价格等。这样的决策需要专门的商业技能，单个不具有重大的经济意义，在相对较短的时间内影响广泛，而且必须迅速作出。要求股东批准此类决定显然是不可能的。如果不是所有的股东都是管理者，企业就无法运转。即使允许股东在自行决定的基础上参与这种决定，也可能不能反映当事各方的期望，因为有些股东参加企业活动可能是基于这样的假设，即这种决定将由管理层作出，而没有股东的干涉。因此，这些决定应该由管理层来作出。非常规业务不是在一般的业务过程中作出的，而是在产生决策时在业务的一般框架内作出的。例如，决定大幅度扩大工厂的生产能力，签订销售公司大部分产品的合同等。这些决定显著特点是相当高的风险，影响相对较长的时间间隔，发生的频率较低程度的。然而，就像普通业务过程中的决策一样，此类决策需要的是业务技能而不是投资技能，因此一般不需要股东决策。虽然管理层可以在没有股东批准的情况下作出这样的决定，但多数股东可以否决这样的行动（如果第三方的权利不受损害的话），或者直接采取这样的行动。因此，在私有公司中，这样的决策应该由管理层来作，但需要接受股东的临时干预。

结构类决策事项：包括涉及公司根本性改变的事项和控制区安排的事项。公司根本性改变的事项的决策虽然具有很强的经济性质，但不是在现有企业的总体框架或结构内作出的，而是对该结构作出重大改变。例如：公司清算，出售几乎所有的资产，或与另一个企业合并等。这样的决定通常需要被认为是投资而不是纯粹的商业技能。第四类是与企业控制有关的决策。主要包括控制权基本规则的改变，以及董事的选举和罢免等。很明显，这类决策，公司的股东会希望这些决策是由他们自己作出的，而不是由管理层作出。[①]

---

① See Melvin A. Eisenberg, *The Legal Roles of Shareholders and Management in Modern Corporate Decisionmaking*, 57 California Law Review(1969).

上述学理上的分析,在处理股东会和董事会关系上显然采取了“同等主义”原则[①],充分体现了逻辑思维和理性思维的能力,得出的标准决策模型也符合两权分离的现实,颇为合理,至少对于我们理性分析上述案例中的争议是有帮助的。不过,理论和实践始终是有差距的,学理上的总结也不可能取代立法的规定,立法的考虑也需要综合我国公司文化、历史事实的偶然性和意识形态的差异等多种因素考虑。作为一个标准模型,艾森伯格教授的这一模型的作用在于可以作为一个有价值的参考,帮助我们在新一轮的公司法修订中,更好地认识公司的决策结构。

(二)决策形式

如果说相关事项的意思决定必须由有权机关作出属于公司意思形成机制中的实质正义的话,那么符合决策形式的要求就是公司意思形成机制中的形式正义。要形成独立的、真实的公司意思,仅仅符合决策结构的要求是不够的,符合决策结构的意思决定并不一定能够代表公司的真实意思,不同决策机关和主体有不同决策形式的要求,以保证决策的真实性和质量。在特定情况下,对决策形式的要求还应当包括绝对多数决和特定主体权重加强或回避等情况,比如,在关联交易中,普遍要求关联股东或董事回避。换句话说,在什么情况下怎样作出的公司决策才是一个有效的决策需要一系列的规则。

股东(大)会和董事会作为公司的意思决定机关,都是会议体机关,其意思决定权的行使不仅需要以会议的形式进行,而且需要根据团体的规则形成决议。[②] 就股东会而言,其采取会议形式的首要理由是股东民主的需要。股东民主是公司得以形成独立意志的基石,[③]也是得以形成社团意志的合法性基础。因此,“公司内部共同决议为投资人提供了一种尊重其‘资本威权’的仪式”。[④] 从股东会议的实际效果来讲,“通过经理层

① 许可:《股东会与董事会分权制度研究》,载《中国法学》2017 年第 2 期。

② 参见朱慈蕴:《公司法原论》,清华大学出版社 2011 年版,第 134 页。

③ 参见邓峰:《代议制的公司:中国公司治理中的权力和责任》,北京大学出版社 2015 年版,第 11 页。

④ 蒋大兴:《重思公司共同决议行为之功能》,载《清华法学》2019 年第 6 期。

向董事会、董事会与监事会向股东会层层汇报的机制，彰显资本在公司内部的权力，从而体现股东作为公司所有者所具有的威权的一面”。[①] 另外，对于为什么股东会原则上需要通过会议形成共同决议的理由还有，通过共同决议机制建立起公司内部的决策体系，有助于形成科学决策，实现投资者之间的监督制衡，[②]尤其是建立在充分的信息交流和辩论基础上的会议形式。是以，世界各国的主要立法例均以会议决定形式为原则，书面决定形式为例外，而且普遍要求书面决定形式的提案通过票数要高于会议决定形式的通过票数，其他程序性要求也更为严苛。[③] 以美国为例，在 Martin-Marietta Corp. v. Bendix Corp. 一案[④]中，原告、被告双方展开了收购与反收购对抗，原本被收购方 Martin-Marietta 公司是一家位于马里兰州的公司，其试图以通过收购 Bendix 公司并改选其董事会的方式来对抗 Bendix 公司的收购行为。Martin-Marietta 公司以多数股东同意的书面决定通过了这项收购计划。然而，法院认为，如果股东会采用书面而不是会议形式进行决议，则必须全体一致通过，否则决议不能生效，因此，Martin-Marietta 公司的反收购计划没有取得成功。最后，用股东书面同意代替开会，设置这一程序的目的是简化手续，提高效率，而不是干涉或限制管理层。因此，有的国家立法并不允许两权分离程度较高的股份公司以书面形式代替会议形式，比如，我国立法仅仅规定了有限公司可以采用书面形式，股份公司并被不允许。

在股东会决策形式这一问题上，在我国实践中反应的问题较多，尤其是法律明确要求必须由股东会以会议形式决策的公司对外关联担保，法院往往还是更倾向于以维护交易安全为名忽视公司内部决策过程。例如，在(2018)陕民终 167 号案例中，行为人作为公司股东和法定代表人向债权人转让股权，并以公司名义为自身债务提供担保。同时，公司的其他股东也向该债权人转让部分股权，并在同一份合同签字。法院审理认为：“双方皆明知(担保)公司的股东就是(行为人)三人，三人意思表示一致，

---

① 蒋大兴：《重思公司共同决议行为之功能》，载《清华法学》2019 年第 6 期。

② 参见蒋大兴：《重思公司共同决议行为之功能》，载《清华法学》2019 年第 6 期。

③ 参见朱锦清：《公司法学》，清华大学出版社 2019 年版，第 276 页。

④ 690 F. 2d 558 (6th Cir. 1982).

无须股东会再开会决议。因此(担保)公司以未经股东会决议其担保行为无效的理由不能成立。”如果说该案的判决理由尚具有一定合理性的话,那么在最高人民法院审理的(2018)最高法民申675号案件则更进一步表现了法院对公司程序的不尊重。在本案中,作为公司股东的行为人以公司法定代表人身份,以公司名义为自身债务提供担保。同时,公司另两名股东(并非全部股东)作为保证人为上述债务提供担保。此后,公司以该担保未经股东会决议为由诉至法院,法院审理认为:“公司法第十六条第二款规定:‘公司为公司股东或者实际控制人提供担保的,必须经股东会或者股东大会决议。’第三款规定:‘前款规定的股东或者受前款规定的实际控制人支配的股东,不得参加前款规定事项的表决。该项表决由出席会议的其他股东所持表决权的过半数通过。’公司法该条规定旨在避免控股股东滥用持股优势损害公司及其他股东合法权益。本案中,对于(担保)公司为股东(行为人)提供担保,虽未召开股东会,但是《担保书》签订时间在前,《连带责任保证书》签订时间在后,(行为人)和上述(保证人)等持有的股份共计80%,已经超过半数,应当认定(担保)公司的多数股东同意该公司为(行为人)债务提供担保。”从这一判决理由来看,显然法院认为公司股东会决议仅仅是形式上的,只要实质上满足了股东会的资本多数决规则,则无须开会决定交易事项。然而,本案的问题在于:第一,实际召开会议的意义不仅是形式上的,会议过程中的研究、辩论、说服和被说服本身也会对会议结果产生实质性影响。[①] 第二,法院也并未认真考虑公司关联交易的利益冲突问题,本案中几名签字股东,尤其是行为人本身,作为与交易具有密切关联关系的人,实际上不具备参与待决事项决策的资格,因此其表决权也不应该计算在内,这不仅源于法律的直接规定,更是关联交易的一般法理。

就董事会会议作出决议这一点来说,美国判例法曾严格规定未通过正式董事会作出决议的交易当属无效。在经典的Rufus J. Baldwin and another v. Thomas HL Canfield案[②]中,公司的唯一股东与相对人达成了一

---

① 参见邓峰:《代议制的公司:中国公司治理中的权力和责任》,北京大学出版社2015年版,第4页。

② 26 Minn. 43,1 N. W. 261 (1879).

项交易,决定将公司的不动产出售给他。这名股东让公司的所有董事签署了协议,但董事们从来没有作为一个整体,即以董事会的形式来批准这项交易。相反,董事们在不同的时间和地点分别签署协议。然后,这名股东带着销售收入消失了,于是相对人向法院提出诉讼。经过审理,法院判决该交易无效,理由在于交易未经合适的决议程序。法院解释道:"公司的经营和管理交给了董事会。其法律效力不是别的,而是将公司的经营管理交给了作为一个机构的董事会。根据普遍适用的规则,公司的经营机关是公司的代理人,但必须是机关整体而不是个人。因此,他们除了集中开会便无权行动。组成这个机构的个人的单独行为并不是拥有公司权力的机构整体的行为。董事只能通过在会议上作出的决定来约束公司,而不是个人。"

不过,从务实的角度看,过分机械地要求董事必须聚到一起开会有时会带来很多不便,尤其是保护交易中的善意第三人。因此,在随后案例中,美国的法官们很快也发现了这一弊端,不再严格遵循必须要求会议作出决定的规则,转而寻求股东或董事们的非正式的一致同意也能使决定有效,这种转变后的规则最早只能运用于封闭公司中,在 Gerard v. Empire Square Realty Co. 一案①中予以确立。如今,成文法规则确立了董事会可以以一致书面同意作为决定依据,比如,《美国示范公司法》第 8.21 条规定,除公司章程或者内部细则中要求的董事会应通过会议采取的行为之外,如果每名董事都签署了描述某行为的同意书并将其递交给公司,则本法所要求或者允许的由董事会采取的行为不必通过会议作出。根据本节规定签署的书面同意书具有和董事会会议决定采取的行为同样的效力,在任何文件中均可以作此描述。不过,"一致同意"规则在判例法中的运用仍然是有限的:第一,"一致同意"规则最主要运用于封闭公司,如果要在公开公司运用,则"法院通常根据交易的整体公平性而不是'一致同意规则'来认定公司交易的效力"。② 第二,尽管现在允许采用书面一致意见,也允许采用电话等方式开会,但涉及公司重要事项的案例仍

---

① 195 App. Div. 244,187 N. Y. S. 306 (1921). 转引自 Franklin A. Gevurtz, *Corporation Law*, West, a Thomson business, p. 192。

② Franklin A. Gevurtz, *Corporation Law*, West, a Thomson business, p. 192.

然会受到严格审查。《美国示范公司法》的起草者相信集体决策能够带来明显的制度优势,他们在对该法的官方评论中对此有明确的表述,“相互咨询和观点交换是董事会发挥功能的必要环节”。[①] 在我国的现行立法中,《公司法》第 48 条的规定允许有限公司的董事会采取“全体一致”的方式形成公司意思,但对股份公司则并不适用。

从股东和董事的角度来看,在当今的民主社会中,作为将立场不同的多数人的意思民主地吸收并单一化的方法,采用多数决的原则。这同样也适用于公司的意思决定的场合。[②] 不过,股东会和董事会的多数决并非单纯数量上的多数决,而是在一定比例基础上形成的多数决,比如,对于公司一般事项采取过半数决议的形式;对于法律规定或公司重要事项,则要求必须超过绝对多数(2/3 以上)才能形成公司意思,当涉及利益冲突交易时,关联关系人还应当回避,以保证公司意思的真实性和独立性。

总之,符合决策形式的要求,也属于公司意思形成机制的重要环节。当下我国司法实践中表现出对公司内部程序不够尊重的现象,缺乏将公司外部与内部联系作体系化思考的意愿和动力。要改善这一状况,需要在立法和司法中打通公司内外部关系联系的桥梁,即通过公司的意思表示和代表权的体系化配置规则,来强化市场主体的程序意识。具体规则比如,本书第四章所述的加强代表权形式规则的效力约束和程序控制机制,谨慎判定不符合代表权行使规则的公司行为的效力。

本章小结

本章从公司的法人性为起点展开讨论,探讨公司的意思形成机制,主要解决公司代表权行使中决策结构不清的问题。公司的法人性是公司独

---

① [美]斯蒂芬·M.贝恩布里奇:《理论与实践中的新公司治理模式》,赵渊译,法律出版社 2012 年版,第 70 页。

② 参见[韩]李哲松:《韩国公司法》,吴日焕译,中国政法大学出版社 2000 年版,第 338、339 页。

立意思形成的基础,随着社团性的不断增强,公司产生了机关分化的需要,在公司经营中进一步形成所有权和控制权两权分离的决策模式。因此,公司的意思形成机关确定为公司的股东会和董事会,这表明,公司代表人不具备独立的意思空间,其表示行为应当受到公司意思形成的约束,不得擅自决策。这意味着,公司意思形成必须遵循公司决策结构和决策形式的规则,同时符合实质正义和程序正义,才是一个有效决策。事实上,公司是一个社团,更是一个分权制衡的机制,整个公司以章程为核心共享一个决策体系。不仅是某一个人享有最终决策权,而是整个社团行为被法律和章程分为重要性不同的等级,遵循不同的决策结构。股东采用集体表决的方式,并以章程为限实现对公司的基础治理规则的设定;董事会采用集体和个人决策均可的方式,而包括公司代表人在内的公司董事、高级管理人员及其下属按照章程和授权来行使对外意思表示的权力。[①] (见图 2 – 1)

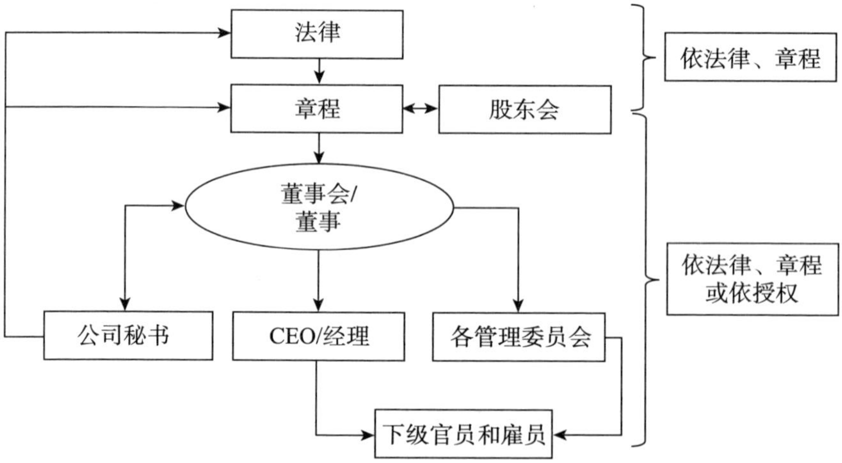

图 2 – 1　公司决策和权力分配体系

① 参见邓峰:《普通公司法》,中国人民大学出版社 2009 年版,第 127 页。

第三章　公司代表权体系化配置的核心：公司代表权的范围确定

公司代表权范围的确定是代表权体系化配置的核心和关键。在传统“代表说”认识下，代表权不受限制，代表权范围等于公司权利能力的范围。但正如前文所述，这一观点忽略了代表人和公司人格“同一性”这一前提假说并不是随时能够成立的事实，也忽略了传统大陆法系国家代表机关往往就是公司的执行机关的事实。因此，有必要对这一问题作出讨论，以确定代表权的范围。

一、公司的权力范围：基于公司目的和能力的解释

按照代理制度的一般规则，代理人的权限范围不得超过本人权限范围，也就是说公司代表人的权限范围不得超过公司权力[1]的范围，公司机关的权力范围必定小于公司的权力范围[2]。

（一）法人“拟制说”下的公司目的和能力

在英美公司法发展的早期，公司要受到目的和权

① 公司权力即公司的权利能力，决定着公司行为能力的范围。参见李建伟：《公司法学》，中国人民大学出版社 2018 年版，第 81 页。

② 参见朱锦清：《公司法学》，清华大学出版社 2019 年版，第 250 页。

力的严格限制,这是因为在“拟制说”看来,公司的存在和权力基础来自于法律的授权,尤其是在早期特许主义的背景下,既然公司只有依赖于特许令状的颁发才能存在,那么公司能够享有的权限就不能超出立法机关在特许令状中规定的权限范围。[①] 这种关于公司权力的观点不仅是一个理论逻辑问题,而且也反映了早期限制经济权力集中于公司的努力,早期国家对于经济权力集中于公司的现象保持警惕。[②] 事实上,最初国家对于公司的想法是希望公司承担一些公共职能,如提供交通或银行服务。按照这种设想,公司章程(corporate charters)通常赋予公司准政府的权力(如征用权)或合法垄断(如在指定路线上运营唯一收费公路的权利),类似公用事业。由于国家设立公司只是为了促进实现其章程中规定的目的,公司没有权力从事超出促进实现该目的的活动。运用这一原则,法院就可以禁止和撤销与公司目的无关的活动。[③] 公司目的(corporate purpose or object)通常被规定在公司章程或组织大纲之中,因此又称为目的条款(purpose clauses),其指的是公司将要开展的业务的声明,例如,公司的目的可以是“制造纺织品”或“经营鞋类零售业务以及买卖和经营各种鞋子”。而公司权力是指公司为实现其目的而采用的方法,例如,零售鞋业公司必须有签订合同和借款的能力。[④] 两者是目的和手段的关系,彼此具有牵连性,在普通法中,公司拥有其目的条款中列举的明示权力(express powers)以及实现其目的所必需的默示权力(implied powers)。[⑤] 在谈及公司目的条款的功能时,在英国早期案例 Cotman v. Brougham 案中,帕克(Parker)法官表示:“事实上,公司在章程大纲中载明其经营目的起着双重作用。首先,它保护(公司)投资者的利益,他们可以从中了解他们的钱将如何被使用。其次,它可以保护与该公司进行

---

① 参见施天涛:《公司法论》,法律出版社 2018 年版,第 145 页。

② See Franklin A. Gevurtz, *Corporation Law*, West, A Thomson Business, 2000, p. 222.

③ See Franklin A. Gevurtz, *Corporation Law*, West, A Thomson Business, 2000, p. 21 – 22.

④ See James D. Cox & Thomas Lee Hazen, *Cox and Hazen on Corporations Vol.* Ⅰ, Aspen Publishers, 2003, p. 154.

⑤ See James D. Cox & Thomas Lee Hazen, *Cox and Hazen on Corporations Vol.* Ⅰ, Aspen Publishers, 2003, p. 154.

交易的其他人的利益,他们可以从中了解到该公司的能力范围。"[①]因此,超越公司目的或权力范围的行为都被归为无效,即"越权原则"(*ultra vires*)。

"越权原则"是在1875年一个英国的判例中确立的。在Ashbury Carriage Company v. Riche案[②]中,Ashbury Carriage公司与Riche签订合同,由其提供材料,Riche修建铁路。后来Ashbury Carriage公司因财务困境决定不再履行合同,被Riche诉至法院。经审理,英国上议院的布莱克本法官认为,合同对公司没有约束力,其理由在于:"问题不在于合同的合法性,而在于公司订立合同时的权力。现在,我清楚地认为,正如我所说,这份合同完全超出了公司的目的。如果是这样,就超出了公司订立合同的权力范围。如果是这样的话,大人们,这不是合同是否被批准的问题,而是这个合同一开始就是无效的,因为公司不能订立这个合同。""越权原则"曾长期对英国立法和实践造成影响,直到1985年,为了满足欧盟《第一号公司法指令》的要求才在立法中作出改变。[③]

今天,随着公司特许权理论的衰落,人们普遍意识到"越权原则"对交易安全的严重损害,法院已经对公司的权力进行了广泛的解释。同时,立法机关还通过授权公司章程使公司能够从事"任何合法目的"的活动来解决这些问题。[④] 但这并非说明公司目的和权力的限制已经不存在了,这是因为:第一,在英美法国家,仍然认为公司权力是法律授予的,比如,美国公司被认为是"州法律的产物","其权力来自州法律的明确授权"。[⑤] 第二,如果从事未经批准的特许业务,如没有执照出售含有酒精的饮料,检察官可以对公司起诉,要求法院禁止公司从事该业务。[⑥] 最

---

① [1918] AC 514.

② [1875] L. R. 7 H. L. 653.

③ 参见朱慈蕴:《公司法原论》,清华大学出版社2011年版,第148页。

④ See James D. Cox & Melvin A. Eisenberg, *Corporations and Other Business Organizations Cases and Materials*, Foundation Press, 2019, p. 126 – 127.

⑤ James D. Cox & Thomas Lee Hazen, *Cox and Hazen on Corporations Vol.* Ⅰ, Aspen Publishers, 2003, p. 156.

⑥ 参见胡果威:《美国公司法》,法律出版社1999年版,第59页。

后,也是最为重要之处在于,通过"越权原则",法院可以根据实际情况直接宣告公司的违法行为无效,甚至直接宣布解散公司,[①]也就是"越权原则"的现代意义。[②] 这是因为法律仅仅授权公司可以从事广泛的合法活动,并不包括违法活动。公司的违法行为仍然要受到公司目的和权力的限制。[③] 而在某些以"实在说"为基础的国家,则必须通过"转介条款"来实现裁判功能。[④] 例如,我国一般认为判断公司违法行为效力的依据是《合同法》或近来颁布的《民法典》,一般不能直接依《公司法》进行裁判,这在公司违法为他人提供担保的案件中最为常见。[⑤] 并且,有时评价还要根据违反法律的性质作二次判断。比如,我国《民法典》第153条规定:"违反法律、行政法规的强制性规定的民事法律行为无效。但是,该强制性规定不导致该民事法律行为无效的除外。"进而,要判断公司违法行为的效力,还需判断公司具体违反的规范是否属于导致民事法律行为无效的效力性强制规定。[⑥]

(二)法人"实在说"下的公司目的和能力

如前所述,"实在说"的核心观点在于法人先于法律,法人并不依靠法律而存在,法律只是将这种存在加以确定而已。因此,在"实在说"下,公司受到的权限限制要更少。英美法的公司权力大致对应于大陆民法中的权利能力。[⑦] 在大陆民法中,对法人权利能力之范围,有两种限制:一为法令上的限制;二为自然性质上的限制。[⑧] 换言之,除非存在法人性质

---

① 这里的实际情况主要是指合同的履行阶段,即合同是否在双方都履行完毕。See James D. Cox & Thomas Lee Hazen, *Cox and Hazen on Corporations Vol. Ⅰ*, Aspen Publishers, 2003, p. 166 - 167.

② 参见[美]肯特·格林菲尔德:《公司法的失败:基础缺陷与进步可能》,李诗鸿译,法律出版社2019年版,第68页。

③ 参见[美]肯特·格林菲尔德:《公司法的失败:基础缺陷与进步可能》,李诗鸿译,法律出版社2019年版,第68页。

④ 参见苏永钦:《寻找新民法》,北京大学出版社2012年版,第353页。

⑤ 参见高圣平:《公司担保相关法律问题研究》,载《中国法学》2017年第2期。

⑥ 在我国,区分为管理性强制规定和效力性强制规定。在日本,则被区分为取缔法规和强行法规,只有违反强行法规的行为才被认为当然无效。参见[日]山本敬三:《民法讲义Ⅰ》,解亘译,北京大学出版社2012年版,第203~211页。

⑦ 参见邓峰:《普通公司法》,中国人民大学出版社2009年版,第125页。

⑧ 参见王泽鉴:《民法总则》,北京大学出版社2009年版,第163页。

上不能和法律明文禁止的规定,公司权利能力原则上不受限制。另外,大陆法系国家一般不承认公司目的对公司的限制。例如在德国,学理上一般认为尽管法人与自然人不同,法人是“有特定目的之存在体”,它被用于追求章程所规定的目的,但不论法人所谓行为是否在其存在目的范围内,仍能取得依次行为所产生的权利义务,不发生无权利能力或限制权利能力的问题。① 这一理论直接运用于公司法,即公司法既没有限定公司的经营范围(实际经营范围),也没有限定其自行设定目的(形式经营目的)。所以,即使不是为了营利目的,人们也可以设立公司。② 在日本,虽然曾有法人的权利能力要受目的限制的见解,但由于该学说难以自圆其说,因此当前法人的权利能力不受目的限制才是主流学说。日本通说认为,法人的目的不能限制法人权利能力的范围,超出目的范围的行为,仅仅产生实际不归属于法人的效果。③ 尽管《日本公司法典》规定公司章程必须规定公司目的,但日本公司法学者对此的解释是“章程中的目的并不会限制公司的权利能力、行为能力以及代表机关的代表权限。应当将其作为公司内部关系中董事等在履行职务时所承担的义务问题加以研究”。④ 韩国和日本的情况相类似,虽然曾出现公司目的对公司权利能力构成限制的学说,但自始至终,该观点都仅仅属于少数派。韩国大部分学者认为,公司目的不能构成对公司权利能力的限制,其意义在于在公司内部规定董事、董事会及其他公司机关权限及欲推进事业的方向。⑤

我国的情况较为特殊。我国民法学者普遍认为法人的目的不构成对法人权利能力的限制,⑥但公司目的在我国体现为“经营范围”,曾长期对

---

① 参见黄立:《民法总则》,中国政法大学出版社 2002 年版,第 134 页。

② 参见[德]托马斯·莱赛尔、[德]吕迪格·法伊尔:《德国资合公司法》,高旭军等译,上海人民出版社 2019 年版,第 21 页。

③ 参见[日]山本敬三:《民法讲义Ⅰ》,解亘译,北京大学出版社 2012 年版,第 386、387 页。

④ [日]山本为三郎:《日本公司法精解》,朱大明译,法律出版社 2015 年版,第 24 页。

⑤ 参见[韩]李哲松:《韩国公司法》,吴日焕译,中国政法大学出版社 2000 年版,第 58~61 页。

⑥ 参见史尚宽:《民法总论》,中国政法大学出版社 2000 年版,第 154、155 页;马俊驹、余延满:《民法原论》,法律出版社 2010 年版,第 122、123 页。

公司经营自由造成极大限制,有学者称其为计划经济的产物。① 关于经营范围的规定最早见于1946年《公司法》,该法第22条规定:"公司不得经营登记范围以外之业务。"中华人民共和国成立后,1993年《公司法》接续了上述关于公司经营范围的规定,其第11条规定:"公司的经营范围由公司章程规定,并依法登记。公司的经营范围中属于法律、行政法规限制的项目,应当依法经过批准。公司应当在登记的经营范围内从事经营活动。"应当说,该制度与计划经济体制与管制型的立法思路不谋而合。②1987年,最高人民法院在《关于在审理经济合同纠纷案件中具体适用〈经济合同法〉的若干问题的解答》中指出,"工商企业、个体工商户及其他经济组织应在工商行政管理部门依法核准登记或主管机关批准的经营范围内从事正当的经营活动。超越经营范围或违反经营方式所签订的合同,应认定为无效合同。全部为超营项目的,全部无效;部分为超营项目的,超营部分无效"。可见,立法对公司经营范围规定的强硬态度。这一时期的公司经营范围制度严重束缚了公司的权利能力与行为能力,抑制了公司的自治与创新能力,窒息了全社会的经济活力。1992年以后,随着社会主义市场经济体制的不断完善,立法对经营范围制度的态度发生了改变。在最高人民法院于1999年颁布的《关于适用〈中华人民共和国合同法〉若干问题的解释(一)》中,第10条指出,"当事人超越经营范围订立合同,人民法院不因此认定合同无效。但违反国家限制经营、特许经营以及法律、行政法规禁止经营规定的除外"。现行《公司法》(2018年)第12条已经删除了"公司应在范围内从事经营活动"的规定,解除了经营范围对公司权利能力的限制,顺应了国际发展趋势。

(三)超越公司目的和权力:越权原则的现代意义

在"拟制说"和"实在说"下,公司目的和权力对公司的限制不同。"拟制说"认为公司的存在基础和权力都来自法律的授权,因此要受到公司目的和权力的限制。即便现在各国对公司目的进行了广泛的扩大解

---

① 参见刘俊海:《现代公司法》(第3版)(上册),法律出版社2015年版,第150页。

② 参见刘俊海:《现代公司法》(第3版)(上册),法律出版社2015年版,第151页。

释，并以法律形式明确规定公司可以从事任何合法目的的活动来放松对公司的限制，但“法无明文许可则禁止”的基本模式并没有改变。而“实在说”认为公司的存在基础和权力来源都不依赖于法律，因此，除了法律明文规定禁止或法人性质上不能从事的行为以外，原则上公司能力不受特别限制，这种模式类似于“法无明文禁止即可为”，与“拟制说”形成对比。

虽然主要以“实在说”为基础的大陆法对公司权利能力的限制较少，并且随着立法和经济政策的发展，我国也逐渐放松了对公司营业范围的限制。然而，越权原则的现代意义提醒我们，至少公司的违法行为仍然不属于公司的权限范围以内。除了法人本身无法实施的行为以外，在我国的表现，主要就是两种情况，一是违反国家法律、行政法规强制性规定的行为无效；二是市场准入资格对公司权力的影响，亦即国家禁止性经营和限制性经营对公司权力范围的限制。其中，违反国家法律、行政法规强制性规定和违反国家禁止性规定的行为超出了公司权力的范围，因此，公司代表人自然无权代表公司行为。国家限制性经营的项目，又分为两种情况，第一种情况是国家对特定项目有主体资质的要求，只有符合资质的公司才能经营该项目，比如，金融业务只能由银行等取得相应资质的市场主体经营。这种情况下，没有相应资质的公司没有经营相关业务的权力，其代表人自然也无权代表公司从事相关业务。第二种情况则是国家对特定行为事前或事后的要求，公司行为必须符合法律的特别规定，才能使行为生效，在这种情况下，公司并非没有进行相关业务的能力，而是须经国家相关机关批准或审核。比如，《探矿权采矿权转让管理办法》第 10 条第 3 款规定，矿业权转让合同须经地质矿产主管部门批准才能生效。在这种情况下，矿业权转让合同显然并不必然超出公司权力的范围，只是该合同须经过国家机关批准才能生效，因此，公司代表人并不当然有权签订矿业权转让合同。

二、代表机关权力的范围：基于机关构造的解释

对于代表机关的权力范围的边界，大陆法系各国公司法中通常没有

作出明确的规定，比如，德国《股份公司法》第 78 条规定，“董事会在诉讼上和诉讼外代表公司”。《日本公司法》第 349 条第 4 款规定，“代表董事，享有实施有关股份公司业务的一切裁判上或裁判外行为的权限”。《韩国商法典》第 389 条第 3 款、第 209 条也规定：“代表社员（董事）具有公司营业相关的裁判上或裁判外所有行为的权限。”

然而，这并不意味着代表机关的权力范围不受任何约束。实际上，从公司机关构造的机理上来讲，各个公司机关都有明确的职能和权限范围，公司治理体系的基本原则就是分权与制衡，各机关各司其职，不应该也不可能出现一个凌驾于所有机关之上的特殊机关，否则一切公司治理都只能沦为空谈。因此，代表机关同样也只能在其权限范围内行使代表权。在公司治理结构中，第一，代表机关不是公司的意思机关，其没有独立的意思决定空间。第二，代表机关只能按照意思机关的意思决定，对外作出意思表示，即公司意思表示的分离性。循此逻辑，代表行为就属于执行行为，这就存在代表权和执行权的关系以及代表机关与执行机关的关系问题。

（一）代表机关的职能

根据民法关于意思表示的基本理论，内心效果意思须经表示行为予以外部化，始能发生法律上之效果。就公司机关构造而言，其意思形成机关仅仅负责形成公司效果意思，要让该效果意思实际发生意思表示中的效果，则还需要通过其他机关将该意思对外表示出来。公司代表机关的职能就是负责将决策机关形成的意思对外进行表达，以与交易之第三人形成相应的法律关系，或在诉讼中代表公司，除此之外，代表机关并没有独立的意思决定和执行的权力。①

然而在很长一段历史时期中，作为代表机关的法定代表人实际上作为企业的领导人，在企业中拥有绝对的权力，这对后来我国建立公司制度时，树立对代表制度的认识产生了严重的影响。在计划经济时代，国有企业是我国重要的经济和生产单位，是“行政主管部门”的下属单位，并且，

① 参见蔡立东：《论法定代表人的法律地位》，载《法学论坛》2017 年第 4 期。

每个行政主管单位下辖不止一个企业,这些企业群体在行政主管部门的领导下自成一个封闭系统,[①]为了满足垂直管理的需要,实行了所谓“厂长负责制”[②],“国营企业的厂长(经理)就是法人机关,同时也是法人的代表人”。[③] 不过,“厂长负责制”的建立比较早,其在中国最早的法律实践是在中华人民共和国成立以前20世纪30年代初期,中华苏维埃政府在江西颁布的《苏维埃国有工厂管理条例》。该条例规定:国有工厂的负责者为厂长,厂长由各该隶属的上级苏维埃机关委任,对工厂内一切事务有最后决定之权,并向苏维埃负绝对责任。根据该规定,厂长是管理会的负责人,且为了保障厂长行使权利,该条例还规定:对厂长的决定有不同意见时可以向上级机关控告,但在未废除厂长的决定前,“绝对无权停止决定的执行”。因此,厂长作为企业的负责人,在企业领导体制中具有特殊的地位。中华人民共和国成立以后,从20世纪50年代中期到60年代中期,我国对“厂长负责制”进行了“改良”,实行“党委领导下的厂长负责制”。[④] 在这一时期,“在广泛的经济活动和司法实践中,许多人正是把企业党委看作法人机关,把党委书记看作法定代表人的”。[⑤]

到了20世纪80年代中期,随着计划经济逐步走向市场经济,企业机制改革由讨论阶段过渡到实施阶段。在1986年颁布的《全民所有制工业企业厂长工作条例》将厂长负责制作为企业的领导机制固定了下来。该条例第26条规定,厂长有企业经营管理工作的决策权和生产指挥权。厂长同管理委员会的多数成员对经营管理中的重大问题意见不一致时,厂长有权作出决定。这一规定表明了厂长在企业中的作为权力中心的领导地位。而法定代表人制度进入立法肇始于1979年颁布的《中外合资经营

---

① 参见方流芳:《国企法定代表人的法律地位、权力和利益冲突》,载《比较法研究》1999年第3、4期。

② 方流芳:《国企法定代表人的法律地位、权力和利益冲突》,载《比较法研究》1999年第3、4期。

③ 马俊驹:《法人制度通论》,武汉大学出版社1988年版,第124页。

④ 方流芳:《国企法定代表人的法律地位、权力和利益冲突》,载《比较法研究》1999年第3、4期。

⑤ 马俊驹:《法人制度通论》,武汉大学出版社1988年版,第123页。

企业法》及1983年颁布与此对应的《中外合资经营企业法实施条例》,前者第6条规定,合营企业设董事会,其人数组成由合营各方协商,在合同、章程中确定,并由合营各方委派和撤换。董事会设董事长一人,由中国合营者担任;副董事长一人或二人,由外国合营者担任。董事会处理重大问题,由合营各方根据平等互利原则协商决定。后者第37条规定:董事长应该作为合资企业的法定代表人。从该法强调董事长作为法定代表人并由中国合营者担任来看,显然是把董事长作为合营企业管理中体现中方的控制权来加以认识的,甚至是作为"维护国家主权"的体现。[①] 在程序法上,1982年,《民事诉讼法(试行)》首次将法定代表人这一术语运用于国内企业和诉讼之中。[②] 在1986年的《民法通则》中,第38条规定,依照法律或者法人组织章程规定,代表法人行使职权的负责人,是法人的法定代表人。这一立法表述中的负责人实际上在大多数情况下指的就是企业中的厂长。厂长和法定代表人在立法上的结合始于1988年颁布并实行的《全民所有制工业企业法》。该法第7条规定:企业实行厂长(经理)负责制。厂长依法行使职权,受法律保护。继而,其第45条又规定:厂长是企业的法定代表人。企业建立以厂长为首的生产经营管理系统。厂长在企业中处于中心地位,对企业的物质文明建设和精神文明建设负有全面责任。至1993年,《公司法》正式制定,第45条规定,董事长为公司的法定代表人。这一规定基本延续了之前中国公司代表制度的做法,为维护国有企业的财产安全,规定董事长为公司代表人。2005年的《公司法》修订扩大了法定代表人的候选人范围,但并没有解决原有体制所存在的问题,[③]这一规则一直延续至今。

从上述的发展历程可以看出,我国的代表机关从一开始就跟公司的权力中心密不可分,天然地和权力集中绑定在一起,在很大程度上,甚至

---

① 参见柳经纬:《论法定代表人》,载《贵州大学学报(社会科学版)》2002年第2期。

② 参见方流芳:《国企法定代表人的法律地位、权力和利益冲突》,载《比较法研究》1999年第3、4期。

③ 参见柳经纬:《"斩不断,理还乱"的法定代表人制度》,载《河南省政法管理干部学院学报》2006年第4期。

可以认为我国的代表制度跟域外民商法中的代表制度没有必然关系，早期国企中厂长的对外代表权仅仅是其领导权力的自然延伸。这种代表权的权力基础并非来自企业的机关构造，①而是来自国家赋予厂长或企业负责人的全面管理和负责企业的行政性权力。

近年来，随着中国公司进入全球市场和外资的不断涌入，带来了中国公司治理"走出去"和外资公司并轨的双重挑战，公司合规成为公司法领域最为热门的词汇，②在各国采取贸易保护的同时，中国坚持全球化的道路是对现有经验的总结和坚持，也是对世界的一种承诺。但是，中国已有的合规实践表明，由于整体制度，尤其是法律制度中的基础性条件的缺乏，导致合规在中国的施行存在诸多困难，其突出表现就是我国现有的公司代表人制度引发的代表机关职能失调和公司治理结构混乱。在世界性的竞争当中，可能存在对公司的不同理解，但无论哪一种理解，都涉及正式组织规则的设立、执行问题，换言之，需要这样一个前提：公司内应当是"法治"——按照规则行事，而不是"人治"——按照命令系统行事，要求公司股东和管理者对合规负有义务，首先就要要求他们都是按照既有规则、程序、分工来行事，这意味着公司不仅是一个能够独立承担责任的最终责任承担者，更是一个分工体系下的有自身职权并进行规则理解、判断与实施的相对独立主体。如此，公司的代表机关就应当回归其本来的功能定位，按照机关构造的原则，承担对外意思表示的职能。

（二）代表机关与执行机关的关系

作为执行机关的董事会与代表机关之间的关系，存在两种观点。一是并列关系说，这一观点认为代表机关是公司内必设的独立机关，具有独立于董事会的权限，并且"代表董事对内有公司的业务执行权，对外又有公司的代表权。在一定的情况下，不仅可以做出业务执行本身的行为，而且还拥有与此相关的意思决定权"。③ 二是派生关系说，认为代表机关是

---

① 参见［德］汉斯·布洛克斯、［德］沃尔夫·迪特里希·瓦尔克：《德国民法总论》，张艳译，中国人民大学出版社 2019 年版，第 325 页。

② 参见邓峰：《公司合规的源流及中国的制度局限》，载《比较法研究》2020 年第 1 期。

③ ［韩］郑燦亨：《韩国公司法》，崔文玉译，上海大学出版社 2011 年版，第 307 页。

董事会的派生机关,其权限是由董事会派生的,除了法律、章程规定专属于董事会的执行事务以外,业务执行权理应就是代表机关的权限。[①] 独立还是派生,其区分的意义和重点在于,代表权权限的范围。如果是董事会派生机关,那么代表权范围原则上不得超过董事会的权限范围,如果是独立机关,则代表权范围不受董事会权限范围的约束。

就各国通行的立法例来看,本书认为采派生关系说更为妥当。首先从权限上来说,并列关系说难以解释为什么代表机关必须遵从董事会意思决定并接受其监督。其次,董事会是具有意思决定与业务执行权的法定机关,从意思表示的构成角度来说,董事会可以自己决定自己执行,只不过由于董事会是会议体机关,自己执行业务十分不便,因此由组成董事会的董事代表董事会——如法国法中的董事长,或委任其他自然人——如日本法中的业务执行官。并列机关说"不仅忽略了董事会亲自执行业务的情形,并且将选任的问题和权限所在相混淆"[②],"必然会造成命令及监督权的根据变得微弱,而且,选任代表董事和选任业务担当人员或职员的人事系统被分成两个不同渠道,很难期待董事会负责任地执行业务。"[③]最后,也是最重要的,从治理结构上来看,如果代表机关存在独立的意思决定空间,那么这种决策权的边界往往难以确定。代表机关集意思决定和对外代表权于一身,"显著减损了董事会存在的意义"。[④]

比较法上的CEO(美国法)、董事(德国《有限责任公司法》和《股份公司法》)等既有内部职务又有外部代理权的情况不同,我国法上的法定代表人这项职务本身没有任何内部职能,[⑤]故代表机关与执行机关,代表权与执行权或职权关系不清的问题在我国尤为突出。我国特有的法定代表人制度,一方面,公司代表人由股东大会选任和解任,看似是独立于董事会的独立机关;另一方面,中国公司中的法定代表人并不具有单独的意

① 参见[日]山本为三郎:《日本公司法精解》,朱大明等译,法律出版社2015年版,第157页。

② [日]山本为三郎:《日本公司法精解》,朱大明等译,法律出版社2015年版,第159页。

③ [日]末永敏和:《现代日本公司法》,金洪玉译,人民法院出版社2000年版,第142页。

④ [日]山本为三郎:《日本公司法精解》,朱大明等译,法律出版社2015年版,第159页。

⑤ 参见许德风:《意思与信赖之间的代理授权行为》,载《清华法学》2020年第3期。

思决定权,因此,从职权角度来看,其又应当属于董事会的派生机关。在民商合一体例下,我国《民法典》第 80 条和第 81 条又对营利性法人的组织机构进一步明确划分了权力机关和执行机关,进一步加剧了机关之间的紧张关系和权限之间的模糊性。这种规定体现了中国立法缺乏体系化思考,规定混乱的情况。

就执行权和代表权关系来说,法定代表人制度割裂了业务执行权和代表权的关系,造成一定程度的业务执行权和代表权的分离,这种规定显然与世界各国通行的做法不一致,造成了判断代表权范围的困难。我国《公司法》第 13 条规定的法定代表人的候选人分别为,董事长、执行董事和经理。其中,按照法律规定,执行董事和经理属于公司执行机关,具有其职权范围内的业务执行权。换句话说,执行董事和经理在其执行权范围内的代表行为,都属于有权代表。但董事长仅仅是一个虚职,其职权主要是主持和召集股东或董事会会议,并没有单独的业务执行权。这与法国法的情况不一样,法国公司中的董事长并不仅仅是一个虚职,法国公司如果选择董事长担任公司代表人,那么根据《法国商法典》第 L225 – 51 条和第 L225 – 66 条的规定,其相当于董事会的执行人,除专属于股东会或董事会的权力以外,全面负责公司的管理经营。从董事会内部组成来说,作为董事会成员的董事长与其他董事的关系应当是平等的,不存在领导与被领导关系。每个董事的独立决策权都应当得到体现,从而保证董事会共决系统发挥作用。董事长的对外唯一的代表权,将造成董事会的共决模式失去意义,导致事实上的独裁。因此,可以说"没有哪个国家将董事长地位提升至如此之高,董事与董事长只在职责分工上有所差别,没有职位高低之分"。①

同时,这还造成了诸多经营上的不便和公司治理结构上的混乱。比如,按照我国《公司法》第 49 条第 1 款之规定,公司经理根据董事会决定,负责公司的生产经营活动,这些活动显然面临着对外签约问题。如果公司经理本身就是法定代表人的话,那么其执行业务自然不会受到影响。

① 叶林:《公司法研究》,中国人民大学出版社 2008 年版,第 208 页。

然而,如果公司法定代表人是董事长的话,那么经理并没有对外签约的权力,其要行使业务执行权对外签约的话,还不得不通过董事长,要么通过董事长的再授权,要么交给董事长去签约。可是,根据我国公司法的规定,董事长并不是经理的下级或执行单位,为什么董事长要服从于经理履行经营职责的决定?因此,有学者将经理缺乏执行业务所必须的对外代表权比作“断臂的维纳斯”。[①] 而且,业务执行权与代表权的割裂还会造成公司治理中权力配置的错位。比如,按照公司法的规定,经理被视作董事会的执行机关,法律或章程规定应当由董事会决议的事,经理不得擅自为之,其业务执行权应当限制在董事会所作的决策权范围之内。然而,当经理作为公司法定代表人时,由于业务执行权和代表权的割裂,只要具有代表权就可以对外签约,那么就有可能造成经理凌驾于董事会之上,在公司内一人说了算的情况。正如学者所言,“如果经理和法定代表人重合,那么甚至可以被认为是采取了“经理中心主义”[②],架空了董事会。

实际上,除了部分内容由公司章程自行约定外,股东会和董事会是基于法律的规定而存在,机关之间的职能分配也是基于法律的规定。世界各国都将董事会作为业务执行机关,并分配了一定的意思决定权,只不过意思决定权范围大小有所差异而已。从公司行为逻辑结构来讲,股东会和董事会职能的不同决定了意思形成内容的不同,公司意思形成机关和意思表达机关既存在分离也存在重合:当公司意思是由股东会作出时,意思表达由董事会执行;当公司意思是由董事会自身作出时,理论上其可以自己决定自己执行。这也表明,作为董事会派生机关的代表机关,其概括授权的代表权范围应与其职权范围相适应,既不应超越董事会权限的范围,也不能超越自身权限的范围。因此,“公司法明文规定属于股东会或董事会的职权法定代表人是不能行使的。他要在这些权力范围内对外作意思表示就必须得到股东会或董事会的授权。没有这样的授权,即使他对外作了意思表示,也不能约束公司”。[③] 从相对人角度来讲,对于公司

---

① 刘文科:《商事代理法律制度论》,法律出版社2013年版,第43、44页。
② 邓峰:《普通公司法》,中国人民大学出版社2009年版,第555页。
③ 朱锦清:《公司法学》(修订本),清华大学出版社2019年版,第250页。

法上规定的需要由股东会、董事会作出决议的各项行为（如与其他公司合并），在没有相应决议之前，相对人即便与法定代表人签署相关协议，也并不能合理期待该协议得到执行。（见图 3－1）

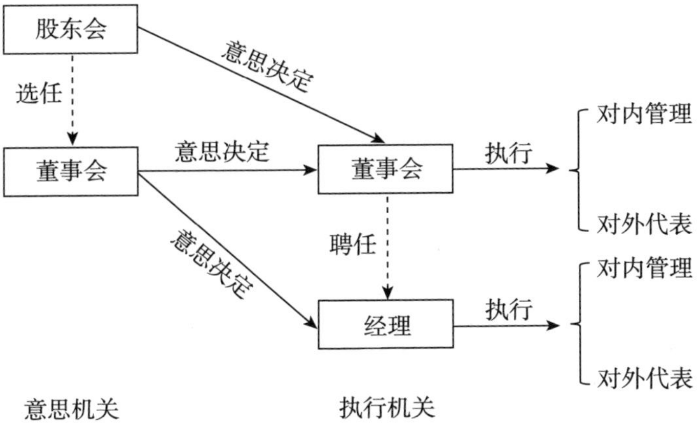

图 3－1　公司行为的逻辑

（三）代表机关与执行机关的比较法考察

代表权与业务执行权的关系在于，代表权属于业务执行权的内容，业务执行权可以分为对内管理和对外代表，[①]如果业务执行的内容是以公司名义的对外行为，欲使其法律效果归属于公司，就须行为人享有代表权，故代表权系从业务执行权派生而来。[②]“在理论上，公司的代表权是以公司业务执行权为前提的职权，作为公司业务执行的内容与第三人所为行为的后果归属公司所表达的正是公司代表概念本身，可以说反映的是代表董事业务执行权的对外层面。”[③]因此，“虽然两种权限的法律性质完全不同，但业务执行机关同时也是代表机关的做法在制度设计上较为自然，实际上这也成了惯例”。[④] 从各国立法例来看，无论是大陆法系还是英美法系，都是将代表权授予执行机关——董事会，或从享有业务执行

① 参见范健、王建文：《公司法学》，法律出版社 2018 年版，第 347 页。
② 参见何建：《公司意思表示论》，法律出版社 2019 年版，第 314 页。
③ ［日］前田庸：《公司法入门》，王作全译，北京大学出版社 2012 年版，第 362 页。
④ ［日］山本为三郎：《日本公司法精解》，朱大明等译，法律出版社 2015 年版，第 157 页。

权的机关或个人——董事、高管、经理或业务执行官等中产生。

1. 大陆法系。(1)董事执行和代表的模式。在这种模式下,董事会不具有执行权,只具有与公司业务或经营相关的意思决定权。立法将业务执行权单独赋予了董事,凡具有代表权的董事都具有业务执行权。同时,当公司设置了业务执行官或经理时,根据法律或章程的规定,董事会可以授予其包含代表权的业务执行权,但其权限不得超过董事会。

在日本,商法典和公司法典都对公司代表权的情况作了规定。根据《日本公司法典》的规定,股份公司的治理模式可以分为三种情况,分别为:不设置董事会的公司、设置董事会的公司和设置委员会的公司。在不设置董事会的公司中,《日本公司法典》第 348 条第 1 款和第 349 条第 1 款规定,原则上公司各董事都具有业务执行和对外代表公司的权力。[①] 在设置董事会的公司中,《日本公司法典》第 362 条规定,董事会的职权为业务执行的决定和监督,代表董事的任免。在这种情况下,《日本公司法典》第 362 条第 3 款、第 363 条第 1 款规定代表董事既是公司的业务执行机关,又是代表机关。[②] 在设置委员会的公司中,根据《日本公司法典》第 402 条和第 418 条之规定,提名委员会可以选任 1 ~ 2 名执行官,该执行官可以不是公司董事,享有公司的业务执行权。[③] 并且,该法第 420 条规定,由董事会选任的代表执行官对外代表公司。在这种公司中,董事会的职权为决定业务执行、选任执行官和代表执行官并监督执行官的履行情况。[④] 另外,《日本商法典》第 20 条和第 21 条规定,在营业所,商人可选任经理进行营业,并且经理可以实施一切与其营业相关的裁判上或裁判外的行为。由此可见,在日本,公司代表人可以是不设董事会公司的董事、设置董事会公司的代表董事、设置委员会公司的代表执行官以及公司的经理,他们都享有一定的业务执行权。

在韩国,代表董事是代表公司并持有业务执行权的董事,是股份公司

---

① 参见《新订日本公司法典》,王作全译,北京大学出版社 2016 年版,第 150 页。
② 参见[日]前田庸:《公司法入门》,王作全译,北京大学出版社 2012 年版,第 362 页。
③ 参见《新订日本公司法典》,王作全译,北京大学出版社 2016 年版,第 181、182 页。
④ 参见[日]前田庸:《公司法入门》,王作全译,北京大学出版社 2012 年版,第 347 页。

的必要常设机关。[①] 根据《韩国商法典》第 389 条之规定,代表董事由董事会选任,也可以根据章程规定由股东大会选任。代表董事根据董事会的意思执行业务,董事会有效地监督代表董事的业务执行,[②]因此,董事会对于代表董事具有业务执行权没有异议。[③] 韩国也是民商分立的国家,《韩国商法典》第 11 条规定,经理可代替业主进行与营业相关的诉讼中或者诉讼之外的一切行为。经理享有的权利与代表董事具有进行诉讼内外的一切行为的权限一致。所以,韩国的代表董事、经理是韩国股份公司的代表人。

(2)董事会执行并代表的模式。在这种模式下,董事会作为机关整体执行公司业务并代表公司。同时,根据公司章程,可以授权董事或经理,单独或共同执行公司业务并对外代表公司。德国股份公司采取机关执行和机关代表模式。德国《股份公司法》第 77 条规定了除非章程另有规定,否则董事会作为整体共同执行业务。[④] 同时,该法第 78 条又规定,除非章程另有规定,否则董事会作为整体共同代表公司。[⑤] 当然,德国股份公司可以依据章程的规定,由两名董事真正代表或由一名董事与一名总经理非真正代表。[⑥] 不过,此时公司代表人行使的代表权从属于董事会的代表权,[⑦]他们也没有与韩国商法上的代表董事相同的固有权限,只有董事会赋予的一般的权限,其范围当然不超过董事会的权限范围。[⑧] 除此之外,《德国商法典》单独规定了经理权(prokura),经理权授权实施由营利事业经营产生的一切种类的诉讼上的和诉讼外的行为和法律行为。此时经理权产生的效力及于诉讼上和诉讼外的一切行为,由此可见,

---

① 参见[韩]李哲松:《韩国公司法》,吴日焕译,中国政法大学出版社 2000 年版,第 456 页。

② 参见[韩]郑燦亨:《韩国公司法》,崔文玉译,上海大学出版社 2011 年版,第 306 页。

③ 参见[韩]李哲松:《韩国公司法》,吴日焕译,中国政法大学出版社 2000 年版,第 458 页。

④ 参见《德国商事公司法》,胡晓静、杨代雄译,法律出版社 2014 年版,第 100 页。

⑤ 参见《德国商事公司法》,胡晓静、杨代雄译,法律出版社 2014 年版,第 100 页。

⑥ 参见[德]托马斯·莱塞尔、[德]吕迪格·法伊尔:《德国资合公司法》(第 6 版),高旭军等译,上海人民出版社 2019 年版,第 191 页。

⑦ 参见杨继:《中国股份公司法定代表人制度的存废》,载《现代法学》2004 年第 6 期。

⑧ 参见[韩]郑燦亨:《韩国公司法》,崔文玉译,上海大学出版社 2011 年版,第 244 页。

德国法上的经理也有一定范围的代表公司的权力。

法国股份公司根据单层制董事会和双层制董事会的不同，区分不同情况。根据《法国商法典》第 L225－35 条的规定，在单层制董事会结构下，除专属于股东大会的权力以外，董事会决定公司的经营战略并实施。并且，在与第三人的关系中，董事会实施的行为，即使不属于公司宗旨范围，也是公司承担责任。① 显然，法国单层制结构下的董事会作为执行机关有对外代表公司的权力。另外，根据该法第 L225－47 条和第 L225－51 条的规定，董事会还可以根据需要，从其成员中选任一名董事长或由董事长任命一名总经理执行公司业务并对外代表公司，当任命了总经理时，董事长不再执行业务和代表公司。但专属于董事会或股东会的权力，董事长或总经理不得享有。② 也就是说，在单层制下，除了专属性权力以外，董事会、(未任命总经理公司的）董事长或总经理被授予管理和代表公司行事的最广泛的权力。

在双层制董事会结构下，法国股份公司由管理委员会负责业务执行，监事会委任和监督管理委员会主席及全体成员。如果管理委员会仅有一人，那么这人被称为唯一总经理（第 L225－59 条）。根据《法国商法典》第 L225－58 条和第 L225－64 条规定，公司事务由管理委员会对内管理和对外代表公司，但专属于监事会和股东大会的除外。另外，第 L225－66 条规定董事会管理和代表的职能可由一人履行，即唯一总经理或董事会主席。③ 由此可见，在双层制下，除了专属性权力以外，管理委员会、唯一总经理或董事会主席拥有管理和代表公司行事的最广泛权力。

2. 英美法系。相比于大陆法系的国家，英美法系国家的通说认为公司法人是拟制的人，不具备行为能力，因此英美法系的公司法没有明确规定公司代表权的行使主体。尽管如此，享有实有代理权的代理人事实上发挥着与代表人相同的功能。在英美法上，实际也区分了代表和代理，根据法理，代表被称为“首要归因规则”（Primary Rules of Attribution），代理

---

① 参见《法国商法典》（上册），罗结珍译，北京大学出版社 2015 年版，第 243 页。
② 参见《法国商法典》（上册），罗结珍译，北京大学出版社 2015 年版，第 248、249 页。
③ 参见《法国商法典》（上册），罗结珍译，北京大学出版社 2015 年版，第 251、252 页。

则被称为“一般归因规则”(General Rules of Attribution)①。因此,除了一些理论上的细微差别以外,英美法系国家中董事、高管等的代理权与大陆法系国家的代表权没有本质差别。需要指出的是,英美公司法与大陆法系公司法相同,无一例外地强调董事会作为执行机关的作用。

(1)美国。根据不同州法律注册成立的公司的内部治理结构的细节上可能会有一些差异,但总体而言,除股东会专属权力以外,公司法授权董事会拥有全面管理和代表公司的权力。并且,尽管美国早期未确立董事会的权力中心地位,但其判例法却很早就确立了董事代表公司权力的法定性,并不得被股东改变或撤销。在 Hoyt v. Thomspon's Executor 案中,康斯托克法官表示:

> 公司董事会与公司的关系,不像私人代理人与委托人的关系那样。在严格的委托与代理关系中,代理的一切权力都是由委托而来,如果委托人不赋予代理人权力,代理的权力就根本不存在。但在公司中,董事会的权力,在一个非常重要的意义上,是原创的,没有授权的。股东既不能授权,也不能撤销这些权力。它们仅在从公司注册法中从州获得权力的意义上是衍生的。董事会是章程赋予的所有权力的主要拥有者,并且像私人委托人一样,它们可以将自己可以执行的任何行为委托给自己任命的代理人。在每个设立董事会的公司中,都绝对必须承认这一原则。②

美国成文法并没有对董事的权力进行规定,包括执行权和代表权。不过,公司董事会并非真实的自然人,“依据商业组织和社会组织运作的一般原理,处在董事位置的人为履行其职责应当具有单独行使权力的必要空间”。③ 因此,“董事可以单独成为公司的管理者”。④ 并且,“董事具

---

① Carsten Gerner-Beuerle & Michael Schillig, *Comparative Company Law*, Oxford University Press, 2019, p. 473.

② 19 N. Y. 207, 216 (1859).

③ 甘培忠、周淳、周游:《企业与公司法学》,北京大学出版社 2018 年版,第 236 页。

④ 邓峰:《普通公司法》,中国人民大学出版社 2009 年版,第 532 页。

有常规的代表公司的资格和能力,他们在职权范围内的意思表示对公司形成约束力,他们是公司的代表”。[①] 这一原则得到了判例法的确认。在 Ferguson v. Wilson 案中,法官指出:“一个公共持股公司的董事在公司中居于何种地位?他们仅仅是公司的代理人。公司本身无法从事活动,因为它没有身体。它仅可通过董事而从事活动,并且就这些董事而言,此种情形也仅仅是本人和代理人的普通情形。只要是代理承担责任的地方,董事就要承担责任;只要是本人承担责任的地方,公司就应承担责任。”[②]

美国法上,高级职员也可以视为公司的当然代理人,其权力来自法律和章程的规定,享有在职权范围内执行公司业务和代表公司的权力。《美国示范公司法》第 8.41 条规定,“每一名高级职员依照章程细则规定享有权力和履行职责,或者在与章程细则规定的范围内,履行董事会规定的职责或者由董事会授权可以规定其他职员职责的高级职员所规定的职责”。美国《代理法重述(第三次)》的官方评论第 e 节第 3 段对总裁和首席执行官的权限作了描述:“总裁或首席执行官的表见权限(apparent authority)包括公司日常业务范围内的所有交易。”《特拉华州公司法》(DGCL)同样明确规定公司应当任命高级职员,但其没有具体规定此类高级职员的权力。[③] 既往判例表明,特拉华州的法院几十年来一直认为首席执行官或总裁拥有公司日常运营所需的一切权力。如在 Italo-Petroleum Corp. of America v. Hannigan 案中,首席大法官雷顿(Layton)表示:“从现实考虑出发,更合理的观点是,应该认为总裁有权在公司的日常业务中通过执行和转让有价票据来约束公司。……总裁在公司类似性质交易事项上的职责足以克服针对其缺乏权力的抗辩,总裁在公司日常业务中应允许有合理的自由度。”[④]

(2)英国。与美国法一样,英国公众公司也强调董事会的权力中心地位。如前所述,公司法并未明确规定董事会的地位,不过,英国《示范章程》(Model Articles)第 3 条的默认规则是:“在遵守公司章程的情况下,董事会

---

① 甘培忠、周淳、周游:《企业与公司法学》,北京大学出版社 2018 年版,第 236 页。

② Lr. 2 Ch. 77 (1866).

③ 美国《特拉华州公司法》第 142 条规定:按照本法注册的公司都应当配置高级职员。

④ 14 A 2d 401 (1940).

负责公司的运营,为此目的,董事会可以行使公司的所有权力。”因此,英国公众公司的董事会可以视为当然具有公司代表权的机关,董事会行为或股东在股东大会上作出决议的行为被作为公司的行为来对待。如果董事会代表公司签订一个合同,那么通常毫无疑问的是公司要受到那个合同的约束。

与美国法的模糊不同,英国的成文法对董事的规定是丰富而具体的。从是否具有业务执行权角度区分,英国董事区分了执行董事和非执行董事。执行董事可以参加公司的日常经营管理,具有业务执行权,而非执行董事通常只是公司的专业顾问,如律师或会计师。原则上只有执行董事有代表公司的权力,非执行董事通常没有公司业务的执行权,其主要职责是协商、咨询、顾问,因此不具备对外签约的能力。英国《2006 年公司法》第 44 条明确规定,每名单独行事的董事均有权约束公司,前提是有一名证人证明董事的签名。但是,只有当董事以董事会的身份行事时,他们才有权代表公司,①由此可见,董事约束公司的权力仍然是在董事会权限范围以内的。

综上所述,世界主要国家都将公司代表机关设定为公司董事会或具有执行权的董事或经理。在德国,公司代表机关本来就被称为对外执行机关,②可见,从公司的机关构造角度来说,代表权不应当超过执行机关即董事会的权限范围,业务执行是指为维持公司组织和执行公司目的事业而进行的活动。无论是法律行为,还是事实行为;无论是对内行为,还是对外行为,均可成为业务执行。但是,业务执行意指以营业的存在为前提,执行营业上的事务的行为,因此像章程变更,营业转让、解散、组织变更等影响公司存续基础的行为被排除在外。③

三、商事习惯塑造的范围:基于商法特殊性的解释

(一)商事习惯在商法中的特殊地位

“商事习惯,是指在特定的商事领域或特定的商事活动中被广泛认可,经常存在并被商事主体作为规则反复使用且为国家所承认的具有法

---

① Heiton v. Waverley Hydropathic Co. Ltd. (1877) 4 R 830.
② 参见龙卫球:《民法总论》,中国法制出版社 2002 年版,第 367 页。
③ 参见[韩]李哲松:《韩国公司法》,吴日焕译,中国政法大学出版社 2000 年版,第 119 页。

律约束力的不属于国家法的法律规范。”[①]我国《民法典》第 10 条正式确立了习惯的法源地位，这对于商法而言具有尤其重要的意义，这是因为“商法或商事法律不仅仅意味着调整市场活动的法律，而是首先意味着产生于市场的法律，它来源于商业团体章程、商事习惯和商事司法实践”。[②]

从历史角度看，商事习惯与商法有着千丝万缕的关系，整个商法的发展历程都离不开商事习惯的影响和直接塑造。最早的商法起源于 11 世纪的欧洲的地中海地区，[③]并经历了一段长时间的“特别主义时期”。所谓“特别主义时期”，是指商人被作为一个特别阶级对待，只有经过国家承认的人才能成为商人。商法等同于商人法，直接由商人阶级所创造，并仅适用于商人阶级内部，不会受政治因素干扰，并且存在“经济社会”，[④]因此商法也被称为阶级法。[⑤] 这一时期商人阶级的这种半封闭性，使“商人阶层在商品交易实践活动中逐渐形成了适用于团体内部‘个别’成员间的较为固定的行为模式。后来这种行为模式——习俗，在持续不断的实践活动中由于得到商人们的普遍认同被推而广之”。[⑥] 这些固定的行为模式逐渐演变为习惯，并在商人发生纠纷时，被法院接受为裁判依据。并且，在商事法院具体适用这些商人们公认的“习惯”去处理、解决商事纠纷和争议时，还形成了一系列的商事判例，在后续活动中被遵循，进而进一步加强了这些习惯的约束力。可以说，在商法的早期发展历史阶段，商事习惯几乎就等同于商法全部，没有这些商事习惯，就没有正式商法的诞生。中世纪以后，自治城市开始不断发展壮大，商业行会习惯、惯例也在不断积累，各城市将当地的商人们约定俗成的习惯做法确认为当地法律的一部分。随着科学技术的发展和运输方式的改进，各地商人们都开始从事跨地区的商事交易，商人们的这种流动性的交易活动使商事习惯

---

① 许中缘：《论商事习惯与我国民法典》，载《交大法学》2017 年第 4 期。

② ［意］F. 卡尔卡诺：《商法史》，贾婉婷译，商务印书馆 2017 年版，第 1 页。

③ 参见范健、王建文：《商法学》，法律出版社 2015 年版，第 18 页。

④ ［意］F. 卡尔卡诺：《商法史》，贾婉婷译，商务印书馆 2017 年版，第 16 ~ 21 页。

⑤ 参见［意］F. 卡尔卡诺：《商法史》，贾婉婷译，商务印书馆 2017 年版，第 26 页。

⑥ 朱慈蕴、毛健铭：《商法探源——论中世纪的商人法》，载《法制与社会发展》2003 年第 4 期。

从一个地方传播到多个地方。在这一过程中,作为商业中心的特定城市的习惯法,不可避免地会成为这种跨地区商事习惯法的集大成者,并毫无疑问地承担起调整这种地区间商事交易关系的主要任务。[①]

如今,商法已经发展为一个具有"普遍性"特征的法律部门,不仅成为一国国内用于调整商事法律关系的主要依据,更成为超国家法层面上的行为和裁判规范。[②] 其中,商事习惯始终占据商法主要渊源的重要地位。比如,在国际上,《国际贸易买卖统一法》(ULIS)、《联合国国际货物销售合同公约》(CISG)和《国际商事仲裁示范法》(UMLA)都提到了商事习惯的重要作用,国际贸易术语甚至全部来自商事习惯。[③]

各国国内法方面,在英美法系中,商事习惯对判例法的影响非常大,英美法学者认为,判例本身就是习惯(法),[④]因而,普通法的历史就是习惯法的历史,普通法就是习惯法。[⑤] 在英国,商事习惯是商法的重要渊源之一,并且将习惯分为两种:第一种是国内的"古老"的习惯,称为一般性习惯。第二种则是各地的地方性习惯。一般性习惯中的"古老"是指1189年查理一世加冕时就已存在的习惯,这些习惯已经大部分被吸收为成文法或形成判例法规则。地方性习惯同样在各地审判实践中被广泛遵循。总而言之,上述两种习惯都对英国的商事审判具有约束力。[⑥] 美国《统一商法典》则直接将使"商业惯常做法通过习惯、惯例和当事方之间的协议得以继续扩展"作为立法宗旨,[⑦]具体规则集中体现在第1－205条中。包括交易惯例指在一地区、一职业或行业中常为人们所遵守,以至于有理由预期其在有关争议之交易中也会得到遵守的任何交易的惯常做

---

① 参见朱慈蕴、毛健铭:《商法探源——论中世纪的商人法》,载《法制与社会发展》2003年第4期。

② 参见[意]F. 卡尔卡诺:《商法史》,贾婉婷译,商务印书馆2017年版,第16页。

③ 参见任先行、周林彬:《比较商法导论》,北京大学出版社2000年版,第648页。

④ See Beate Sjåfjell & Christopher M. Bruner, *The Cambridge Handbook of Corporate Law, Corporate Governance and Sustainability*, Cambridge University Press, 2020, p. 165.

⑤ 参见陈彦晶:《商事习惯之司法功能》,载《清华法学》2018年第1期。

⑥ 参见任先行、周林彬:《比较商法导论》,北京大学出版社2000年版,第101页。

⑦ 参见吴兴光、蔡红等:《美国〈统一商法典〉研究》,社会科学文献出版社2015年版,第13页。

法或交易方法。此种惯例之存在及其范围应作为事实加以证明。此种交易惯例被证明为体现在书面商事守则或者类似文件中的,该文件之含义由法院解释。也包括当事方之间的商业往来和当事方所从事的职业或行为中为当事方所知悉或理应知悉的交易惯例,使协议条款具有特定含义,并且起着补充或者限制协议之作用。

由于强烈的成文法传统,大陆法系的各国一般都以直接立法的形式对商事习惯的法律渊源地位加以确认。比如,《德国商法典》第346条规定,在解释商人之间的行为的意义与效果时,应充分考虑到商业交往中适用的惯例和习惯;在法国,商事习惯属于商法的重要渊源。立法上,现行《法国民法典》第1159条规定:"有歧义的文字,按契约订立地的习惯解释。"第1160条规定:"习惯上的条款,虽未载明于契约,解释时应加以补充。"这些经立法肯定的习惯具有一种代表权威,除此之外,法国的习惯法还有一种自主性权威,认为习惯是法律以外的法律,其作用是弥补制定法的不足和不清楚,在商事领域发挥着重要的作用。[①] 尤其值得注意的是,在日本,商事习惯的适用顺序甚至在民法之前:《日本商法典》第1条第2款规定,关于商事活动,本法中未规定的事项遵照商事习惯;无商事习惯的,适用民法规定。按照日本学界的通说,"该条将商事习惯作为比民法优先的商法渊源,是肯定了商事交易中形成的商事习惯具有合理性和进步性,这是值得肯定的立法突破"。[②] 同样,韩国也在商事审判中将商事习惯置于民法适用之前,根据《韩国商法典》第1条的规定,对于商事,若商法典和商事习惯上没有相关规定时,则适用民法。而《韩国民法典》第1条也规定,若民法典没有相关规定时,根据习惯法确定;若习惯法没有相关规定时,则适用本条之规定。

综上所述,商事习惯对于商法而言具有非常重要的意义,从商法的起源到商法的发展,商事习惯都扮演着重要的角色,"可以说,近代商法(lex mercatoria)就是从习惯法发展而来的,其基本内容就是商事习惯"。[③] 随

---

① 参见任先行、周林彬:《比较商法导论》,北京大学出版社2000年版,第101页。

② 《日本最新商法典译注》,刘成杰译注,中国政法大学出版社2012年版,第8页。

③ 王利明:《论习惯作为民法渊源》,载《法学杂志》2016年第11期。

着立法的发展,当今的商法已经具有超国家法的地位,虽然很多国家和地区都制定了正式的成文商法典或相关单行法,然而,无论是国际法还是国内法方面,商事习惯都依然被确认为商法的重要渊源之一。

(二)商事习惯在商事实践中的司法功能

如果说商事习惯的法源地位确立了其在商法中的特殊地位,即可以作为裁判依据的话,那么商事习惯在商事实践中的司法功能则更为具体地明晰了商事习惯如何发挥作用的问题。

在现有学术讨论中,关于商事习惯的作用主要有三种观点,第一种观点为补充说,这一观点认为商事惯例的作用在于使一个在合同中没有明确包括,却通常应该遵守的原则有效。[①] 第二种观点为解释说,认为商事惯例在法律上虽有明确规定,并且有充分值得说明的特殊性,但仍然仅仅是多种解释因素的一种,所以应该从属于解释的一般规则。[②] 第三种观点为证据说,认为商事惯例是商人们在商事纠纷中所主张的某种证据。[③] 第一种观点将商事习惯的作用局限于合同领域,重点在讨论商事习惯与合同条款的关系,使商事习惯过于狭窄。第三种观点认为商事习惯仅仅具有诉讼法上的作用,没有顾及商事习惯在实体法上的贡献。因此,本书认为,商事实践的作用主要在依照商事习惯,解释或推定商事实践需要明确的法律和事实。

依此而言,商事习惯的主要功能就可以分为实体法功能和程序法功能两个面向。从法教义学角度来讲,商事习惯属于一种经验法则,[④]作为事实判断因素而存在,[⑤]因此,在实体法方面,商事习惯的具体功能包括解释和补充合同、协议、公司章程和法律,推定事实等;而在程序法方面,法官则依靠商事习惯解释和评价证据效力,按照商事习惯分配举证责任等。这两项功能在(2013)黑监民再字第 86 号案例中,发挥了解释和确定行为人权限范围的作用,十分具有代表性。

---

① 参见陈彦晶:《商事习惯之司法功能》,载《清华法学》2018 年第 1 期。

② 参见周林彬、王佩佩:《商事惯例初论——以立法构建为视角》,载王保树主编:《中国商法年刊(2007)》,北京大学出版社 2008 年版,第 21 页。

③ 参见艾围利:《商事习惯研究》,武汉大学 2012 年博士学位论文,第 91 页。

④ 参见张卫平:《认识经验法则》,载《清华法学》2008 年第 6 期。

⑤ 参见樊涛:《我国民商事司法中的交易习惯》,载《法律适用》2014 年第 2 期。

在该案中,被告公司为一家在我国香港地区注册和成立的有限公司,根据我国香港地区的规定,公司不设法定代表人,由董事会代表公司行事。行为人以被告公司董事身份代表公司与原告签订合作协议。合作协议签订后,(被告)公司以行为人未经董事会授权擅自签订合同为由,拒绝按协议约定支付合同价款,原告遂诉至法院。本案的争议焦点是(行为人)是否有权代表公司签订上述合作协议,在本案一审、二审诉讼过程中,(行为人)以法定代表人身份参加诉讼。本案经过两次审理,在再审程序中,法院认为:

> (被告)公司的注册资金仅1000万元,涉案合作协议涉及的股权转让金额即为4000万元,商品房包销项目涉及金额更是达到5.6亿元,且还涉及其他多个企业的权利义务,无论是对(原告),还是对如(原告)所述(行为人)代表的(被告)公司均为重大的经营决策,超越了(行为人)的权限……(行为人)以(被告)公司代表身份在合作协议上签名并加盖公司印章时,并未出示(被告)公司明示或默示授权(行为人)签署上述合作协议并加盖公司印章的授权委托书或委派(行为人)签署合作协议并加盖公司印章的委派书……作为合同一方的(原告),其既没有对(行为人)是否具有(被告)公司的授权尽到合理注意义务加以审查,也没有对(被告)公司的规模和履约能力进行了解,也没有对合同履行相关事宜与(被告)公司其他人员沟通协商,明显违反通常商业交易习惯……(原告)在本案一审、二审及再审诉讼过程中,亦未出示过(被告)公司授权(行为人)以(被告)公司授权代表身份在合作协议上签名并加盖公司印章的法律文件。故本案中,(行为人)的行为不能构成表见代表,合作协议对(被告)公司无法律效力。

上述案例表明,法院依据商事习惯,推定签订重大合同不属于公司代表人通常的权限范围,公司董事代表公司签订此类合同应当获得公司的单独授权。同时,从相对人角度来讲,根据商事习惯,在此类重大交易中,相对人应当知道行为人不具有代表公司的权限,否则其不能以善意相对人身份要求获得表见代表制度的保护。从程序方面来讲,在本案中,法院认为应当由相对人承担其履行了审查义务的举证责任。

(三)商事习惯对代表权范围的确定

成文法并没有具体明确代表权的范围,作为补充,商事习惯可以作为裁判依据用以判定代表权范围,这是来自保护交易安全的要求。从维护交易安全角度来讲,经过长期的商事实践,公司代表人的代表权范围已具有法律推定的概括性,不再因授权公司的意志为转移,即公司经营业务所必要之一切行为,而什么是经营业务的一切行为这一界定本身是不清晰的,也难以清晰。因此,从商事实践和世界各国的立法经验来看,它主要由实践中的商事习惯确定。换句话说,代表权拥有包括性、定型性,而且此定型性并非依据本人主观判断,而是在客观上的判断,所以如果代表行为在客观上是代表权范围内的行为,那么作为代表行为不仅有效,而且公司还要对此负责任。①

在比较法上,英美法系的代理理论不区分基础关系和授权行为,但并不否认商事习惯对于塑造代理权范围的作用。以美国为例,在现代美国的代理制度中,公司代理人的授权方式可以分为两种方式,即实际授权(actual authority)和表见授权(apparent authority)。按照美国《代理法重述(第三次)》第3.01节和第2.03节的表述,"实际授权是指委托人向代理人表明同意代理人以委托人的名义采取行动",而表见授权是指被代理人向第三人发出的另一人代表被代理人行为的意思表示(apparent authority arises from the manifestation of a principal to a third party that another person is authorized to act as an agent for the principal)。② 换句话说,实际授权相当于本人直接向代理人授权的内部授权,表见授权相当于本人向相对人或第三人授权的外部授权。

在代理的实际授权中,通常又包括明示的(express)和隐含的(implied)两个方面。代理人代表被代理人行事的"明示的实际授权"(express actual authority)可以是口头的也可以是书面的;"隐含的实际授权"(implied actual authority)则是指通常情况下为履行代理业务所必须

① 参见[韩]郑燦亨:《韩国公司法》,崔文玉译,上海大学出版社2011年版,第312页。

② See Restatement (Third) of Agency, §2.03; §3.03 (2006).

做的事情的权力。[①] 在商事领域,这种隐含的实际授权往往就是指为了满足实际业务需求,是否存在实际授权取决于公司作为委托人和公司代表人之间的关系,包括代理人明确取得的权力和相关领域的习惯活动(customary activities)。[②] 比如,公司授权某人经营公司的二手车业务,就暗含其有购买二手车的实际权力,即便通过贷款去购买,公司也应当承担还款责任;还包括进行广告宣传二手车业务;根据需要雇佣更多的员工;并与经营场地签订租赁合同等。[③] Castillo v. Case Farms of Ohio, Inc. 案就充分体现了这一点。被告 Case Farms 认为其不应为其代理人安迪·西洛娜(Andy Cilona)招募工人付出的交通和住宿费用承担责任,因为这并不包含于授权范围之内。然而法官认为,"赋予代理人的明示授权采取某项行动,还包括隐含的权力,以执行该明确权限的一切适当、通常和必要的事情……鉴于住房和交通是 Case Farms 招聘过程中必要的组成部分,这些行动长期以来(招聘中)都是客观存在的,因此属于 Case Farms 代理关系的范围"。[④]

在此之前的美国 1958 年《代理法重述(第二次)》中,还规定了另一种被称为固有授权(inherent authority)的授权方式。所谓固有授权,一般是指总代理人(general agent)或者概括代理权人在交易相对人面前所拥有的代表被代理人从事法律行为的权限,[⑤]其来源是基于公司董事长或首席执行官的法定身份(status)。[⑥] 实际上,这也是商事习惯塑造代表权范围的一种表现,因为相对人的信赖是基于行为人身份在通常情况下所表现出来的权限范围,即通过公司代表人的身份推断代表权范围的规则

---

① See Rachel E. Barkow, Erwin Chemerinsky & Richard A. Epstein eds., *Business Organization: Cases, Problems, and Case Studies*, Wolters Kluwer, 2019, p. 39.

② See Andreas Cahn & David C. Donald, *Comparative Company Law*, Cambridge University Press, 2018, p. 366.

③ See Rachel E. Barkow, Erwin Chemerinsky & Richard A. Epstein eds., *Business Organization: Cases, Problems, and Case Studies*, Wolters Kluwer, 2019, p. 40.

④ Castillo v. Case Farms of Ohio, Inc. 96 F. Supp. 2d 578 (1999).

⑤ See Restatement (Second) of Agency, § 161 (1958).

⑥ See Alan R. Palmer, *Corporations, Examples and Explanations*, 4th ed., Wolters Kluwer Law & Business in New York, 2012, p. 508 – 512.

已成为大多数人确信的商事习惯,对此,格沃茨教授表示,“在任命某人担任某一职位并给此人一个头衔时,除非有相反的指示,被任命的个人可以合理地假定他或她有权做那些其他以这个头衔担任这类职务的个人通常所做的事情。同样,与该官员打交道的当事方也可以合理地假定,该官员有权作出其他具有这种职位和头衔的人通常所做的那些行为。换言之,职位和头衔本身就是一种来自公司对外界的信息,可以形成隐含实际授权的基础”。①

在大陆法系中,日本和韩国的表见代表制度也能够体现这一点。以代表董事为例,《日本公司法典》第354条规定,股份公司给代表董事以外的董事冠以社长、副社长及其被认为有代表股份公司权限者的名称的情形下,就该董事实施的行为,对善意第三人承担该责任。《韩国商法典》第395条规定,不具有代表公司权限的董事,以社长、副社长、专务、常务以及其他具有代表公司权限的人的名义从事行为,而被认为具有代表权限的情形下,公司应当对善意的第三人承担责任。本来,按照代表制度的一般原理,公司代表人需要登记来满足公示性要求,如果交易相对人查询了登记薄的记载,那么就应该依照登记薄所记载的内容确定公司代表人,而不应该仅仅依照代表人的头衔就建立信赖关系。但由于这些头衔在商事常规交易中就是具有代表权的表征,非常常见,②因此,“只要冠以看似代表董事的头衔,交易相对人信以为代表董事,并与其进行了交易时,即便未通过登记薄确认代表董事也应该受到保护”。③

综上所述,由于商事习惯在商法中的特殊地位,其在商事实践中发挥着解释或推定商事实践需要明确的法律和事实的司法功能。具体到公司代表实践中,通过公司代表人的职权判定代表权范围已经成为大多数人确信的商事习惯,因此,代表权的范围也逐渐客观化和定型化,这一具体范围就是在公司代表人的身份外观下履行职务所需的一切行为。

---

① Franklin A. Gevurtz, *Corporation Law*, West, A Thomson Business, 2000, p. 186.

② 参见[日]山本为三郎:《日本公司法精解》,朱大明译,法律出版社2015年版,第182页。

③ [日]前田庸:《公司法入门》,王作全译,北京大学出版社2012年版,第367页。

四、代表权的限制对代表权范围的影响：基于代理理论的解释

代表权的范围和代表权的限制不同，从授权角度来说，代表权范围是公司明确授予公司代表人行为能够约束公司的范围，公司代表人在代表权范围以内行为的效果，都当然地归属于公司，超越授权的代表行为属于越权代表行为。代表权的限制则不同，代表权的限制表明公司的授权并未包含特定受限制事项，公司代表人未获授权代表公司的行为为无权代表，因此公司实际上不应受到代表人行为的约束。然而，由于代表权本身的特点，以及出于交易安全的考虑，代表权的实际范围并不仅仅取决于公司，因此，当代表权受限时，代表行为的效力往往处于不稳定的状态。

从对代表权限制的来源来讲，代表权的限制可以分为意定限制和法定限制，在我国，区分意定限制和法定限制已经成为我国《民法典》所做的体系选择。我国《民法典》第 61 条第 3 款对《合同法》第 50 条进行了两处事实上的改进。第一处改进是，《民法典》第 61 条第 3 款明确将“超越权限”的对象范围限定在“公司章程或法人权力机构对法定代表人代表权的限制”这一具体范围内，改变了《合同法》第 50 条表述中所用的“超越权限”——未明确区分“超越公司内部约定的权限”还是“超越法律规定的权限”——的笼统表述，这表明，《民法典》第 61 条第 3 款的新规定明确了其适用范围被限制在“公司章程或法人权力机构对法定代表人代表权的限制”当中，意味着区分“意定限制”与“法定限制”应当成为一种解释理性与体系强制，因此，对于代表权的限制规则应当从意定限制和法定限制两种情况分别讨论。

（一）意定限制

1. 比较法上的考察。意定限制主要是指公司内部的章程、权力机关的决议等对代表权的限制，不过，无论是英美法系国家还是大陆法系国家，意定限制不得对抗善意第三人已经成为一个国际惯例。

在公司内部的意定限制方面，英国是最值得细微观察的一个，其经历了从最严厉到最宽泛的变化过程。历史上，由于前述“越权原则”的存在，英国公司章程中规定的公司目的曾长期对公司权力构成限制。因此，

与公司交易的相对人一直受“推定公知原则”(doctrine of constructive notice)的支配,即与根据公司法注册的公司打交道的人被视为已收到公司文件的通知,这些文件包括公司章程和公司组织大纲。① 直到出现“特昆德规则”(Rule in Turquand's Case)或“室内管理规则”(Indoor Management Rule)才在一定程度上缓和了这种状况。根据这条规则,“在任何没有引起怀疑的情况下,相对人可以推定为董事会对某一特定交易的权力所必需的所有实质性或程序性要求均已得到遵守,并且董事会的行为没有超过公司章程对公司目的的规定”。② 不过,“该规则并不能改变董事会权限范围,例如超过规定数额的贷款;也不适用于向相对人发出关于董事会权力受到限制的通知或已给予进一步查询的理由的情况”,③换句话说,相对人知道或应当知道情况下,合同依然可能无效。《2006 年公司法》修订,其第 41 条第 1 款规定:为了保护善意相对人,董事约束公司或授权他人约束公司的权力,应视为不受公司章程的限制。第 41 条第 2 款第 iii 项补充:不能仅凭相对人知道董事行为超越章程规定行使权力而视为恶意。第 3 款还规定:公司章程包括公司和任何类别的股东之间,以及任何类别的股东之间的协议。进而,使英国成为贯彻意定限制不得约束相对人最为彻底的国家。

如今,欧盟国家都需要遵守《欧盟指令(EU)2017/1132》第 9 条的约束,该条规定:公司机关实施的行为对公司具有约束力,即使这些行为超越了其目的范围。在德国,当欧盟《第一号公司法指令》生效时,越权原则与公司能力限制没有任何关系。根据德国法律,作为一般原则,对于第三方,股份公司的董事会或有限责任公司的董事代表公司的权力不受公司章程、股东决议或任何其他内部方式的限制。④ 无论公司的目标是什

---

① See Paul Davies & Sarah Worthington, *Principles of Modern Company Law*, Sweet & Maxwell, 2016, p. 156 – 157.

② Paul Davies & Sarah Worthington, *Principles of Modern Company Law*, Sweet & Maxwell, 2016.

③ Paul Davies & Sarah Worthington, *Principles of Modern Company Law*, Sweet & Maxwell, 2016.

④ 参见德国《有限责任公司法》第 37 条第 2 款;德国《股份公司法》第 82 条第 1 款。

么,股份公司的董事会或有限责任公司的董事都可以将其约束于根据一般法律可以订立的任何合同。但在公司内部,股份公司的董事会或有限责任公司的董事受公司章程的限制,也受股东或监事会决议的约束,其如果实施了违反章程的行为,股份公司的董事会或有限责任公司的董事可能引发个人对公司的损害赔偿责任。①

法国公司遵循特殊性原则,其包括两个子原则:法律特殊性原则和法定特殊性原则。前者要求公司在章程文件中充分说明公司的目的;后者传统上限制了公司机关代表公司的权力,而不是公司本身的能力。因此,该原则不同于普通法最早的越权原则。不过,与普通法的越权原则类似,该原则的实际意义也在下降。法国法律几乎一字不差地执行了欧盟《第一公司法指令》的规定:对于第三方,公司将受其董事会或经理的行为的约束,即使这些行为不属于公司目标的范围,但公司能证明第三人知道或者应当知道具体行为不属于公司的情形的除外,并且仅仅公布公司章程并不能作为证据。② 对于公司和股东而言,董事会或经理受公司目的的约束。如果他们在公司目的之外行事,他们可能会对公司承担个人责任。

在美国,根据普通法,公司越权合同原来是无效和不可执行的。③ 但是,不能以越权为由对双方已完全执行的合同质疑。越权抗辩原来也适用于完全执行完毕的合同。此外,通过一致行动,股东可以授权或追认越权交易。在此情况下,股东可以禁止越权的公司行为,并通过派生诉讼起诉对进行越权交易的董事或高级管理人员主张损害赔偿。④ 今天,在美国,几乎每个州都颁布了法律,在很大程度上消除了越权原则对第三方的影响。公司章程允许公司为最广泛的目的而组织:进行或促进任何合法的业务或目的,除非各州法律另有规定。根据法令,公司拥有一长串权力

---

① 参见德国《有限责任公司法》第 43 条;德国《股份公司法》第 93 条。

② 参见《法国商法典》第 L223 - 18 条、第 L225 - 35 条和第 L225 - 56 条。

③ See W. Klein, J. Coffee & F. Partnoy, *Business Organization and Finance*, Foundation Press, 2010, p. 155.

④ See J. Choper, J. Coffee & R. Gilson, *Cases and Materials on Corporations*, Aspen Publishers, 2013, p. 68.

清单，这些权力使几乎任何在经营一项业务时可以想象到的行为合法化，最后加上一项一般的和附带的权力，以进行、促进或实现公司注册证书中规定的业务或目的所必需或方便的事情为基础。现在，越权抗辩通常被法律明确排除在外：任何公司行为都不能因缺乏公司能力或权力而受到质疑；尽管股东仍然可以禁止公司从事越权行为，并可以起诉高管和董事，要求其赔偿越权行为造成的损害。

同为东亚国家的日本和韩国也都有类似的规定。比如，《日本公司法典》第349条规定，“代表董事，享有实施有关股份公司业务的一切诉讼上或者诉讼外行为的权限。对此款规定的权限所加的限制，不得对抗善意第三人”。《韩国商法典》第389条第3款、第209条第2款规定，对于代表权的限制，不得对抗善意第三人。由此可见，公司内部的意定限制并不能对公司代表权的实际范围造成影响。

2. 代理抽象原则下的意定限制。如前所述，代理和代表两者没有本质不同，两者虽然存在细微差异，但不影响在讨论代表权限范围问题时借鉴代理制度的基本理论。在代理关系中，区分基础行为和授权行为的抽象原则（区分论）被认为是现代民法的一项“重大发现”①，它不仅是德国民法理论和实践的重要学说，也为我国立法所接受。② 所谓抽象原则，指的是本人与代理人的内部关系存在两层结构，即基础关系与代理权授予关系。代理权授予行为具有独立性，代理权系基于本人的授权行为而生，并非基于基础关系所生，代理权的范围、效力等法律判断应为代理权授予行为的解释问题，③与基础关系的内容无必然关系，代理权的范围与事务处理的范围可能不同。④ 当代理人在代理权范围内违反本人意志行为

---

① 王泽鉴：《民法学说与判例研究》（第4册），北京大学出版社2009年版，第3～6页。

② 参见谢鸿飞：《代理部分立法的基本理念和重要制度》，载《华东政法大学学报》2016年第5期；胡东海：《论职责违反型代理权滥用——以〈民法总则〉第164条第1款的解释为中心》，载《环球法律评论》2019年第2期；另可参见汪渊智：《代理法论》，北京大学出版社2015年版，第83页。

③ 参见王泽鉴：《债法原理》，北京大学出版社2009年版，第232页。

④ 参见陈自强：《代理权与经理权之间——民商合一与民商分立》，北京大学出版社2008年版，第83页。

时,“区分论”认为“代理权调整的是外部关系中法律上的可能(rechtliche können),而从内部关系中导出的是法律上的允许(rechtliche dürfen),如果代理人超越了已有的代理权限,适用有关无权代理的法律规定。如果相反代理人在其权限范围内从事相关活动,但违反了其源于内部关系的义务,那么原则上被代理人受到代理人行为的约束”。[①] 因此,基础关系中的“委任内部指示不能限制代理权的范围”,[②]在以德国为代表的大陆法系代理制度当中,代理人违反被代理人指示或限制的行为并非构成无权代理,而是构成代理权滥用,即“代理人没有遵守对其基于内部关系而指定的界限”,[③]代理行为原则上有效。

如图3-2所示,对应于公司代表的情况中,公司对公司代表人的选任属于授权行为;章程等内部规定规定的对代表权的限制和行使规则属于公司与公司代表人之间的基础关系。并且,由于在长期商事实践中,通过法定代表人的身份推断代表权范围的规则已成为大多数人确信的商事习惯,该代表权范围的认定具有客观性,即代表公司完成常规业务所需的一切行为。因此,由公司章程制定的限制规则只具有内部效力,无论是股东(大)会还是董事会,“本人”(公司)与“代理人”(公司代表人)形成的“内部关系丝毫无法撼动代理权的范围”,[④]公司代表人违反意定限制的规定代表公司行为并不能影响对公司代表人的实际授权,其仅仅意味着代表人违反了与公司基础关系中的“应为”义务,[⑤]构成代表权滥用,公司因此获得赔偿请求权。

---

① [德]本德·吕特斯、[德]阿斯特丽德·施塔德勒:《德国民法总论》,于馨淼、张姝译,法律出版社2017年版,第536页。

② 陈自强:《代理权与经理权之间——民商合一与民商分立》,北京大学出版社2008年版,第88页。

③ [德]本德·吕特斯、[德]阿斯特丽德·施塔德勒:《德国民法总论》,于馨淼、张姝译,法律出版社2017年版,第535页。

④ 陈自强:《代理权与经理权之间——民商合一与民商分立》,北京大学出版社2008年版,第83页。

⑤ 参见朱庆育:《民法总论》(第2版),北京大学出版社2016年版,第351、352页。

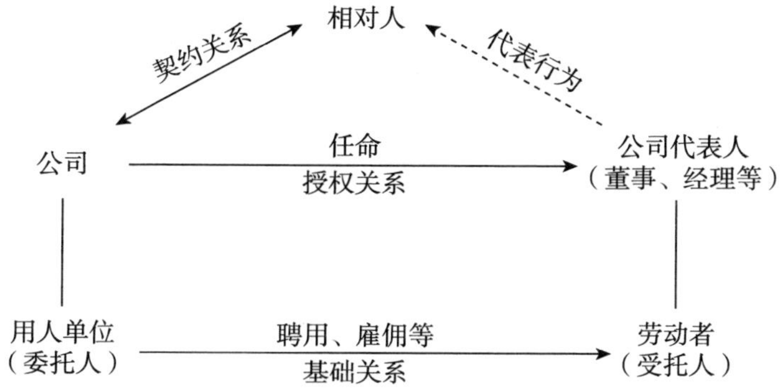

图3－2　代表权构造的基本结构

（二）法定限制

1. 法定限制限缩了代表权的范围。法定限制与意定限制对代表权的影响较为不同，其"尤其适用于当被代理人的利益受到威胁时"，[①]其中最为典型的便是代表人的自我交易或关联交易行为。客观地说，关联交易是市场经济中普遍存在的经济现象，有好的一面，也存在明显的负面效应。因此，立法普遍并不禁止关联交易，但是需要强调和控制关联交易中代理人的机会主义行为，否则公司在关联交易中的正当权益十分容易遭到内部人的侵蚀，因此，几乎所有国家都对此类交易予以强制性的法律规制。[②] 由于法律具有普遍约束力和推定公知的属性，任何人不得以不知法而免于法律适用，故法定限制是一种自始的、不可改变的限制，其实质为代理（表）权范围之法律规定，[③]即法律对特定事项的代表权予以了保留，公司代表人的授权并不当然包含特定事项的代表权。（见图3－3）

---

① ［德］本德·吕特斯、［德］阿斯特丽德·施塔德勒：《德国民法总论》，于馨淼、张姝译，法律出版社2017年版，第530页。

② See Zohar Goshen, *The Efficiency of Controlling Corporate Self-dealing: Theory Meets Reality*, California Law Review 91, 2003, p. 393.

③ 陈自强：《代理权与经理权之间——民商合一与民商分立》，北京大学出版社2008年版，第142页。

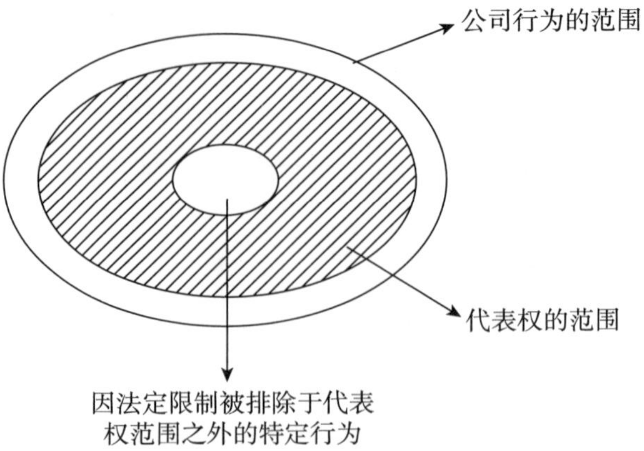

图3－3 公司代表权范围与法定限制关系

国际上,各立法例通常对法定限制采取不同的效力规则。比如,欧盟成员国中,《欧盟指令(EU)2017/1132》第9条前半句规定了意定限制不得对抗善意第三人的规则,但其后半句也规定了“除非这些行为超越了法律赋予或者法律许可赋予这些机关的权力范围”。并且,更为重要的是,欧洲法院(European Court)在1974年的一则案例中树立的规则是,第三方被要求审查的是公司机关根据国内法可能拥有的权力,而不管它在任何具体案件中是否实际被授予了这些权力。[①] 值得注意的是,在欧盟指令下,对于代表人关联交易的相对人也不会受到第9条指令的保护,比如,在由欧洲法院审理的Rabobank案[②]中,由于代表公司对外签订合同的董事与相对人存在关联关系,并直接与公司产生利益冲突,因此,法院认为“指令第9(1)条只涉及关于公司对公司机关权力限制的问题,而不是为了协调各国关于有关机关成员与公司之间利益冲突的问题”。因此,“与公司存在利益冲突的情况下,与公司机关成员相对于第三方执行的行为有关的可执行性规则不属于本公司指令的规范框架内”。并且,根据当事人所在国的《荷兰民法典》(Netherlands Civil Code)第2条(如果公司与一名或多名董事之间发生利益冲突,则应授权其余董事约束公司)和第146

① Case 32/74 Haaga ECLI:EU:C:1974:107.

② Case C－104/96 Rabobank ECLI:EU:C:1997:610.

条（如果只有一名董事或所有董事之间存在利益冲突，则该公司应由监事会代表）的强制性规定，本案作为公司代表人的董事无权代表公司。该判决大大降低了第9条指令的保护范围，并要求第三方确定是否存在可能导致代表机关利益冲突的情况，从而限缩了代表机关代表权范围。

英国方面，虽然成文法和判例对意定限制采取了非常宽松的政策，但其也并未否定法定限制对代表权的约束力。英国《2006年公司法》在前述第40条肯定公司董事约束公司的权力不受章程限制的基础上，紧接着在该法第41条第1款规定，即使交易被否定或公司产生责任，也不得因此排除其他制定法或法律规则的实施，直言之，即法律的限制并不适用该法第40条的规定。而虽然《日本公司法典》第349条规定，“代表董事，享有实施有关股份公司业务的一切诉讼上或者诉讼外行为的权限。对此款规定的权限所加的限制，不得对抗善意第三人”。但是日本《关于一般社团法人和一般财团法人的法律》第35条第4款也规定：“根据本法规定需要成员大会作出决议的事项，社团法人章程中关于董事、理事会、机关享有决策权力的规定不生效力。”也就是说根据日本公司法的规定，对股份公司代表董事权力的限制原则上不得对抗善意第三人，但是公司作为一般法人，在未作特别规定的地方也要受到一般法的规定，如果是由法律规定必须由成员大会决议的事项，则法律明确规定了该事项经理所作决策不生效力。

2. 意定限制与法定限制下代表权的结构性差异：以公司担保为例。在我国，法定限制最为典型的情况就是《公司法》第16条第2款关于公司关联担保的规定。原本在“我国《公司法》中关于股东（大）会和董事会的职权规定中，均未提及与公司担保有关的事项，也就意味着公司担保本不属于需要通过股东（大）会或者董事会决议的重大事项”，法定代表人本来有权代表公司。“但是第16条的出现，赋予公司在面对关联担保时，必须经过股东（大）会决议，法律直接规定股东（大）会保留对公司担保的决策权。”[①]因

---

① 马更新：《公司担保中决议形成程序与合同效力认定间牵连关系探析》，载《法学杂志》2020年第6期。

此,形成了《公司法》对公司担保事务的法定限制。这就意味着法律对关联担保代表权的特别保留,即法律规定法定代表人的概括授权并不包括关联担保代表权,法定代表人要获得关联担保代表权需要获得公司的单独授权。因此,法定代表人擅自代表公司对外提供关联担保就超越了代表权的范围,在性质上属于无权代表。

与此形成鲜明对比的是,《公司法》第 16 条第 1 款关于公司一般担保的规定,从这一对比可以很好地看出法定限制和一般限制对担保权范围影响的不同。长期以来,我国理论界习惯将第 16 条作整体解读,并影响了司法解释的规定,但本书认为这一解读并不正确,[①]容易在司法实践中引发新的争议。实际上,本书后文将详述,对于关联担保的特殊规定是因为其属于关联交易,超出了代表权的范围,而不是因为担保属于特殊的公司行为类型。现行公司法对公司一般担保进行规定仅仅是因为我国社会主义市场经济还不够成熟,市场主体尚不具备充足的风险意识,于是提示公司担保风险并倡导公司对外提供担保应当谨慎。是故,《公司法》第 16 条第 1 款关于公司一般担保的规定并不应当被解读为强制性规定,进而一般担保与关联担保的区分实质不仅仅在于两个条文的规定不同,更在于规范类型不同导致的其对公司约束力的不同。因此,《公司法》第 16 条第 1 款和第 2 款、第 3 款对代表权的限制属于完全不同的两种性质,其直接后果是一般担保代表权与关联担保代表权的结构性差异,并且这种结构性差异体现在从权利的取得到越权行为的性质等方方面面。如前所述,公司代表人擅自代表公司对外提供一般担保属于滥用代表权,担保行为的效力不因此受到影响;而该代表人如果擅自代表公司对外提供关联担保,这一行为就超越了代表权的范围,在性质上属于无权代表。从越权行为的合同效力上来讲,因为代表权滥用在本质上认为行为人是有代表权的,一般担保的合同效力应为原则有效,[②]例外“无效”;而无权代表则从本质上认为行为人就是无权的,关联担保的合同效力则为原则“无

---

① 参见吴越、宋雨:《公司担保合同中善意相对人认定标准研究》,载《社会科学研究》2018 年第 5 期。

② 参见刘凯湘:《民法总论》,北京大学出版社 2011 年版,第 361、362 页。

效”，例外有效。在一般担保当中，例外是指相对人不为善意的情况，适用原《民法总则》第 61 条第 3 款的规定；在关联担保中，例外则应当适用表见代理（表）的相关规定，如原《民法总则》第 172 条。（见表 3－1）

表 3－1　一般担保代表权和关联担保代表权的结构差异

比较项	一般担保代表权	关联担保代表权
取得方式	概括授权	经公司股东（大）会决议单独授权
代表权类型	概括代表权	个别代表权
限制类型	意定限制	法定限制
决议机关	股东（大）会 董事会 根据担保金额和债务性质等灵活确定 不限制	股东（大）会
权利外观	法定代表人身份	股东（大）会决议
越权性质	代表权滥用 （本质有权）	无权代表 （本质无权）
越权行为的合同效力	原则有效，例外“无效” 例外：相对人不为善意 （原《民法总则》第 61 条第 3 款）	原则“无效”，例外有效 例外：表见代理（表） （原《民法总则》第 172 条）

本章小结

本章探讨了公司代表权范围的问题，这是公司代表权体系化配置的核心。首先，公司代表人具有公司的概括授权，但这并非意味着代表权范围可以完全覆盖公司行为的范围。从代理制度的基本规则上来看，代理人的范围不得超过本人的权限范围，因此违反法律的强制性规定和市场准入资格的行为，公司代表人不能当然代表公司。其次，从公司机关构造的逻辑角度来讲，公司代表机关是公司的对外执行机关，其与董事会的关系应当定位为董事会的派生关系，这也在全世界主要国家的立法模式中得到验证。进一步而言，执行行为是指为维持公司组织和执行公司目的事业而进行的活动。无论是法律行为,还是事实行为;无论是对内行为,还是对外行为,均可成为执行行为。但是,业务执行意指以营业的存在为前提,执行营业上的事务的行为,像章程变更、营业转让、解散、组织变更等影响公司存续基础的行为被排除在外,这表明公司代表权的范围应当被限定在执行机关的权限范围之内,并由商事习惯加以确定。由于在长期的商事实践中,通过代表人身份判定其权限范围的做法已经成为大多数人确信的商事习惯,因此,代表权拥有包括性、定型性,所以如果代表行为在客观上是代表权范围内的行为,那么作为代表行为不仅有效,而且公司还要对此负责任。最后,对代表权的限制可以分为公司内部以章程和股东会决议为代表的意定限制和法律规定的法定限制,这两种限制对代表权范围的影响是不同的,基于代理抽象理论的理解,公司内部对代表权的限制属于本人对代理人的指示,其只是代理基础关系的一部分,不能影响代表权的范围,而法定限制则是法律对代表范围的特别规定,法律规定代表权保留的特别事项,公司代表人不得当然代表公司。循此逻辑,代表行为的效力则可以依照下图所示的流程判定。(见图 3－4)

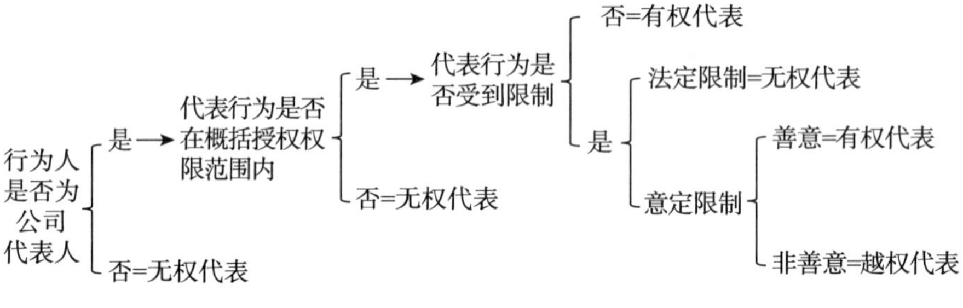

图 3－4　代表行为的效力判定规则

第四章　公司代表权体系化配置的要素：公司代表权的行使规则

从整个公司的内部程序来看，公司的对外代表行为，是由公司各机关依照一定步骤和合议规则集众多行为汇合而成，每一个公司机关的内部行为都是一个不完全行为。正如凯尔森所言："部分行为和整个行为之间，部分行为和整个机关之间的区别的高度相对性，在这里清楚地展示了出来。任何机关的任何行为都可以被认为仅是部分的行为，因为它只是由于和其他行为的系统的联系，才对那个唯一配有整个职能名义的职能，有所贡献。"①因此，公司代表人行使代表权必须符合一定的规则，才属于代表行为，行为后果才能归属于公司。

一、代表权行使的外观表象

以公司名义是公司代表权行使的基本外观表象。在代表的专门制度中，并未有必须以公司名义的要求，但以公司名义是代表行为构成的形式要件，因为公司与代表机关的关系假设中，代表机关是没有独立

---

① ［奥］凯尔森：《法与国家的一般理论》，沈宗灵译，商务印书馆2013年版，第173页。

人格的。按照代理制度的理论,所谓以公司名义实际就是指显名代理,而与之相对应的是隐名代理。显名的要求,是标明本人作为法律效果主体,而不是宣示本人为行为主体,因为行为主体是代理人。[①] 其意义就在于,使相对人能够识别代表人身份,并且知道他的法律关系中真正对方当事人是谁,以在符合信赖的条件下接受代理人的行为。在以代理理论为基础的德国法上,其规定显名代理通常必须公示,[②]《德国民法典》第164条第1款规定,"代理人在其代理权限内,以被代理人的名义所作的意思表示,直接为被代理人和对被代理人发生效力。无论是明确表示以被代理人的名义所作的意思表示,还是根据情况可以断定以被代理人的名义所作的意思表示,均无区别"。从各国的立法和商事经验来看,一般可以通过两种形式来彰显公司名义。第一种是公司代表人在代表公司行为时,须加盖公司印章。第二种则是公司代表人在代表公司时签名。

(一)公司印章

大多数国家的商事立法或司法实践均认可,公司可以用一枚或多枚经过登记或公示的公司印章来表明行为是公司意思。比如,英国《2006年公司法》第43条第1款规定,公司合同可以通过以下方式签订:(a)以加盖公章的书面形式,由公司签订。同样,《美国示范公司法》第3.02节也规定,公司为了开展业务的必要,可以持有印章。美国《特拉华州公司法》第122条也规定,公司持有公司印章,并通过使用该印章开展业务。

相比英美法系和其他大陆法系国家,我国的文化传统造成长期以来将公章视为公司的象征,司法实践常常通过公章判断代表权有无,甚至表现出以公章代替法定代表人承载代表权的趋势,如前述(2016)津0114民再4号案例即为典型;理论也习惯将公司视为公司代表权的权利凭证。本书认为,在公司代表和职务代理领域,不宜过度强调公章的法律意义,

---

① 参见龙卫球:《民法总论》,中国法制出版社2002年版,第571页。

② 参见[德]迪特尔·梅迪库斯:《德国民法总论》,邵建东译,法律出版社2013年版,第693页。

其功能主要在于“区分公司的工作人员行为与公司行为”[①]，也即满足代理规则中的显名主义的要求，正如叶林教授所指出的那样“在许多情况下，公司印章只是关于公司身份的识别标志”；“将加盖公司印章翻译为公司的意思表示，容易放任或者纵容某些违法行为”；“法律承认公章的绝对效力，是法律理念向错误实践的妥协”。[②] 从公章的对外的法律规则上看，我国确立了一系列以印章为标识的效力规则。例如，《民法典》第490 条规定，当事人采用合同书形式订立合同的，自当事人均签名、盖章或者按指印时合同成立。又如，《票据法》第 7 条规定，法人和其他使用票据的单位在票据上的签章，为该法人或者该单位的盖章加其法定代表人或者其授权的代理人的签章。这些规则都表明，公章和代表人签名没有本质区别，都是代表公司行事的表现。

从历史角度来看，我国是印章文化最为深远的国家，也是最早使用印章代表身份的国家。据说印章最早可能源于中国夏商周时期，据《后汉书·祭祀志》记载：“三皇无文，结绳以治，自五帝始有书契。至于三王，俗化雕文，诈伪渐兴，始有印玺以检奸萌，然犹未有金玉银铜之器也。”唐朝的杜佑所著的《通典》中也有记载：“三代之制，人民皆以金玉为印。”根据历史记载和考古遗物，印章在春秋战国时期已经较为普遍使用。后来，印章传至东亚其他地区，如日本、朝鲜、越南等地，成为这些地区传统的文化之一。

从这一传统中可以看出印章主要是一种身份表现，具体到公司代表权场合就是表明与相对人交易的是公司而不是代表人个人。由于使用商事登记制度对公司代表人进行登记，实际已经起到了一定的公示作用。再加上如前所述，公司代表人并不会因其成为公司代表机关而失去独立人格，因此，公章成为区别公司人格与个人人格的一个标示，让相对人知晓其是在于公司交易还是与公司代表人个人交易。在公司常规事务中，公司代表人身份足以成为相对人的信赖基础，“企业将法定代表人、经理

---

① Paul Davies & Sarah Worthington, *Principles of Modern Company Law*, Sweet & Maxwell, 2016, p. 183.

② 叶林：《公司法研究》，中国人民大学出版社 2008 年版，第 146、147 页。

人以及其他职务代理人置于交易上所认定的职位,在‘营业经营’的全部必要范围内,企业职务代理人均有代理权之外观。对于法定代表人、总经理实施的代理行为,即使其伪造企业公章,由于法定代表人、经理权人等被企业置于从事对外交易的重要职位或职务,而且交易行为的实施通常发生在企业经营组织的营业场所,因而具有代理权的外观。”①换句话说,判断代表人是否有权代表公司,不能单纯以公司的印章为判断依据,具体还是应当结合具体案情,根据代表人的代表权是否具有相应事项的授权来判断。

(二)代表人签名

相较公司印章而言,通过代表人签名来彰显“以公司名义”的做法更为普遍。但从其他国家的商事经验来看,一般认为,具有公司代表权或代理权身份的自然人,在为公司行事时,其签名应与处理个人事务时的签名有所区别。比如,《德国商法典》第51条规定,经理人应以其在商号上附加自己的姓名和表示经理权字样的方式进行签署。该条款的立法目的显然就在于经理须向合同相对人其代表的公司以及经理人的身份。在美国的商事实践中,同样签名标注其职务,汉密尔顿(Robert W. Hamilton)教授表示,在美国商事实践中,公司代理人以公司名义和为公司利益而签署文件的正确方式须是“ABC公司,By:××总裁,凡是不按此种形式签署都是危险的。因为这样仅仅表明签字人在公司的职位并不能当然地表明其是作为代理人而签字的,这样签字的效力也无法归属于公司”。② 英国的商事实践也有类似规则:代理人签署公司文件时仅仅是签名和表明个人身份(如“A,B有限公司董事”)并不能当然地约束公司。必须要添加签名人作为公司的代理人或者以授权代表名义的文字,这样才能使行为的后果归属于公司。例如,“A,B有限公司董事,为并且代表B有限公

① 冉克平:《论伪造、盗窃代理权凭证实施法律行为的私法效果》,载《清华法学》2018年第6期。

② [美]罗伯特·W.汉密尔顿:《美国公司法》,齐东祥译,法律出版社2008年版,第250页。

司”(A,director of B Ltd. ,for and on behalf of B Ltd.)。[①]

相比之下,在我国的立法规定和商事实践中,对代表人签字方式的要求并不严谨。在多数场合下,公司的法定代表人仅仅在合同中签署自己的名字,既不显示公司名称也不显示其身份或职务头衔。这往往造成难以区分公司行为和个人行为以及难以判断行为人权限范围的情况,在实践中时常产生纠纷。比如,最高人民法院审理的(2011)民申字第25号案例就出现了此类纠纷,代表人行为是归属于公司还是个人成为案件的主要争议点,在审理中,法院表示:

> 关于(行为人)在保证合同上的签名方式和保证合同的形式是否能够说明(行为人)是在履行职务行为。在未加盖(涉诉)公司公章的保证合同上,(行为人)在法定代表人一栏中签名,该格式合同也是供担保单位使用,而不是供个人使用。但是,在(担保)公司未加盖公章的情况下,(行为人)并没有注明(涉诉)公司的名称以表明其是作为(涉诉)公司的法定代表人签字,而不是以个人名义签字。虽然该格式合同是以单位作为担保人而设计的,但在实践中存在混用的情况。(行为人)作为具有商业经验的人,如果其不愿以个人名义提供担保,也应当及时收回仅有其个人签名的保证合同。事实上,(行为人)没有收回该合同,也没有证据证明其曾要求收回该合同……因此,该合同对(行为人)具有约束力。

二、代表权行使的效力约束

公司代表人应当在代表权范围内行事,其行为才能归属于公司,这是代表权行使的效力约束;若超出代表人概括授权之外的事项,公司代表人并不能当然取得代表公司的权限,其需要获得公司的个别授权。那么以什么样的标准来判断代表人在权限范围内代表公司呢?或者,代表权的权利凭

---

① See Derek French, Mayson, *French & Ryan on Company Law*, Oxford University Press, 2018, p. 616 – 617.

证和外观如何确定？站在相对人角度，一般认为，权利源于意思，但又受制于外观，[①]只有通过适当的权利外观彰显的代表权，才能成为相对人的合理信赖基础。从这个意义上看，公司意思与代表行为的关系，公司代表制度的设计，在价值层面的核心意义，就在于实现意思与信赖之间的权衡。

我国现行制度的弊端就在于简单以名义标准——法定代表人以公司名义行事，其行为就当然归属于公司，不考虑公司的内部决策和治理机制，单纯以合同规则切断公司内外部关系的联系，造成公司利益与相对人利益的显著失衡。在这一理念的指导下，对于法定代表人行为效果的判断标准就十分简单了，表现在司法实践中便是，只要存在公司印章或法定代表人签字，行为效力都归属于公司。比如，在最高人民法院审理的(2019)最高法民申4489号中，被告公司是一家注册资金为1000万元的公司，其执行董事为法定代表人。该法定代表人未按照《公司法》第104条关于受让重大资产应经股东会决议的规定，[②]在未经股东会决议的情况下，仅以法定代表人身份代表公司签订购买价值为4000万元的其他公司资产的合同。被告公司认为，该转让行为无效，原因是法定代表人未经股东会决议受让重大资产，应属无效行为。审理法院审理后认为：

> 被告公司以其(法定代表人)在未通知其他股东的情况下签订涉及受让重大资产的合同，违反了《中华人民共和国公司法》第十六条、第一百零四条之规定为由，主张(合同)无效。对此本院认为，《中华人民共和国公司法》第一百零四条的适用对象为股份公司，(被告)公司作为有限责任公司并不适用；《中华人民共和国公司法》第十六条、第一百零四条之关于……规定，适用于公司内部管理程序。就公司法定代表人对外签订的合同之效力而言，如果该法定代表人存在越权行为，除非相对人知道或者应当知道其超越权限，该代表行为仍有效，故是否经股东会

---

① 参见叶金强：《表见代理中信赖合理性的判断模式》，载《比较法研究》2014年第1期。

② 《公司法》第104条规定，本法和公司章程规定公司转让、受让重大资产或者对外提供担保等事项必须经股东大会作出决议的，董事会应当及时召集股东大会会议，由股东大会就上述事项进行表决。

决议对案涉(合同)的效力并无影响。

从上述案例可知,如果单纯根据"法定代表人以法人名义从事的民事活动,其法律后果由法人承受"的规定,这一判决是没有问题的。但如果结合公司法规则中代表权的范围,那么结果可能有所不同。即便抛开《公司法》第104条有没有类推适用于有限公司及是否是效力性规定的争论,这种签订超过公司注册资本4倍的重大资产受让行为显然超过了作为执行董事的职权范围,即使其作为法定代表人也无权单独决策,而应当经过股东会决议,单以代表人身份无法作为此代表行为的权利凭证,也不能成为相对人合理信赖的基础。至于交易相对人的保护,则可以按照过错程度在双方公平分配。因为作为参与市场经济的商业公司的相对人,即便其不知道公司法的明确规定,根据常理和商事习惯推定也应当知道被告公司法定代表人对重大交易可能无权交易的事实,进而产生进一步查问的义务。

(一)公司决议的外部效力

对比而言,在英美法上,对代理人的权限的要求就要严格一些,即便没有法律的明文规定,在重大交易中,第三人也有主动查问代理人权限范围的要求,其中一种做法是要求相对人审查公司决议以明确代表人的权限范围。因此,"在非常重要的事情上,如转让、受让、抵押重大资产和长期合同的签署,与公司打交道的人应该坚持要求代理人出具一份加盖公司印章的董事会决议的副本,以证明代理人的权力",[①]即便此人是拥有最广泛权力的公司CEO或总裁。比如,在American Union Financial Corp. v. University Nat. Bank of Peoria案中,American Union Financial的总裁在未经董事会决议情况下,以公司财产向银行做了抵押,法院认为,该抵押无效,因为,"这种抵押合同通常被认为是不寻常和非常特殊的交易,不在公司业务范围之内,与此类人员交易的第三人必须通过合理的努力来确定该人员是否具有实际权限……银行应当要求并收到一份董事

---

① James D. Cox & Thomas Lee Hazen, *Cox and Hazen on Corporations*, Aspen Publishers, 2003, p. 362.

会决议的认证副本,该副本旨在授权总裁签署抵押合同”。[①]

在我国语境下,如何确定公司代表人在代表权权限范围内行事?相对人审查的对象和范围是什么?如果比照上述美国法的做法,以公司决议作为代表权凭证的话,那么公司决议显然就具有了外部效力。然而,正如前文所述,在美国法上的越权原则并未完全失去作用,公司决议对于公司行为具有直接约束力,如果代表人在其概括授权外的事项上擅自代表公司,美国法官可以直接以越权为由,依据公司法或相关判例判决公司行为无效或可撤销。但在中国法上,按照我国《民法典》第85条以及《公司法司法解释四》第6条关于公司决议瑕疵不影响公司外部行为效力规定的精神来看,制定法严格区分公司内部行为和外部行为之间的关系,法院并不能直接依据公司法作出裁判。如此,就产生了一个矛盾,既然公司决议的瑕疵不影响公司行为的效力,极端情况下的推论是即使决议不存在,公司行为的效力也不会受到影响,那么公司决议本身为什么还具有外部效力?

应当说,在这个问题上目前理论和司法实践都存在不小的分歧,也是公司行为的一个核心问题。首先,是目前影响力最大的“绝对无效说”,即公司决议无外部效力。这一学说与《民法典》第85条以及《公司法司法解释四》第6条的立法表达立场相吻合,其法理基础是内外区分原则。这一观点坚持认为,作为规范公司内部关系的公司决议与公司对外法律行为的效力无关,[②]具有代表性的理由阐述如下:“团体法主要调整团体内部关系,主要在团体、团体成员及团体机关之间即团体内部效力,对团体外部人不产生约束力。”[③]在司法实践中,这一观点占据绝对优势地位,法院将其作为证成公司代表人不通过公司决议或决议有瑕疵不影响外部法律的理由。例如,在最高人民法院审理的(2017)最高法民申1696号案例中,法院表示:“《中华人民共和国公司法》第十六条对公司及股东等的相关行为进行规范,属于公司内部控制程序,不能以此约束交易相对人,相对人是否审查公司章程及相关股东会决议,均不应影响公司应当依法

① Am. Union Fin. Corp. v. Univ. Nat. Bank of Peoria, 44 Ⅲ. App. 3d 566, 569, 358 N. E. 2d 646, 648 (1976).

② 参见吴高臣:《团体法的基本原则研究》,载《法学杂志》2017年第1期。

③ 王雷:《论民法中的决议行为》,载《中外法学》2015年第1期。

承担的民事责任。(被告)公司关于(行为人)未经股东会同意以公司名义对外担保无效的主张,依法不能成立。”这一裁判逻辑与后来《九民纪要》制定的关于担保效力的裁判规则明显不合,且从裁判说理来看,绝对化的内外区分甚至不考虑相对人是否为善意。这也再次说明了,《九民纪要》确立的公司担保审理规则仅仅只能作为一个特殊规则,不过是缓解当下公司对外担保纠纷争议的权宜之计,在未建立体系化的公司代表权配置规则的情况下,司法实践中的裁判思维并不会真正发生改变,即便《九民纪要》暂时统一了公司担保问题的裁判思路,但在公司担保以外的领域,新的矛盾和争议还会不断产生。

本书认为,绝对化的内外区分原则,是以传统民法中自然人意思表示的构造为基础的,其倡导者的“基本共识在于团体与第三人发生法律关系的场合,团体以民商事主体的身份出现,这种关系与其他民商事主体之间发生的类似关系无二,即这一关系的发生与团体本身的特性无关,因此不应当适用团体法,而应当适用民商事一般立法”。[①] 然而,虽有争议,但《民法典》第134条已经将组织的决议行为确定为法律行为,因此,“公司的意思形成与自然人之意思形成属单纯的内心意思,非属表示行为,不具有外部法律效力不同,公司的意思形成过程存在效力评价之必要”,[②]进而可能在实质上影响公司意思表示的基础。并且,由于“自然人表意方式约定俗成,除非表意人存在故意或过失,否则相对人一般不会产生认识错误,因此除非有证据证明相对人非善意,否则一概推定善意”。[③] 绝对化的内外区分原则忽略了特殊情形下公司决议之效力可能具有外部扩张性,忽视了公司组织意思表示构造的特殊性,尤其是“公司意思形成的复数性、程序性、可视性和分离性等特点”,[④]这些特点使公司的意思形成并不像自然人那样具有隐蔽性和难以捕捉。绝对化的内外区分原则,容易

---

① 吴高臣:《团体法的基本原则研究》,载《法学杂志》2017年第1期。

② 蒋大兴:《公司组织意思表示之特殊构造——不完全代表/代理与公司内部决议之外部效力》,载《比较法研究》2020年第3期。

③ 李建伟:《公司决议的外部效力研究——〈民法典〉第85条法教义学分析》,载《法学评论》2020年第4期。

④ 蒋大兴:《公司组织意思表示之特殊构造——不完全代表/代理与公司内部决议之外部效力》,载《比较法研究》2020年第3期。

造成相对人利益与公司利益的显著失衡，实质性地影响交易安全。这是因为，交易安全并不仅是外部债权人的安全，公司本身也是交易安全中需要保护的主体，[①]尤其是作为虚拟组织体的公司的交易安全几乎完全依托公司内部治理的合规而得到保障，公司及其股东的利益不能像一般民事交易中的外部债权人那样借助债法手段得到保护。

其次，关于公司决议对外效力的第二种观点则是"有效说"，即认为公司决议具有一定的外部效力。不过，针对这一外部效力的来源，学说中存有分歧。有观点认为，公司决议具有溢出效应，其源于法律的明文规定。在一般情况下，公司决议不能约束交易相对人，但是在有法律明文规定的情况下，则公司决议会对公司行为的对外效力产生影响。比如，仍然以公司担保为例，这种观点的理由在于"从法律关系分类的角度看，公司股东(大)会决议或董事会决议属于内部法律关系，而不是外部法律关系。确实，这两者是两种不同的法律关系，内部法律关系一般不具有对外效力，就像某一合同关系只存在于特定的双方当事人之间一样。但由于是法律的明文规定，使之具有溢出效应"。[②] 应当说，这一观点在《九民纪要》实施后，在公司对外担保纠纷的审判中得到了很好的体现。如前所述，由于《九民纪要》的规范效果，司法实践中公司违规担保合同的有效率从80%以上迅速下降到了46%。还有观点则认为，公司决议的对外效力源于商法和商事组织构造的特殊性，这一特殊要求在满足相对人信赖利益保护要求的基础上，同时考虑保护公司及其利益相关者的利益。"组织法上法益差序格局与交易法上的法益差序格局不同"，[③]建立决议外部效力规则的制度价值就在于沟通组织法与交易法行为效力的关系，尤其避免民商不分的规则形成彼此间的不当适用，确立符合民商形式合一系的决议规则体系。[④] 本书认为，上述两种观点中，后一观点更为可取。原

---

① 参见孙鹏：《交易安全及其民商法保护论略》，载《法律科学》1995年第5期。

② 梁上上：《公司担保合同的相对人审查义务》，载《法学》2013年第3期。

③ 李建伟：《公司决议的外部效力研究——〈民法典〉第85条法教义学分析》，载《法学评论》2020年第4期。

④ 参见李建伟：《公司决议的外部效力研究——〈民法典〉第85条法教义学分析》，载《法学评论》2020年第4期。

因在于,倘若仅仅在法律有明文规定的情况下,公司决议才具有相应的外部效力的话,只是仅仅建立了一个一般与特殊的关系,那么就会出现“头痛医头,脚痛医脚”的情况。事实上,立法不可能关注到公司在实际经营中碰到的所有事项,因此,只有明确公司构造和意思形成机理的特殊性,才能真正避免造成缺乏统一判断规则局面。

综上所述,公司决议具有一定的外部效力,在公司代表人超出一般性的代表权范围时,公司决议应当作为一项权利凭证成为公司代表人或所欲从事的特定事项的个别授权。正如叶林教授所言,公司代表是公司代表权的载体,是职能上的概念,而不单纯是人的概念,它可以泛指各种承担了代表公司职能的自然人或物。①

(二)公司秘书的证明作用

我国缺乏公司秘书的职责设置,几乎将所有的职能赋予了法定代表人,加之对公司决议对外效力的模糊认识,因此,法定代表人在对外行使代表权时缺乏相应监督和代表权行使规则,没有对法律和公司内部治理机制的守护者。② 从英美法经验来看,在规范公司代表人行为乃至公司内部治理方面,公司秘书都可以起到重要的作用。

在英国法上,英国法律要求所有公众公司必须设置公司秘书一职,③并赋予公司秘书与德国经理类似的职务,以代表公司。公司秘书与一位董事一起签名时,他们被视为能够约束公司的“授权签字人”(authorized signatories)。在英国早期,公司秘书的地位并不重要,其与公司普通雇员没有区别。在 Barnett, Hoares & Co. v. South London Tramways Co. 案中,伊舍(Esher)法官说:“秘书只是个仆人;他的立场是,他要做叫他做的事,任何人都不能认为他有任何权力代表任何事情。”④公司秘书的作用在 20 世纪得到了显著的加强。现在英国判例法的立场已经不再仅仅将公司秘书视为普通雇员,而是将其视为公司的高级职员,在职权范围内代表公

---

① 参见叶林:《公司法研究》,中国人民大学出版社 2008 年版,第 144 页。

② 参见邓峰:《普通公司法》,中国人民大学出版社 2009 年版,第 137、138 页。

③ 英国《2006 年公司法》第 271 条规定:公开公司必须设置公司秘书。

④ [1887] 18 QBD 815.

司。在 Panorama Developments (Guildford) Ltd. v. Fidelis Furnishing Fabrics Ltd. 案中,丹宁法官表示:“时代已经改变了。现在的公司秘书比1887 年要重要得多。他是公司的一名行政主管,负有广泛的职责。他在日常业务中代表公司,并签订与公司日常业务有关的合同。以至于他可以被视为有权代表公司。”①

从职权上来看,英国公司秘书的职权范围主要是:(1)管理、保存和监督公司账户记录,特别是管理和保存董事会的会议的记录以及股份转让记录。(2)出席所有的股东大会、董事会会议,编制会议议程,做好会议记录,准备公司章程和通知股东,确保会议程序正确。(3)保管和根据公司的指令使用公司印章。秘书在任何时候均有充分保护公司印章安全的责任,防止印章被欺骗地加盖在文件上。(4)出席其他高级职员签订重要合同的仪式并充当签字的证人。(5)代表公司监督其他职员的行为是否超越职权范围。(6)认证法定文件和登记册。② 因此,英国公司秘书主要负责一些公司内行政管理类的事务,其对外签字权意味着其具有规范公司代表权行使的职能。

同样,美国法律也设定了公司秘书一职,其主要的职责就是制作和保存公司记录,适当地记录表决、决议、股东和董事的程序以及其他应该记录在公司记录中的事项,并负责保管公司印章,③美国法上的公司秘书的作用在于维护稳定的公司治理规则,在规范代表权行使方面具有更为积极的意义。在美国,对于重大的交易,第三人一般会要求以下的法律文件:(1)经一名适当的州官员证明的公司章程大纲副本,以及州官员证明的公司存续和有良好税收记录的副本(防止税收优先权对公司财产的优先占有或受偿)。(2)由公司秘书证明的最新的章程细则副本。(3)董事会批准买卖的决议副本,以及公司秘书出具的证明书,书面证明该交易行为已经以适当多数在董事会上通过,并且该次董事会正当地发出了通知,

---

① [1971] 3 WLR 440 443.

② 参见郭富清:《公司秘书与公司治理》,载《法律科学》2002 年第 3 期。

③ See James D. Cox & Thomas Lee Hazen, *Cox and Hazen on Corporations*, Aspen Publishers, 2003, p. 347.

并达到法定最低人数,从那时起,未曾有过影响决议的实质性行为。(4)其他证明,以证实特定签字的正当性,特定官员的身份和其他文件的最新版本。① 当然,上述文件并非需要全部具备,对于公司内部的授权,公司秘书具有绝对的、权威性证明力,当公司的代理人超过其通常的权限范围,需要专门授权时,其要么可以直接依据公司有权机关的决议,要么可以由公司秘书出具证明。② 并且,当公司的决议不存在或虽然存在但有瑕疵时,如果有公司秘书的证明,那么就可以补证公司决议已经实际通过,从而实现保护相对人利益的作用。比如,在 In re Drive-In Development Corp. 案中,涉诉公司以其未经过董事会决议为由,拒绝承担一项超越公司代理人权限的担保义务,法院经审理认为:"通常,公司秘书有责任保存公司记录并适当记录董事的行为和决议。因此,(公司秘书)有权证明通过了此处所质疑的决议……因此,在没有其他不真实的情况下,禁止 Drive In 拒绝(公司秘书)在转发给 National Boulevard 的证书中所作的陈述。"③因此,"公司决议的秘书证明或其对公司记录的内容对合理依赖该决议的人是决定性的"。④ 相比之下,虽然在多数情况下,公司印章也是由公司秘书保管,但如果仅仅加盖了公司印章,那么代表人行为只具有推定授权的效力,不像公司秘书的直接证明那样不可辩驳。⑤

在欧洲大陆法系国家,在商事实践中也会采用一些比较谨慎的方法来表明代表人的权限,尤其在一些可能超越代表人或代理人权限的交易中。⑥ 其中,虽然公司秘书在证明公司代表人的代表权方面并不像英美

---

① 参见[美]罗伯特·C. 克拉克:《公司法则》,胡平等译,工商出版社 1999 年版,第 144 页。

② See James D. Cox & Melvin A. Eisenberg, *Business Organizations, Cases and Materials*, Foundation Press, 2019, p. 458.

③ In re Drive-In Dev. Corp., 371 F. 2d 215 (7th Cir. 1966).

④ James D. Cox & Thomas Lee Hazen, *Cox and Hazen on Corporations*, Aspen Publishers, 2003, p. 347.

⑤ See James D. Cox & Thomas Lee Hazen, *Cox and Hazen on Corporations*, Aspen Publishers, 2003, p. 362 – 363.

⑥ See Andreas Cahn & David C. Donald, *Comparative Company Law*, Cambridge University Press, 2018, p. 374 – 375.

法系那样是强制性和决定性的,但仍然发挥着重要的作用。比如,许多公司都在交易中准备了一个证明公司代表人已经适当授权的记录文件,并在与相对人交易时出示,其被称为"授权链"(the chain of authority)或者"签名书"(signature book)。这种文件,上面有公司的名字和标志,可以包含追溯代表授权的所有必要元素,通常情况下包括:

1. 经公证的公司章程中声明董事会有全权代表公司的条款摘录,以及摘录的宣誓翻译。

2. 董事会会议记录中经过公证的摘录,其中应当有授权某些职位的人员或"A 名单"(List A)和"B 名单"(List B)的一名签字人代表公司进行一定价值交易的权力的决议。

3. A 名单和 B 名单,其中应包括在交易中代表公司签名的人员,最好包含一份经公证的董事会决议的摘录,该决议授权上述人员有足够权限代表公司。

4. "签名书"中列表上所有人员的传真签名列表,因此可以将其与合同中使用的实际签名进行比较。

5. 公司秘书出具的证明,证明签署人仍为董事,且提供的签名样本属于该董事。①

相比之下,我国《公司法》第 123 条规定,上市公司设董事会秘书,负责公司股东大会和董事会会议的筹备、文件保管以及公司股东资料的管理,办理信息披露事务等事宜。但基本上只具有内部的辅助性的行政职能,并不能发挥规范公司治理的实际作用,同时也不能形成对公司代表人行使代表权的约束。在代表权行使的规则中,可以借鉴英美公司法的做法,设置或赋予公司秘书代表公司签字的权力,其作用在于保证公司代表人行使代表权符合法律和公司内部章程或决议的规定,在代表权权限内行事。

三、代表权行使的程序控制

如前文所述,根据来源不同,对公司代表权的限制主要可以分为两

---

① See Andreas Cahn & David C. Donald, *Comparative Company Law*, Cambridge University Press, 2018, p. 374 – 375.

种，一种是来自公司内部章程、股东会决议等的限制；另一种则是法律对特别事项代表权的限制。无论是哪种限制，公司代表人在行使代表权时都应当遵守这些限制规则。为此，在公司制度中，对代表权的行使，一般通过程序控制予以保障。

（一）公司对代表权行使的阻却

就公司章程、股东决议等对代表权的意定限制不得对抗善意第三人而言，其目的是保护与公司交易的善意第三人，并非意图改变或否认公司内部的权限分配和自治规则的内部效力，这些限制依然制约着缺乏权限的代表人行为。因此，当公司代表人违反内部限制规则时，一些英美法国家对于代表人违反内部限制和法律规定的行为赋予公司股东或董事会阻却请求权，以阻却代表权对公司发生效力。比如，英国《2006 年公司法》第 40 条第 4 款规定，股东个人有权提起诉讼，以阻却公司董事实施超越权限而使公司负有义务的行为。[①] 当然，这种阻却请求权应当以不损害相对人的信赖利益为前提，因而，在实践中，限于对董事企图超越权力但尚未付出行动时的行为，或其行为虽已成立但尚未对公司生效的行为。[②]

在美国，为了兼顾公司利益和对第三人信赖利益的保护，董事违反公司内部限制越权签订的合同，普通法发展出按照合同履行阶段区别对待合同效力的规则。第一种情况是，如果公司和相对人都已经执行完合同，为了保护相对人的利益，此时公司不得以代表人违反内部规则为由主张合同无效。第二种情况是，如果公司和相对人都未实际履行合同，则公司可以主张不再履行合同，一般来说，此时任何一方都不能采取行动来执行合同或为违约行为要求赔偿损失。第三种情况是，如果合同一方已经履行完毕，另外一方处于待履行状态，法庭在多数情况下只会支持已经履行一方的请求，而不利于已经接受合同收益的一方。[③] 相比英美法系，大陆

---

① See Paul Davies & Sarah Worthington, *Principles of Modern Company Law*, Sweet & Maxwell, 2016, p. 162.

② See Paul Davies & Sarah Worthington, *Principles of Modern Company Law*, Sweet & Maxwell, 2016, p. 162.

③ See James D. Cox & Thomas Lee Hazen, *Cox and Hazen on Corporations*, Aspen Publishers, 2003, p. 166.

法系国家对意定限制的控制大多通过内部机制予以控制，除非相对人不是善意，否则无论交易处于何种阶段，都不得主张撤销或无效。大陆法系对违反意定限制的更多的是通过事后的责任机制来追究代表人滥用代表权的责任，但行为人个人承担责任的能力有限，往往难以真正起到限制代表权滥用的现象。

大陆法系中，许多立法例同样规定了公司股东或监事会针对公司代表人违反法律或章程规定的行为的阻却请求权，只不过与前述英美法系国家的情况相比，其效力没有那么直接，有些必须通过诉讼方式来执行。比如，在日本，针对代表董事超越公司经营范围、违反法律或章程的情况，《日本公司法典》第 360 条规定，自 6 个月（章程规定低于该标准期间，从其该期间）前连续持有股份的股东，设置监事公司的监事可以请求该董事停止行为。该停止请求权设置初衷是为了事前防御，要求停止的及时性和便利性，因此不必通过诉讼进行。[①] 在对代表行为影响的效力上，该停止请求权视交易情况而定，如果相对人善意则该行为并不因停止请求权的行使而无效，如果相对人并非善意，或者交易的类型是该董事与公司之间的利益冲突交易，则该交易因停止请求权的阻却而无效。[②] 韩国的情况和日本类似，其《商法典》第 402 条规定，当董事可能因违反法律或者章程而给公司造成不能恢复的损害时，监事或者持有发行股份总数百分之一以上股份的股东，为了公司的利益，可以请求停止该行为。该停止请求权的行使方式并不要求以诉讼方式进行，至于行使停止请求权后公司行为的效力，则视交易性质而定。如果是违反法律的行为，则当然无效；如果是违反章程等公司治理规则的，则依相对人是否为善意决定行为的效力。[③] 在德国，监事会可以依据德国《股份公司法》第 112 条请求董事停止损害行为，但这一请求权必须通过诉讼来行使，因此，在代表行为效力

---

① 参见［日］前田庸：《公司法入门》，王作全译，北京大学出版社 2012 年版，第 342 页。
② 参见［日］前田庸：《公司法入门》，王作全译，北京大学出版社 2012 年版，第 343 页。
③ 参见［韩］李哲松：《韩国公司法》，吴日焕译，中国政法大学出版社 2000 年版，第 515 页。

上可以依据法院判决而无效。①

通过上述比较法观察可知，公司代表人在行使代表权时，应当符合法定或意定限制规则的要求，否则可能面临公司股东和监事等发起的阻却或停止请求权。就事前防御机制而言，我国缺乏类似的规范依据，因此往往造成公司只能通过事后追究股东代表诉讼等的模式来追究公司代表人的个人责任来弥补公司损失。然而，仅仅依靠事后追究个人责任有可能是代表人个人无力承担责任，并且不利于及时阻却可能给公司造成损失的越权代表行为。

（二）关联交易中的程序性规则

比较值得关注的是，公司代表人违反法定限制的关联交易行为。关联交易的核心是利益冲突的问题，容易诱发管理层的机会主义行为，因此，关联交易中的代理问题也比较突出。如前文所述，虽然目前对待关联交易的态度已经发生了改变，然而，世界各国对关联交易都以强制性规定进行规范，主要体现在程序性控制方面，公司代表人的对外行为应当符合关联交易特定的程序性规定，其效力才不会受到影响。

在我国，对于关联交易的限制性规定见于《公司法》第 21 条和第 148 条。其中，第 21 条第 1 款规定，公司的控股股东、实际控制人、董事、监事、高级管理人员不得利用其关联关系损害公司利益；第 148 条第 1 款规定，董事、高级管理人员不得有下列行为：违反公司章程的规定，未经股东会、股东大会或者董事会同意，将公司资金借贷给他人或者以公司财产为他人提供担保；违反公司章程的规定或者未经股东会、股东大会同意，与本公司订立合同或者进行交易；未经股东会或者股东大会同意，利用职务便利为自己或者他人谋取属于公司的商业机会，自营或者为他人经营与所任职公司同类的业务。然而，这些规范过于原则，缺乏可操作性，在规则层面，缺乏针对关联交易的一般性的代表权授予和行使规则，只有《公司法》第 16 条第 2 款、第 3 款针对关联担保这种特定行为和第 124 条针

① 参见［德］托马斯·莱赛尔、［德］吕迪格·法伊尔：《德国资合公司法》，高旭军等译，上海人民出版社 2019 年版，第 229、230 页。

对上市公司关联交易表决制度的个别规定。针对这一情况，有学者对于此项规定提出批评，指出我国公司法关于关联交易的规则存在僵硬的形式主义、不现实的程式要求、狭隘的规制对象、混乱的概念逻辑和基本规则的缺失五大弊端。[①]

从域外立法经验来看，针对关联交易行为，可以分为事前披露和有权机关的批准两项程序性控制，有的国家还有事后效力规则，如美国判例法确认的实质公平测试和商业判断规则等。就事前披露规则而言，由于关联交易具有一定的隐蔽性，是否存在关联关系一般并不能直接被相对人或公司所识别，为避免事后行为的效力被否定，因此需要公司代表人主动向公司披露并获得公司批准，这一规则是世界通行的做法。

在英美法上，主要以忠实义务作为规范技术来规范董事的关联交易行为，成文法和判例法都有专门针对关联交易的规则。英国方面，根据《2006 年公司法》第 177 条的规定，如果董事与其公司进行交易，则只有董事在公司进行交易前向其他董事声明其利益的性质和程度时，该交易才有效。除非在其他董事已经知道或者该涉事董事根据自己的合理判断并不产生利益冲突的情况下或者该董事自己都不知道关联交易的存在的情况下，才可以免于披露。根据该法第 177 条的规定，当董事会对披露后的交易作出决定时，利害关系董事不需要回避。然而，英国《示范章程》第 14 条（私人公司）、第 16 条（公开公司）规定，关联董事不被视为出于法定人数或投票目的参加会议。如果董事未能声明其利益，则根据《2006 年公司法》第 178 条第 1 款和第 180 条第 7 款，其行为的效力将根据《2006 年公司法》通过之前的现行普通法确定。此外，根据第 182 条之规定，只要在公司达成交易前，董事仍然有义务进行充分披露，并且根据该法第 183 条之规定，如果董事违反继续披露义务，最严重的后果是可能将导致个人的刑事责任。

美国各州的立法规定可能有些许不同，以《美国示范公司法》和美国

---

① 参见李建伟：《公司法学》，中国人民大学出版社 2018 年版，第 361、362 页。

《特拉华州公司法》为例,《美国示范公司法》第 8 章 F 分节是专门针对董事利益冲突交易的规则。根据该章第 8.62 条的规定,董事的关联交易行为应当向董事会披露,除非该董事合理地相信进行此种披露会违背其法定的责任,或者有约束力的保密义务,或者职业伦理,则董事可以免除这一部分的信息披露,但仍然应当对无关联董事披露冲突利益的存在和本质,并说明不予披露的部分信息的性质。类似地,美国《特拉华州公司法》第 144 条集中规定了董事关联交易的披露和决策规则。在进行充分披露的基础上,根据美国法的规定(《美国示范公司法》第 8.62 条、第 8.63 条以及美国《特拉华州公司法》第 144 条),如果董事会认为,交易属于重大关联交易,为保护无关联股东的合法权益,有必要将该董事、高管的利益冲突交易提交股东(大)会表决,则董事会应当向股东会披露哪些股东涉及利益冲突,所有涉及利益冲突的股东均应回避表决,并由非利益关联的股东进行投票表决。相应地,如果一项涉及董事利益冲突的交易,需要提交股东(大)会表决,那么还应当提交股东(大)会表决,此时表决权禁止制度照样有效,不过,对于利益关联股东应否表决和应否回避,不同的法律之间也存在微小的差异,这一系列披露和批准规则被称为"安全港程序"(safe harbor procedure),意指通过上述程序性规定的公司交易行为的效力不会被否定。①

大陆法系国家同样重视通过程序规则规范公司代表人的关联交易行为。以德国为例,在关联交易的事前批准方面,德国公司法没有直接规定,但《德国公司治理法典》(DCGK)第 4.34 条规定,"每一个董事会成员应当毫不迟延地将利益冲突向监事会披露并告知其他董事会成员。公司与董事会成员以及其关联方之间的所有交易都必须符合行业普遍标准"。就关联交易的批准程序而言,由于德国采取双层董事会,即管理委员会(有时也称董事会)和监事会的结构,因此,在德国采取的是决策权转移的规制策略。根据德国《股份公司法》第 112 条的规定,相对于董事,

---

① See Charles R. T. O'kelley & Robert B., *Corporations and Other Business Associations: Selected Statutes, Rules and Forms*, Thompson, Wolters Kluwer, 2014, p. 107.

监事会在法庭内外代表公司。根据这一规定,监事会有权与董事会的新成员签订服务合同并进行关联交易。除了这些明显的利益冲突之外,该条款适用于公司与董事会员中在法律上或事实上的成员(包括前成员)之间的所有交易,这些交易导致了实际或潜在的利益冲突。该条款旨在解决所有理论上存在的风险,即董事会不能独立地、完全地为公司利益行事。

在《法国商法典》中,同样规定了针对关联交易的程序性规则,该法第 L225－38 条规定,公司与其总经理、总经理代表、董事以及持有超过 10% 股份的股东之间的任何形式直接或间接关联交易,必须经过董事会决议批准。同时,该法第 L225－40 条规定,有利益关系的人有义务在其知道所订协议适用关于关联交易的规定时,主动向董事会披露。在董事会对相关事项进行决策表决时,利益关系人应当回避表决。进一步,该法第 L225－42 条规定了违反上述程序性规定的行为后果,即如果未事先经过董事会的批准,在已对公司产生实际损害的前提下,关联交易可以被撤销。

东亚地区的日本和韩国同样对于关联交易有一般性的程序规定。《日本公司法典》第 356 条规定,当董事出现与公司自我交易、同业竞争或由公司为董事提供担保等利益冲突的交易时,应当主动向股东大会披露,并须取得股东大会的同意。《韩国商法典》第 398 条对董事关联交易作了程序性规定。依照该条规定,董事的关联交易应当事先向董事会披露交易及其重要事实,并取得董事会的同意。董事会针对关联交易的决策,应当经过 2/3 以上董事通过。

通过以上比较法观察表明,公司代表人在关联交易中应当严格按照程序性规定行使代表权,否则其行为的效力可能受到影响。并且,根据关联交易的性质和重要性程度不同,公司的决策机关和程序可能有所不同。

本章小结

本章讨论了公司代表权行使规则的问题,旨在解决公司代表权行使规则混乱的问题。公司代表权行使规则是公司代表权体系化配置的要素和保障,其中,以公司名义行事是代表权行使的外观表象,其具体通过公司印章和代表人签字两种形式予以彰显。作为物的公司印章不能成为公司代表权的载体,因此司法实践中“唯印章论”的做法是错误的,应得到纠正。在代表人行使代表权场合,其意义在于区分代表人个人行为和公司行为。公司代表人行使代表权只签名不标注身份的惯常做法易在商事实践中引发纠纷,应参照域外做法逐步在商事实践中推广和改进签名方式。公司代表人应当在代表权范围内行事,其行为才能归属于公司,这是代表权行使的效力约束,若超出代表人概括授权之外的事项,公司代表人并不能当然取得代表公司的权限,其需要获得公司的个别授权。就此而言,公司决议的外部效力应当在某种程度上得到确认;同时,公司应当依照法律、章程、细则和决议,以及其中所确定的程式来进行经营,而不是根据某个人或者几个人的个人命令来行事,并且应当有专人来看护这些程式,记录、归档、保存这些记录,故而,借鉴英美公司法,引进公司秘书能够保障在代表权行使中公司决策结构和决策形式被严格遵守。最后,公司代表权行使还必须遵循一定的程序控制,否则公司在一定条件下可以行使阻却请求权。我国现有立法中,缺乏对关联交易的体系化、一般性的程序性控制规则。纵观各国较为典型的立法例,针对关联交易的性质,这些程序性控制一般包括事前披露和有权机关的批准两项程序性控制,有的国家还有事后的效力判定规则,比如美国判例法确立的商业判断规则和实质公平测试等。这一立法经验提示我们,建立差异化、一般性的关联交易程序规则对于规范代表权的行使具有十分重要的意义。

第五章　公司代表权体系化配置的类型构建

通过上述分析表明,公司的意思表示机制是独特的,既存在分离性又存在统一性。在意思形成阶段,公司内部的分权与制衡,保障了公司意思的正确形成;集中管理下的决策权控制则保障公司意思的独立性与真实性,公司的代表权要受到公司意思的制约则是制度的当然要求。无论从法教义学构造的逻辑来讲,还是从实践发展的角度来看,公司代表权并不能不受限制,故而,公司代表权的行使当然需要特定的规则,来保障公司和公司交易的相对方的利益。最终落实到公司代表权的配置方案上,需要考虑公司意思的分离程度,以及在不同意思分离程度的公司中对代表权配置规则的特殊需求。

一、经营权和控制权的区分:公司组织形式的再思考

自伯利和米恩斯在20世纪30年代以美国200家大公司为分析对象,指出所有权与控制权(ownership and control)分离这一现象以来,该两权分离带来的代理问题成为公司法和公司治理中的一个持久性命题。

然而,比较让人困惑的是,在我国的理论研究中,学者们经常用“经营权”替代“控制权”,并认为两者并没有实际区别。比如,有学者表示:公司所有与公司经营分离原则,是法学界的通行用法。在经济学界,常称为:“所有(权)与控制(权)相分离,这两者没有任何区别。”①对此,另有学者表示反对,并进行了专门研究,认为将经营权等同于控制权是对经典理论的误读,因为在伯利和米恩斯的经典论著中,实际上是按照企业所有权与控制权的分离程度区分了五种不同类型的企业,控制权与经营权的统一实际上只是企业所有权和控制权分离形态之一:“这种权利(所有权和控制权)的分离,程度各不相同。如果那些对公司经营负终极责任的人持有大多数有表决权的股票,而其余有表决权的股票则高度分散,那么控制权和部分所有权就掌握在这些人手中。在这种情况下,只是对那些除他们之外的所有者,才存在所有权和控制权的分离。”②换句话说,所有权和控制权的两权分离并不是所有公司的必备形态,并“只有在经营者控制的情形下,所有权与控制权完全分离,此时控制权与经营权也才可能实现无缝重叠,从而可以忽略两者存在的差异”。③（见表5－1）

表5－1　控制权形态与控制权分离程度对照

控制权形态	所有权与控制权分离程度
通过近乎全部所有权实施的控制	几乎不分离
多数所有权控制	对持有少量股票的股东而言几乎分离
通过法律手段实施的控制	对丧失实际控制权的股东而言几乎分离
少数所有权控制	基本分离
经营者控制	完全分离

注:参见周游:《公司法上的两权分离之反思》,载《中国法学》2017年第4期。

实际上,从伯利和米恩斯的经典表述来看,他们在公司中区分了三种角色,即所有者、控制者和经营者。这三种角色在企业中拥有不同的权益

① 梁上上:《股东表决权:公司所有与公司控制的连接点》,载《中国法学》2005年第3期。

② [美]阿道夫·A.伯利、[美]加德纳·C.米恩斯:《现代公司与私有财产》,甘华鸣等译,商务印书馆2007年版,第6页。

③ 周游:《公司法上的两权分离之反思》,载《中国法学》2017年第4期。

和职能,在实践中,根据他们的重叠情况,又可以进一步区别出所有权、控制权和经营权,在《私有公司和现代财产》中的经典表述如下:

> 在探讨企业问题时,我们可以把下述三种职能加以区分:对企业拥有权益的职能、对企业拥有权力的职能,以及与此相关的对企业行使权力的职能。单个个人能够在不同程度上行使上述职能中的一项或多项。①

由此可见,控制权并不等于经营权,这两者之间是有区分的,"经营权更多表现为一种对指令的执行,而控制权是指令生成的本原"②,相当于一种决策权,而伯利和米恩斯论著中的三种角色就大致等同于现代公司中的股东会、董事会和经理,所有权、控制权和经营权越集中,这三种角色的重合度就越高。真正产生所谓两权分离的代理问题的领域应当是所有权与控制权的分离,即股东对财产失去自主控制,正如詹森和麦克林所言"集中管理和决策虽然对公司是有效率和效益的,但并不是没有代价的。只要大公司的股东把资本交给由职业经理人控制的公司,利益冲突就不可避免地产生"。③

那么,我们不得不追问为什么会出现这种将经营权和控制权等同视之的现象呢?为什么除了我国以外,其他国家也很少讨论经营权与控制权区分问题呢?从理论源头和制度发展来看,这是由于两权分离的经典理论具有深刻的美国背景,以控制权为中心的探讨和制度设计也与实践中美国公司的情况完美契合,制度供给满足了制度需求,实现了两者之间的平衡。在美国法上,公司通常的组织形式一般区分可分为公开公司(public corporation)和封闭公司(closed held corporation),这一区分方式被认为是美国法上最重要的公司类型区分方式,④其区分依据主要有三

① [美]阿道夫·A. 伯利、[美]加德纳·C. 米恩斯:《现代公司与私有财产》,甘华鸣等译,商务印书馆2007年版,第112页。

② 周游:《公司法上的两权分离之反思》,载《中国法学》2017年第4期。

③ Michael C. Jensen & William H. Meckling, *Theory of the Firm: Managerial Behavior, Agency Costs and Ownership Structure*, 3 Journal of Financial Economics 305 (1976).

④ See James D. Cox & Thomas Lee Hazen, *Cox and Hazen on Corporations*, Aspen Publishers, 2003, p. 70.

点:第一,股东人数和规模。第二,股东身份的开放程度,即是否存在公开的可自由流通的股份交流外部市场。第三,大部分股东是否参与公司管理。① 这两点的实质,正如前文所述,即所谓公司社团性和公共性强弱的区别。美国公司是以公开公司作为公司的标准形式,封闭公司是公开公司的特例和简化版,②这是因为公司的公共性越强,利益相关者越多,就越符合理论中理想的经营者控制的两权分离的极端模型,对公司法制度的需求也就越大。相比之下,在封闭公司中,公司股东实际参与到公司治理当中,亲自决策、亲自执行,因此两权并未完全分离,多数情况下,他们可以通过股东协议等来实现内部自治,因此,这类公司对制度化的公司法需求度并没有那么高。正如伯利和米恩斯所言"只有在这种私人的或封闭的公司类型让位于一种本质上根本不同的类型——公共公司时,公司制度才会出现。在公共公司中,由于所有者人数的增加,出现了所有权与控制权的实质性分离"。③

在美国以外的地区,各国其实都有近似的公司类型划分方式,各国都以公开性较强的公开公司(英美法系)或股份公司(大陆法系)作为标准的公司模式,封闭公司(英美法系)或有限公司(大陆法系)作为标准模式的补充。然而,这并非说明在公开性较弱的公司就不需要制度供给,只不过这些制度生成逻辑与公共公司制度生成所立足的两权分离基点大相径庭,其目的在于最小限度地强制规范,最大限度地满足股东自治的需要。这种封闭公司的制度逻辑,迥异于公开公司的制度逻辑,进一步明晰了两权分离对公司法的意义及其解释边界。

但我国公司类型划分的逻辑有很大不同,这是由于在我国语境下,两权分离有不一样的意涵:所有权与经营权的分离。历史上,长期的计划经济时代,造成我国以国有公司作为企业的主导模式。改革开放初期,为适应建设中国特色社会主义市场经济的需要,中央先后出台多部文件试图

---

① See James D. Cox & Thomas Lee Hazen, *Cox and Hazen on Corporations*, Aspen Publishers, 2003, p. 70 – 71.

② 参见邓峰:《普通公司法》,中国人民大学出版社 2009 年版,第 90 页。

③ [美]阿道夫·A. 伯利、[美]加德纳·C. 米恩斯:《现代公司与私有财产》,甘华鸣等译,商务印书馆 2007 年版,第 6 页。

改变企业的经营模式，其目的在于塑造市场主体，激活企业活力。比如，1984 年《中共中央关于经济体制改革的决定》规定："过去国家对企业管得太多太死的一个重要原因，就是把全民所有同国家机构直接经营企业混为一谈。根据马克思主义的理论和社会主义的实践，所有权同经营权是可以适当分开的。"正是基于此，在我国很多地方本末倒置地将两权分离作为制度设计的目的，而不是依据问题来解决。① 不过，这种两权分离与经典理论中的两权分离截然不同，这种分离只是改变了原来企业中具体事务的执行模式，其依然建立在由国资委、国家计委等行政主导基础之上的，国家对企业控制权自始至终实际并未减弱反而在增强，比如"三重一大"制度。该制度最早在 1996 年第十四届中央纪委第六次全会公报中提出，具体是指：凡属（企业）重大决策、重要干部任免、重要项目安排和大额度资金的使用，必须经集体讨论作出决定。其中，重大决策，是指依照《公司法》《全民所有制工业企业法》《企业国有资产法》《商业银行法》《证券法》等法律以及其他有关法律法规和党内法规规定的应当由股东大会（股东会）、董事会、未设董事会的经理班子、职工代表大会和党委（党组）决定的事项。由此可见，在这轮企业改革中，国有企业所有权和控制权并未真正分离，分离的只是经营权，只是改变了国有企业控制权的行使方式而已。

在此基础上，我国 1993 年《公司法》制定之初，就遵循了这一模式，如何防止国有资产流失成为本公司法的重要任务，在规范设计上，以强制性规定为主的目的就是保障国有资产的安全。② 在这种背景下，由于担心过度融资危及国家对国有企业的控制权，所以，决定在国企改革过程中，以有限公司作为基准，股份公司符合条件，并必须经过国家相关部门的批准，因此，我国 1993《公司法》第 77 条规定，股份有限公司的设立，必须经过国务院授权的部门或者省级人民政府批准。由此，奠定了我国特有的，以有限公司为标准公司，股份公司为例外的基本模式。在新一轮国有企

① 参见甘培忠、周淳、周游：《企业与公司法学》，北京大学出版社 2018 年版，第 87 页。
② 参见朱锦清：《公司法学》，清华大学出版社 2019 年版，第 23、24 页。

业混合所有制改革中,从官方文件解读来看,并没有改变国家对企业控制权的掌握,其紧紧围绕建立现代化企业制度,进一步优化企业经营权的行使,这些都不必然在股权结构中彰显。这些内容体现在:强化党对国有企业的领导,鼓励多重资本参与经济建设,同时也鼓励国有资本向民营领域渗透。[①] 在民营企业方面,因中国传统文化影响,中国商人对企业控制极端看重,以赴美上市的企业阿里巴巴等为例,其寻求的差异化类别股制度,迎合了其对投资和管理的需求,显然目的是保证对企业的控制权不会被侵蚀。以所有权和经营权分离,以有限公司为一般公司模型的基准,就此形成的制度生成路径依赖直到今天都没有改变。

这种基本模式带来的弊端是明显的,直接反馈就是我国有限公司和股份公司的区分度不足,从公司的机构设置、决策形成到最后的对外意思表示,都没有本质上的区别。因此,可以说中国的有限公司和股份公司只存在形式上的区分,不存在实质上的区分。一方面,按照世界各国的立法经验,本来有限公司应定位于股东人数较少,股权较为集中的中小型公司,其主要采取自治模式的治理方式,然而,由于我国以有限责任公司为基本模式,在需要兼顾股份公司的情况下,不得不考虑采取与股份公司类似的甚至相同的治理规则,使有限责任公司治理规则的弹性不足,甚至治理模式僵硬,而且,本来立足于小规模的有限责任公司,却可能出现经济规模巨大,甚至超过上市公司的"巨无霸"。另一方面,我国股份公司又分为发起设立和募集设立两种,前者无论是从内部结构上还是设立方式上,实质上更接近有限责任公司,本质上相同的两类公司却使用不同的法律规则,显然既不利于节省立法资源,也不利于在实践中发挥效果。由此给公司法制带来的难题是,原本为中小企业量身定做的有限公司法律制度适用于大型企业,可能会发生异化。

随着国有企业改革不断向纵深发展,其整体改制为股份公司和国有控股公司整体上市工作未来也将完成,这意味着国有企业不再需要有限

---

① 参见2015年8月24日《中共中央、国务院关于深化国有企业改革的指导意见》、2015年9月24日《国务院关于国有企业发展混合所有制经济的意见》(国发〔2015〕54号)。

责任公司类型的保驾护航,并且从实践发展的情况来看,可能我们当初对过度对外融资会改变所有权性质的担忧实属不必,国有股东并没有因为企业上市而丧失控制权,而且中国资本市场还起到了拓展国有企业融资渠道之巨大功效。[①] 但现有公司组织类型区分的弊端却越来越难以适应经济社会发展的需要,不同类型公司的差异界定,对于立法的反馈意义在于,只有正确界定不同类型公司之间的实质性差异,才能更好地制定出不同的法律规范,进行有针对性的立法调整。因此,有学者提出,在新一轮《公司法》全面修订中,我们应当抓住历史机遇,改变现有公司组织形式的划分方式,回归有限公司和股份公司的区分本质,依据两种公司不同的社团性和公共性作制度设计。从这个角度来说,英美法系的公开公司与封闭公司抓住了不同公司间的实质差异,其意义远大于大陆法系上的有限公司与股份公司之间的差异,在此基础上制定的法律规则在差异性立法方面也更加科学,具有特别的制度价值,其理念精神值得我国立法借鉴。[②]

二、公开公司中的代表权配置思路:兼顾效率和安全

一方面,基于两权分离的特征,如何解决公开公司中的代理问题,一直是公司治理的核心问题。为此,公开公司采取了许多机制,以使管理者与投资者的利益趋于一致,[③]其中,代表权配置规则自然不应例外,需要考虑公司和股东财产安全的问题。另一方面,公司所处的商业领域无时不处在变化和竞争当中,商业机会稍纵即逝,对效率和便捷有着极高的要求,因此,代表权配置规则也不得不对效率作出考虑。然而,安全和效率本身是一组矛盾关系,如何平衡它们之间的关系并不容易。不但如此,在代表权配置中还涉及公司与第三方的关系,正如杨代雄教授所言,"私法

---

① 参见甘培忠、周游:《我国公司法建构中的国家角色》,载《当代法学》2014 年第 2 期。

② 参见李建伟:《公司法学》,中国人民大学出版社 2018 年版,第 29、30 页。

③ 参见[美]弗兰克·伊斯布鲁克、[美]丹尼尔·费希尔:《公司法的经济结构》,罗培新等译,北京大学出版社 2014 年版,第 237 页。

上的问题，只要涉及三方关系，通常都十分复杂，教义学构造的难度较大”①，因此，指望一种单一的固定的规则解决所有的问题是不现实的，只有依靠更为精细的立法技术，建立类型化、多元化的代表权配置和行使规则才能实现公司安全与效率平衡，公司与第三人利益平衡。

（一）经理代表权的确立

在法律规定层面，经理是由董事会聘任、负责组织公司日常经营管理活动的公司常设业务执行机关，②其一般并非法定必设机关，而是由董事会根据公司的经营管理和业务需要的具体情况设立的辅助执行机关。③目前，我国立法没有明确规定经理具有对外代表公司的权利，多年以来学界始终认为这是一个缺陷，均认可应当赋予经理独立对外签约的权利。然而，这种对外作意思表示的权利的性质却远没有达到统一，是代理权还是代表权，即经理是否具有公司代表权一直是一个充满争议的话题，支持的观点认为，“凡为公司经理者，在公司的营业范围内对外代表公司，这是商业社会通行的惯例，公司法对经理权的规定必不得有违这种惯例”。④更加直接的表述，如“公司对外代表权应与公司业务执行权结合，一并归属于经理；如果设一人代表公司，应由有业务执行权之经理担任；如果多人代表公司，则首先应将经理包括其中”。⑤ 反对的观点则认为，经理对外代表公司的权利，是商事代理权，而不是代表权，其原因在于，“第一，经理虽然是公司的管理者，但不是公司意思的最终决定者，经理的意思不能代表公司。第二，将经理定位为代理人，则可以通过代理的规则对经理代理权进行一定的限制，这种制度安排给公司的治理结构留下了空间。第三，将经理定位为代理人，也符合经理作为公司管理者的角色，管理的职权与代理权互为表里、相得益彰”。⑥ 同时，还有一些观点认为，经理享有

---

① 杨代雄：《越权代表中的法人责任》，载《比较法研究》2020 年第 3 期。

② 参见甘培忠、周淳、周游：《企业与公司法学》，北京大学出版社 2018 年版，第 211 页。

③ 参见范健、王建文：《公司法》，法律出版社 2018 年版，第 356 页。

④ 甘培忠、周淳、周游：《企业与公司法学》，北京大学出版社 2018 年版，第 213 页。

⑤ 韩长印、吴泽勇：《公司业务执行权之主体归属——兼论公司经理的法律地位》，载《法学研究》1999 年第 4 期。

⑥ 刘文科：《商事代理法律制度论》，法律出版社 2013 年版，第 55、56 页。

不同于法定代表人的代表权的经理代表权，比如，“此处的经理代表权不同于公司代表机关的法定代表权。经理代表权虽名为‘代表权’，毋宁说是‘代理权’，其依据是委任关系或代理关系，经理本身除非经公司章程授予法定代表权，并非公司之代表机关，其作为代理人之行为并不能等同于公司行为。公司经理只不过有权以公司名义实施职务行为，并使该行为后果归于公司而已”。[①]

就前述认为经理对外代表公司的权利属于商事代理权而言，本书认为，第一，其显然混淆了代表机关与意思决定机关的区别，正如本书第一章所述，代表机关也并非公司的最终意思决定者，仅仅是默认的公司对外表示机关。第二，就代表权的限制问题而言，不仅法律的明文规定可以当然地限缩代表权的范围，而且《民法典》第 61 条第 3 款赋予了代表制度新的技术支点，其明确规定代表权可以被公司内部的章程、权力机关的决议等限制，只不过其效力需要根据善意相对人制度来解决。如果将经理对外作意思表示的权利作为商事代理权的话，其也需要面对善意相对人保护的问题，比如，《德国商法典》第 50 条规定，对经理权范围进行限制的，限制对第三人无效。第三，代表机关也没有单独的意思决定权，其权限来自相应的职权，正如前文所述，执行权和代表权互为表里，现行法律只规定了经理的执行权而没有代表权的情况本身就属于立法上的一个缺陷。[②]

关于经理代表权不同于法定代表人的代表权，并未确切说明理由，只是说经理代表权仍然是通过委托代理获得，其行为并不直接等于公司行为，但这种说法不具有充足的说服力。仔细观察经理对外代表公司权利的特征，可以发现其实其代表权特征是很明显的：第一，经理代表权与公司代表权一样，都是经过任命授权产生的。比如，经理代表权和公司代表权一样，都是由公司非人格化的股东会或董事会决议授权，而其他代理权或者经聘用或者单独授权，都是由公司具有代表权的机关再授权获得，也

---

① 李建伟：《公司法学》，中国人民大学出版社 2018 年版，第 318 页。

② 参见范健、蒋大兴：《公司经理权法律问题比较研究——兼及我国公司立法之检讨》，载《南京大学学报（哲学・人文科学・社会科学版）》1998 年第 3 期。

就是说,公司经代表权人格化以后再授权。第二,“在经理与第三人的关系中,经理权力更多的是源于法律的规定,其所获得的是基于经理职位的外观权力,只有当第三人为恶意时,这一权力才受到实际授权的限制,否则,经理的外观权力优位于实际的代理权,这一外观权力成为公司对第三人责任的基础。因此,经理对外代表公司是外观权力发生作用的结果”。[①] 也就是说,经理的职权本身源于法律,不过经理的具体人员是由公司选任的,符合代表权来源的特征。第三,经理代表权与公司代表权都属于概括授权,其范围由法律或商事习惯直接规定,各国立法均规定意定限制不能对抗善意第三人。第四,从其他大陆法系的规定来看,经理代表权和公司代表权一样,都需要登记。比如,《日本商法典》第 22 条规定,商人选任经理时,必须进行登记。第五,经理代表权与法定代表权一样,通常具有较大的容忍性,即包含事实行为的法律后果也归属于法人组织。

其实,经理对外作意思表示的权利,代理权与代表权并不是一个很具有实际意义的争论,更多只是一种形式意义的争论,正如前文所述,代表权本身从性质上来讲就是一种特殊代理权。我国现行立法这种割裂执行权和代表权的做法是很不正常的。比较法的经验告诉我们,世界各国基本都对经理的对外代表权作出了特别规定,以满足经理执行业务的需要。正如学者所言,“经理职权与经理地位是密不可分的两个问题,或者可以说是一个问题的两个方面。假如赋予了经理法定的业务执行权,那么其作为公司业务执行机关的地位应是无可质疑的。公司对外代表权应与公司业务执行权结合,一并归属于经理”。[②] 从商事实践需求的角度说,最了解交易内容的经理可能并无代表权限,而有代表权的法定代表人却不一定充分了解交易细节,这无疑徒增了交易的时间成本,甚至可能导致公司失去宝贵的交易机会,同时也潜在地提高了交易的风险。因此,本书认为,在公开公司中,应当赋予经理公司代表权,以提高交易效率,促进商事交易的迅速、便捷。

---

① 王保树、钱玉林:《经理法律地位之比较研究》,载《法学评论》2002 年第 2 期。

② 韩长印、吴泽勇:《公司业务执行权之主体归属——兼论公司经理的法律地位》,载《法学研究》1999 年第 4 期。

实践中，已经有法院对经理代表权进行了确认，这是值得注意的现象，说明了商事实践对确立经理代表权的需要。比如，在（2006）龙民二初字第367号案例中，行为人为被告公司经理，但并非法定代表人。在本案中，该行为人以被告公司名义，与原告公司签订钢材购销合同，并加盖被告公司内设的项目技术部专用章。后因被告公司未支付钢材货款被原告诉至法院。在诉讼中，被告公司提出抗辩主张，认为行为人不具有公司法定代表人地位，在未经公司授权的情况下，擅自对外签订钢材合同，应属其个人行为，公司不对此承担责任。但法院经审理认为，"（行为人）以（被告）公司名义与（原告）公司订立钢材购销合同，应属其作为公司经理应有职务权限内的行为，系代表建筑施工企业（被告公司）的行为。根据《中华人民共和国民法通则》第43条'企业法人对它的法定代表人和其他工作人员的经营活动，承担民事责任'的规定，（被告）公司应当履行付款义务"。

诚然，经理的法律地位和权利一直是个充满争议的话题，其原因在于经理角色的多重性。就此而言，王保树和钱玉林教授表示"经理是同时处在多元法律关系中的主体，其地位表现出了多元的特性，经理权因此成为一个复杂的权力构造。"①在经理的法律地位方面也具有多重性，因此，"经理为担当业务执行的机关，地位类似于英美法上的执行董事；与公司内部之关系，经理受授权范围的限制；对于第三人，经理在其职务范围内代表公司"。②

（二）董事会代表权的确立

传统上，作为执行机关的董事会当然具有对外代表公司的权利，这既是保障意思形成与意思表达统一的要求，也是保障执行权与代表权统一的要求，正如本书第三章所述。只不过在有的国家中，由于董事会的会议体性质，立法于是将具体的代表权赋予其中某一个或几个董事，被赋予该代表权的董事被称为代表董事，如日本和韩国。在此基础上，从代表权的

---

① 王保树、钱玉林：《经理法律地位之比较研究》，载《法学评论》2002年第2期。

② 王保树、钱玉林：《经理法律地位之比较研究》，载《法学评论》2002年第2期。

归属主体所延伸出代表权的行使方式,可以分为多人代表和单独代表两种形式,前者是指只有复数董事共同代表公司的情况下,代表行为才能有效成立;后者则是指单独一人就足以代表公司,这两种代表权的行使方式各有侧重,在保障公司利益和交易稳定方面也分别具有不同的效果。

多人代表可以分为集体代表和共同代表,集体代表是指只有董事会全体成员共同行使代表权,代表行为才能有效成立;共同代表则是指不必要求董事会全体成员一致行动,只要是复数主体共同行使代表权即可。比较法上,多人代表的典型立法例是德国,首先其《股份公司法》规定了作为原则的集体代表制,该法第 78 条第 2 款规定,董事会由数人组成的,如果章程没有其他规定,则全部董事只能共同代表公司。相应地,该法第 77 条第 1 款规定,董事会由数人组成的,除非章程另有规定全部董事只能共同执行业务。这再一次看出,德国公司的业务执行方式和代表权行使方式是统一的。除此之外,《德国商法典》第 48 条第 2 款对共同经理权作了规定。任何制度都有两面性,德国公司的董事会集体代表机制增加了对公司利益的保护,但也增加了交易成本。① 因此,为了弥补共同行动所带来的迟缓和效率不足,德国公司法也允许公司通过章程来改变代表权的行使方式,在商事实践中,德国的大型股份公司通常会授权两名董事代表公司,或者通过一名董事加一名经理的方式来代表公司,前者称为真正共同代表,后者则称为不真正共同代表。② 不过,德国的共同代表制也不是绝对的,例如,当董事会仅有一人时,该一人即为公司的代表人。但是,这并没有改变公司代表权行使方式的机制,因为,当公司董事会仅由一人组成时,该一人就是董事会,其并不会改变董事会的意思决定和执行。

单独代表又可以分为一人单独代表和数人单独代表,两者的区别是代表权的归属主体是一人还是数人,因此一人代表制也称唯一代表人制,典型代表即为我国的法定代表人制度。数人单独代表的典型立法例是日本,比如,就不设置董事会的股份公司而言,其《公司法典》第 349 条第 2

---

① 参见[德]汉斯·布洛克斯、[德]沃尔夫·迪特里希:《德国民法总论》,张艳译,中国人民大学出版社 2012 年版,第 440 页。

② 参见杨继:《中国股份公司法定代表人制度的存废》,载《现代法学》2004 年第 6 期。

款规定,董事有两人以上时,各自代表股份公司。就设置董事会的股份公司而言,代表董事的数量也可以是一人或数人,具体由公司章程予以规定,他们都可以各自代表公司。① 值得注意的是,在 2005 年《日本商法典》修订以前,旧公司法曾规定了共同代表制度。② 但是,出于对第三人利益保护的考虑,其并不能知道公司内部对代表权行使的具体规定,因此取消了该制度。③

韩国则是综合了多人代表和单独代表两种方式,可以由公司选择,体现了比较大的自由度。在韩国,一般选定一人为代表董事,即单独代表制。但《韩国商法典》第 389 条第 2 款规定,可以由数名董事共同代表公司,并且,还可以由全体董事集体代表公司。④ 因此,韩国实践中可能出现一人单独代表、数人共同代表和董事会集体代表同时存在的局面。立法并没有明确规定,如果公司章程选定数人为代表董事下的代表权行使方式,但是,依照韩国学界的主流学说,数人为代表董事时,必须该数人共同行使代表权,代表行为才能成立和生效。⑤

以上各种代表权行使方式,与代表权的归属主体的关系密不可分,并且各有侧重。数人代表制显然更加侧重于维护公司利益,而单独代表制则更为强调交易效率和保护善意第三人。不过,本书认为,在存在经理权制度和意定限制不得对抗善意第三人规定基础上,再以单独代表制保护第三人利益就有利益失衡之嫌了,尤其是在公开公司这种公共性较强的公司中。前述日本旧公司法中共同代表有害善意第三人利益保护的问题,完全可以通过对公司意定限制不得对抗善意第三人的解释来解决,实际上,在欧盟地区,也确实是这么做的。在《欧盟公司法指令》第 9 条规

① 参见[日]前田庸:《公司法入门》,王作全译,北京大学出版社 2012 年版,第 364 页。

② 参见[日]末永敏和:《现代日本公司法》,金洪玉译,人民法院出版社 2000 年版,第 145 页。

③ 参见[日]前田庸:《公司法入门》,王作全译,北京大学出版社 2012 年版,第 366 页。

④ 参见[韩]李哲松:《韩国公司法》,吴日焕译,中国政法大学出版社 2000 年版,第 457 页。

⑤ 参见[韩]李哲松:《韩国公司法》,吴日焕译,中国政法大学出版社 2000 年版,第 465 页。

定下，如果国家法律原则上规定代表公司的权力由董事会集体或多人共同行使，则可允许将该权力授予一名董事会成员。在公司章程中授予这样的权力将是增强代表公司的权力，而不是限制。因此，该指令第9条将不适用，公司可以针对第三方援引相应的条款。在相反的情况下，国家法律规定由单一董事会成员代表作为标准运作模式，但公司章程规定由董事会共同代表，相应条款是一种限制，并在第9条的范围内。①

我国特有的法定代表人制度，垄断了公司的意思形成与意思表达。②正如前文实证案例所反映出的那样，公司代表权行使主体单一，一旦发生利益冲突将严重威胁和损害公司和股东等利益相关者的利益安全，这正是长期以来，法定代表人制度遭受诟病的根本原因。由此，本书认为，为了兼顾公司利益与相对人利益，以德国代表制度为借鉴，确立董事会为公司代表人并原则上集体行使代表权是有必要的。当然，公司也可以在章程中规定类似德国的共同代表机制，以缓解董事会集体代表制的僵硬。值得注意的是，在正式规范层面，我国立法已经试图作出突破和改变来表达这种立场：我国《上市公司章程指引》第102条规定，未经本章程规定或者董事会的合法授权，任何董事不得以个人名义代表公司或者董事会行事。董事以其个人名义行事时，在第三方会合理地认为该董事在代表公司或者董事会行事的情况下，该董事应当事先声明其立场和身份。这一规定可以近乎于理解为董事应当以集体形式行事，在一定程度上打破了法定代表人对代表权的垄断。不过，这个规定并不能真正解决问题，原因在于：第一，该规定作为行政法规，显然不能违背效力级别更高的公司法。第二，该法规显然没有注意到，如果是经理作为法定代表人情况时，在获得经理授权的情况下，董事也完全可以以个人名义代表公司。

（三）公开公司代表权类型化的配置方案

公司代表人的行为连接着公司内外关系，是公司全部内部治理机制的外化表象和出口，无论是对于保护公司和股东利益，还是市场其他主体

---

① See Carsten Gerner-Beuerle & Michael Schillig, *Comparative Company Law*, Oxford University Press, 2019, p. 472.

② 参见蔡立东：《论法定代表人的地位》，载《法学论坛》2017年第4期。

利益的意义都十分非凡。并且,代表权的配置与行使要受到团体民主和程序正义的制约,这也表明前述公司意思的决策结构、决策形式、代表权的范围和行使规则将同时对其发挥作用。因此,效率和安全应当各有所侧重,类型化的方案是较为实际的一种选择。

首先,公司代表权的配置和行使规则应当符合公司意思,保护公司、股东及利益相关者的利益,在涉及公司结构性问题时,代表权的配置和行使规则应当侧重于公司安全。在全球化、自由市场和底线竞争(the race to the bottom)的不断推动下,公司治理产生强烈的趋同趋势,[①]汉斯曼和克拉克曼教授在其著名的论文中,提出论断:"股东导向的模式"(Shareholder Oriented Model)已经成为公司法进化趋同的主导模式,"由于主流公司股东首位理念难以消解,是故,这种理念上的明显态势便彰显了公司法历史之终结"。[②] 当然,在汉斯曼和克拉克曼教授看来,股东利益优先并非意味着股东控制权优先,也非意味着股东利益唯一,其应当被更妥当地理解为"专注于追求股东回报最大化在一般情况下是公司法增进社会整体福祉这一更为广泛的目标的最佳手段"。[③] 在资本市场主导的全球化经济体系中,只有更好地对股东利益加以确认和保护,并且通过明晰的合同保护和机制设计来确定其他主体的权利,才能更有效地满足市场的扩展。因此,前述讨论中的公司的结构性决策事项都不能由公司代表人当然代表,此类事项常常关涉公司的根本性问题和控制权安排问题,对维护公司安全至关重要。一般而言,各国法律都明确规定此类事项只能由股东会作出决策授权后其才能代表公司,因而成为对代表权的法定限制,从相对人的角度来说,由于法律推定公知的属性,其很容易识别此类事项,其应当知道公司代表人不能当然代表公司,从而不得仅以公司代表人身份作为信赖基础。比如,我国《公司法》第 37 条第 1 款就明确规

① 参见邓峰:《代议制的公司》,北京大学出版社 2015 年版,第 61 页。

② H. Hansmann & R. Kraakman, *The End of History for Corporate Law*, 89 Georgetown Law Journal 439(2001).

③ [美]莱纳·克拉克曼、[美]亨利·汉斯曼:《公司法剖析:比较与功能的视角》,罗培新译,法律出版社 2012 年版,第 29 页。

定,公司合并应当经过股东会决议。这类事项必须反映出公司的真实意思,经有权机关的个别授权之后,公司代表人才有权为之。同时,由董事会集体或多人共同代表,更能发挥相互制约和监督的作用,对保障代表权的规范行使具有积极意义。

其次,在公司经营业务中,公司代表权的配置和行使规则要满足安全和效率的要求。这涉及作为会议体的董事会和一般以个人为主的经理之间的关系问题。在法律规定层面,经理是由董事会聘任、负责组织公司日常经营管理活动的公司常设业务执行机关,①其一般并非法定必设机关,而是由董事会根据公司的经营管理和业务需要的具体情况设立的辅助执行机关。② 但实践和法律发生了明显的脱节,尤其是在社团性和公共性比较强的公开公司中。随着证券市场的发展,公司股权日益分散化,从而导致股东对公司管理的日益漠视,并且随着经济分工的细化和竞争的激烈化,管理日益成为一门专业技能,③在实践中,几乎未能见到不设置经理职务的公司。④

1971 年,美国哈佛商学院教授迈尔斯·梅斯(Myles Mace)在对 100 多家公众公司的 CEO 和董事会成员进行了深入访谈后,发表了其极具煽动性和影响力的著作《董事:神话与现实》,他通过实证调查报告得出:"公司的总裁不仅拥有实际控制企业的权力",而且"这些总裁在很大程度上决定着董事会做什么或不做什么"。⑤ 1977 年,美国学者钱德勒(Alfred D. Chandler)教授在《看得见的手:美国企业的管理革命》一书中提出了"经理革命"(managerial revolution)的命题。在这部著作中,钱德勒明确表示,"现代工商企业在协调经济活动和分配资源方面已取代了亚当·斯密的所谓市场力量的无形的手。由于获得了原先为市场所执行的功能,现代工商企业已成为美国经济中最强大的机构,(受雇的)经理人

---

① 参见甘培忠、周淳、周游:《企业与公司法学》,北京大学出版社 2018 年版,第 211 页。

② 参见范健、王建文:《公司法》,法律出版社 2018 年版,第 356 页。

③ 参见赵旭东主编:《公司法学》,法律出版社 2015 年版,第 306 页。

④ 参见叶林:《公司法研究》,中国人民大学出版社 2008 年版,第 187 页。

⑤ Myles Mace, *Directors: Myth and Reality*, Harvard University Press, 1971, p. 191.

员则已成为最有影响力的经济决策者集团”。[①] 这就表明存在两种不同的权力分配模式:既有法律模式又有实际模式。虽然很多国家的公司法原则上将公司的经营决策权交给了董事会,但实际上随着公司规模的扩大,他们又将许多决策权委托给公司经理或者受其领导的其他高级管理人员,[②]董事会已经不参与公司的经营管理,只起到有限的监督作用。[③]

针对这一问题,美国著名公司法学者艾森伯格(Melvin A. Eisenberg)教授在1975年的一篇论文中指出:“与法律规范相反,管理公司业务和制定商业政策的职能通常属于以CEO为代表的高管而非董事会”,并且“这一事实是不可否认的。”[④]进而,他建议将董事会的职责从原来的“决策”转变为“监督”,[⑤]这一观点的影响力很大,并逐渐获得美国一些州立法的认可。[⑥] 后来,判例法进一步发展出董事会与管理层分权的“商业必要性原则”(business necessity)。在AWA Ltd. v. Daniels案中,罗杰(Roger)法官表示“在大型公开公司中,商业必要性原则意味着董事会不能涉足公司日常管理事务。董事会必须选任其他人来管理公司,他们享有公司日常经营事务的决策权”。[⑦] 当然,这一完全排除董事会经营权的观点和做法在实践中还充满争议,但不可否认经理层在商业决策中所起的重要作用。

以上争论表明,在公开公司中,公司经理往往因更能够高效、迅速地作出判断,而在商业实践中处于优势。因此,从现代公司中经理和董事会角色的转换角度来说,本书认为,在公司经营类事项中,根据事务是否是

---

① [美]小艾尔弗雷德·D.钱德勒:《看得见的手:美国企业的管理革命》,商务印书馆2017年版,第1页。

② 参见施天涛:《公司法论》,法律出版社2018年版,第354页。

③ 参见李建伟:《公司法学》,中国人民大学出版社2018年版,第275、276页。

④ Melvin A. Eisenberg, *Legal Models of Management Structure in the Modern Corporation: Officers, Directors, and Accountants*, in California Law Review Vol. 63, 1975, p. 75-439.

⑤ Melvin A. Eisenberg, *Legal Models of Management Structure in the Modern Corporation: Officers, Directors, and Accountants*, in California Law Review Vol. 63, 1975, p. 75-439. 我国学者也有类似观点,认为应当将公司的决策权下放,将董事会转变为致力于公司战略改进和经理评价的监督机关。参见蒋大兴:《公司董事会的职权再造——基于“夹层代理”及现实主义的逻辑》,载《现代法学》2020年第4期。

⑥ See Stephen M. Bainbridge, *The Board of Directors* in Jeffrey N. Gordon & Wolf-Georg Ringe, Corporate Law and Governance, Oxford University Press, 2018.

⑦ (1992)10 ACLC 933.

公司经营业务中常规业务可以作出区分，对于常规业务公司经理可以依据职务取得的概括授权单独代表公司，而对于非常规业务，则应当由董事会集体或共同代表公司。当然，即使董事会也不可能时常召开会议，频繁的会议本身是降低效率的一种表现，并且根据董事会规模的不同，董事会实际行动也可能十分不便。故此，当公司需要时，在非常规的公司经营业务中，公司也可以通过决议的方式授权经理代表公司。

再次，从保护善意相对人角度来讲，常规业务和非常规业务必须具有可识别度，否则相对人的信赖利益及其折射出的交易安全将很难得到保障，给公司的机会主义行为留下空间。对此，本书认为，对于常规业务的识别主要依据公司登记并公示的公司经营范围和商事习惯；而对于非常规业务则可以通过法律和商事习惯来识别。就常规业务而言，在营业自由前提下，经营范围既不是公司权利能力限制，也不是对公司行为能力的限制，它的意义在于成为区分公司营业常规交易与非常规交易的一个显著判断标志，因为其本身就是一种公示信息，越权原则的本意并非表明超越公司经营范围的事项，可以不由公司意思机关决定，而是推定该事项已经决议机关通过。[①] 进一步而言，超越公司经营范围的事项，并非经理能够当然代表，需要进一步结合其他公司代表权载体来综合判断，比如，登记于公示系统的事项，推定为公司常规经营业务，公司不得以未经同意为由，拒绝为经理的代表行为承担责任，这也是“禁反言原则”（equitable estoppel）运用于商事领域的一种表现。不过，还需注意的是，企业公示的经营范围并非唯一识别标准，因为实践中企业形态和业务是多种多样的，有的企业并不一定严格对营业项目作登记，有的业务虽然具有惯常性，但属于与公司营业项目的间接关系，比如，服装销售公司租用销售场地的行为，此时，应当以商事习惯作为补充识别。正如前文所述，公司代表人的代表权范围是由法律和商事习惯共同划定。对于非常规的经营业务，可以通过法律和商事习惯来识别。一般而言，对于对公司存在重大影响，并

① See Paul Davies & Sarah Worthington, *Principles of Modern Company Law*, Sweet & Maxwell, 2016, p. 155.

非经常为之的业务或明显异常的业务可以认为是非常规经营业务，这些业务有的通过法律直接规定，比如，各国关于关联交易都作了程序性控制的强制性规定。与公司交易的相对人应当知道公司代表人在没有获得公司单独授权情况下，无权代表公司行为，比如，在(2015)浙民申字第2989号案例中，行为人作为公司的法定代表人，以公司名义为自身债务提供担保，法院经审理认为，“公司为(行为人)的个人债务提供担保的行为明显超越公司正常经营范围，因此(行为人)的行为不属于职务行为，其行为应属于越权代表行为”。还有一些则根据商事习惯加以确定，比如，公司的重大交易行为等。对于公司的重大交易行为，一般通过交易标的的金额作判断，但有时也会根据交易性质作判断，而且，当交易重要性达到一定程度时，就超出了公司的营业事项范围，涉及公司的结构性变化，此时甚至需要股东会决策，董事会依据股东会决议或公司秘书的证明对外代表公司。

如此，结合前文所述的公司意思决定模式，可建立一套类型化的公司代表权配置和行使规则方案。(见表5－2)

表5－2　公开公司中代表权配置和行使基本规则

决策权类别	具体事项	决策机关	代表权配置规则	权力性质	识别来源	制度价值
结构性决策	根本性改变	股东会	决议或公司秘书证明授权董事会	所有权	法律	安全
	控制权安排					
经营性决策	非常规业务	董事会	董事会、决议或公司秘书证明授权经理	控制权	法律或商事习惯	效率兼安全
	常规业务		经理	经营权	营业范围或商事习惯	效率

循此逻辑，再来检视我国公司对外担保问题，则情况将会更加明朗。我国现有立法将公司对外担保作为一种特殊的公司行为类型进行规制，在实践中引发了诸多问题，其实核心在于，如果不存在法律的特别规定，公司的担保行为是否属于公司的常规经营业务，对此本书从三个角度予以实证分析。

在实定法中，《美国示范公司法》第12.01条第2款规定，“除非公司的初始章程另有规定,无论是否在通常的商业往来中,抵押、质押、担保、偿付债务,或者以其他方式以部分或者全部资产设定负担,都无须股东会批准”。这一立法例提示我们,董事会和公司经理作为公司营业事项的执行机关,其权限范围被划定在商业运转与营业事项中,担保交易只是惯常的商业活动与营业行为之一。

再从我国公司经营实践角度观察,根据本书对 2018 年度我国上市公司对外担保情况的统计,2018 年约有 40% 上市公司发布过对外担保公告,共计发布公告 14,812 条,这足以表明公司对外担保业务在公司经营活动中的广泛和频繁。①

最后,从对公司影响的程度来讲,认为公司对外担保必须经公司决议观点的重要理由在于这种交易系可能影响公司的重大交易。② 诚然,倘若事关公司存续或发展的重大交易理应更加慎重,但我国公司法并未对何为重大交易作明确规定,这属于一个规范的价值判断,域外立法经验也许能够对我们的认识提供帮助。前述《美国示范公司法》第 12.01 条从交易行为的性质方面界定了哪些行为不必经股东会决议,紧接着该法第 12.02 条又规定:

> 如果不属于第 12.01 条规定的情形,且以出售、出租,或者其他方式的处置资产将导致公司无法维持重要的经营活动,则要求公司股东(会)的批准。如果在公司和其分支机构的合并报表中,公司维持的商业活动代表了最近一个财政年度末公司总资产的 25%,且代表了该财政年度的税前收入的 25% 或持续性经营毛收入的 25%,则推定该公司整体上维持了实质性持续经营活动。

这表明,如果一项交易导致公司无法保持总资产的 25%(以相反理

① 共计 1432 家。数据来源:中国证监会指定的网络信息披露平台巨潮资讯网(www.cninfo.com),统计时间自 2018 年 1 月 1 日至 12 月 20 日。

② 参见高圣平、范慧佳:《公司法定代表人越权担保效力判断的解释基础——基于最高人民法院裁判分歧的分析和展开》,载《比较法研究》2019 年第 1 期。

解则为这项交易达到公司总资产的75%),那么可以将该交易界定为重大交易,必须经股东会决议。并且,针对上述规定,示范商事公司法的立法者在官方评论中指出:"就'重要的经营活动'的衡量标准,本示范法聚焦于在资产处置时是否涉及公司的'全部或者实质性的全部'资产,并且这也是美国绝大部分的州立法所采用的标准。"①

据此,本书以我国公司公开登记的注册资本为观察窗口,据本书对全部507件样本案例中涉案担保金额的观察,②半数以上案件涉案担保金额不到公司注册资本的1/3,大部分对外担保涉案金额不到公司注册资本的1/2,绝大部分涉案金额小于公司注册资本,这表明,对外担保并非全是可能对公司产生实质影响的重大交易。(见表5-3)

表5-3 样本案例涉案金额与公司注册资本比值情况

涉案担保金额比例	绝对数量/件	占比/%	累积计数/件	占比/%
小于公司注册资本1/3	251	50.80	251	50.80
小于公司注册资本1/2	76	15.38	327	66.19
小于公司注册资本	68	13.77	395	79.96
大于公司注册资本	99	20.04	494	100

由此可见,无论是从实定法角度理解还是从公司实践经营和对公司经营的角度观察,公司对外担保业务都已发展为公司经营活动中的常规业务。现在的纷争正是由于缺乏体系化代表权配置思维下,以行为类型规制公司对外担保的结果。实际上,按照前述规则,那么如果是关联担保,自然应当受到关联交易的特别规制,在代表权范围以外。如果是一般担保,则根据对公司的重要性程度、划定的代表权范围判断合同效力,不必"一刀切":如果担保涉案金额小,当然属于公司的常规业务,可以由公司经理依概括授权代表;如果涉案金额大,自然就超出常规业务范围,应

① Charles R. T. O'kelley & Robert B. Thompson, *Corporations and Other Business Associations: Selected Statutes, Rules and Forms*, Wolters Kluwer Law & Business, 2014, p. 161-162.

② 具体观察方法为通过判决书所载明的信息获得涉案金额,与通过国家企业信用信息公示系统所查询到的案发当时提供担保公司的注册资本情况进行比值观察,共获取有效样本数据494件。

当由董事会决议和代表;如果金额巨大,已经构成对公司的结构性影响,则应当由股东会决议,在股东会授权的情况下,由董事会代表。

三、封闭公司中的代表权配置思路:以意思自治为主导

封闭公司与公开公司最大的不同在于公共性的不同,进而造成两权分离的程度不同,这与伯利和米恩斯所描述的典型公开公司有巨大的区别,正如其在《现代公司与私有财产》中的表述:“对于准公共公司,它们具有与私人公司或封闭公司不同的特点,后者的所有权和控制权并没有出现重大的分离。”[①]在封闭公司中,股东常常扮演着所有者和管理者的双重角色,这从根本上改变了封闭公司的治理结构,故封闭公司的意思形成与意思表达也与公开公司有根本不同。

(一)封闭公司的特殊治理结构

相比公开公司,封闭公司一般具有股东人数较少、股权转让受限、缺乏自由流通的市场和股东参与管理等特征,这些特征造就了封闭公司的特殊治理结构。

从股权结构来说,“为什么很少有公开持股的合伙企业?换句话说,为什么合伙企业不能像公司那样拥有大量甚至数千名分散的股东?这是因为合伙企业的成员要为企业承担无限责任。所有者越多,任何特定成员能从企业利润中获得的比例就越少,他们能够获得的保护自身利益的控制权也越少。从理论上讲,每个所有者都可能要为企业的全部债务承担责任。其结果便是,随着所有者数量的增加,风险会不成比例地增加”。[②] 在格沃茨看来,是社团性的不断增强增加了投资者的风险。正如本书第二章所述,社团性是形成公司治理机构的基础:股东人数越少,他们的利益协调就越容易,合同谈判的成本也就越低,他们越不需要寻求第三方来集中管理公司;而在一个公开公司里,股东人数越多,合同谈判的成本就越低,多元委托人的异质偏好不允许他们共同管理公司,因此不得

---

① [美]阿道夫·A. 伯利、[美]加德纳·C. 米恩斯:《现代公司与私有财产》,甘华鸣等译,商务印书馆2007年版,第6、7页。

② Franklin A. Gevurtz, *Corporation Law*, West, A Thomson business, 2000, p. 7.

不委托中立的第三方来管理公司。一家封闭公司通常只有少数股东,他们往往是家人或朋友,相互之间有着紧密的信任关系,这种持续而非金钱关系,可以降低存在于公共公司中的代理成本。[①] 并且,在封闭公司环境中,股东的退出机制并不像公开公司那样自由,也缺乏自由流通股份的二级市场,这使封闭公司的股东更有动力去关心公司的运营情况,封闭公司中限制股份的转让,其目的正是确保股东和管理者身份的和谐统一。[②]

在此基础上,封闭公司的股东更多地参与公司实际管理,而不是保持理性冷漠,[③]这是封闭公司治理结构最重要的特点。封闭公司的股东在公司中经常扮演股东、董事或雇员的双重角色,他们往往以公司报酬和投资回报作为主要收入来源。因此,通常的所有权和控制权分离的典型特征在封闭公司并不常见。相反,共享所有权与对公司资源的控制权是同时的,股东将全部或大部分财富投资于公司的情况也并不少见,这意味着,与上市公司的股东不同,股东没有一个广泛的、多元化的投资组合。因此,经常导致公众持股股东理性冷漠的集体行动问题却很少出现,因为个人股东在公司中所占的比例要高得多。[④]

基于上述原因,几乎全世界各国都对封闭公司区别对待,这一模式最早源于德国1892年针对有限公司单独制定的《有限责任公司法》,随后这一模式被许多其他大陆法系国家借鉴和采用,比如,1925年法国制定了《有限公司法》,韩国的《有限责任公司法》等。如今,全球已经有超过100个国家采用这种针对有限公司单独立法的模式。[⑤] 而日本在这一方面的

---

① 参见[美]弗兰克·伊斯布鲁克、[美]丹尼尔·费希尔:《公司法的经济结构》,罗培新等译,北京大学出版社2014年版,第234页。

② 参见[美]弗兰克·伊斯布鲁克、[美]丹尼尔·费希尔:《公司法的经济结构》,罗培新等译,北京大学出版社2014年版,第237页。

③ 参见[美]弗兰克·伊斯布鲁克等:《公司法的逻辑》,黄辉译,法律出版社2016年版,第33页。

④ 参见[美]弗兰克·伊斯布鲁克等:《公司法的逻辑》,黄辉译,法律出版社2016年版,第37页。

⑤ See Holger Fleischer, *Comparative Corporate Governance in Closely Held Corporations*, in Jeffrey N. Gordon & Wolf-Georg Ringe eds., Corporate Law and Governance, Oxford University Press, 2018.

改革可谓最为彻底，在2005年的《公司法典》根据公司的公共性程度将公司分为四类，分别为：限制股份转让的小公司、限制股份转让的大公司、公开中小公司和公开大公司，对应下来就是小型封闭公司、大中型封闭公司、中小型公开公司和大型公开公司。不仅如此，同一类公司还可以自由选择组织机构的设置，数量达到2～9种，这足以看出日本公司法对不同公共性公司治理需求的重视。①

在英美法系国家，很长时间里公司法都仅仅只针对公开公司，例如，英国《1862年公司法》要求成立公司至少需要7名股东，几乎没有人会考虑封闭公司的问题。② 直到19世纪70年代，封闭公司才开始出现，并在Salomom v. Salomon案③中得到判例法的支撑。在本案中，Salomon公司的股东都为所罗门（Salomon）本人的亲属，除了所罗门本人以外，各自仅仅只持有1英镑象征性出资作为公司股东满足公司法的要求。上议院确认，公司法要求7名股东，但并不要求他们独立，从而承认了实际上的“一人公司”。在英国《2006年公司法》的准备工作中，由于担心从封闭公司转型为公开公司会产生复杂的问题，独立立法的方式再次被拒绝。尽管如此，改革在“首先考虑小型公司”（Think Small First）的口号下，确实考虑到了中小企业的需要，并为封闭公司引入了针对性的默认条款。不仅如此，英国《2006年公司法》颁布之后，商业与技术部（BIS）宣布将为一人公司创建一种新型的公司形态。④ 在美国，封闭公司被视为“公司法的孤儿”（Orphan of Corporate Law），美国大多数州的立法都是为大型公开公司设计的，而不适合具有独特需求的封闭公司，直到20世纪，这种做法才发生改变。⑤ 今天，大部分州都已经有自己针对封闭公司的单独立法或

---

① 参见李建伟：《公司法学》，中国人民大学出版社2018年版，第275页。

② See Ron Harris, *The Private Origins of the Private Company: Britain* 1862 – 1907, 33 Oxford Journal of Legal Study 339,343 (2013).

③ [1897] AC 22.

④ See Paul Davies & Sarah Worthington, *Principles of Modern Company Law*, Sweet & Maxwell, 2016, p. 13.

⑤ See James D. Cox & Melvin A. Eisenberg, *Business Organizations, Cases and Materials*, Foundation Press, 2019, p. 223.

规定，比如，马萨诸塞州就单独针对封闭公司的立法，并发展出了一套针对封闭公司专门的信义义务规则，[①]美国的《特拉华州公司法》第14章对封闭公司特殊规定（close corporations；special provisions）进行了专章规制。

上述基于比较法的观察，无疑可以看出各国对待封闭公司的不同态度表现在机关设置上，由于公司股东和管理者人员构成上的高度重合性，已经有不少立法例允许封闭公司采取不设置董事会的治理结构，这种公司治理结构实际上表明了在封闭公司两权分离并不存在，公司的所有意思都是股东会直接形成的。比如，德国的《有限责任公司法》第6条规定有限公司可以不设置董事会，只设置业务执行员，并且从法律规定的职能上看，其并非董事会的替代，没有任何经营或业务决定权。不过，对于否定两权分离最为直接和彻底的是美国的《特拉华州公司法》，其第351条规定，封闭公司的公司注册证书可以规定，公司的业务应由公司的股东而不是由董事会管理。并且，只要这项规定继续有效，则：（1）无须召集股东大会选举董事。（2）除（本法）文意另有所指外，为适用本章的规定，公司的股东应被视为董事。（3）公司的股东应承担董事的所有义务。这一立法规定表明，公司不仅可以不设置董事会，连董事都可以没有，由股东直接管理，完全否定了封闭公司中的两权分离。

综上所述，封闭公司中，股东人数少，企业规模小，两权分离程度低，造成了不同于公开公司的特殊治理结构，因此，这些特殊治理结构促成了对特殊制度规制的需求。与大部分公开公司不同，这种特殊治理结构是以股东为中心的，这为在封闭公司中实现股东自治打下了基础。

（二）封闭公司代表权配置的模式选择

我国虽然形式上也区分了有限公司和股份公司两种形式，但正如前述，这两种公司类型并不具备实质的区分度。就代表权配置模式来讲，两类公司代表权的配置模式都是法定的，只能由董事长、执行董事或经理享有，这使现有两种类型公司代表权配置共性有余而个性不足，实际上，在

---

① See Mary Siegel, *Fiduciary Duty Myths in Close Corporate Law*, 29 Delaware Journal Corporate Law 377 (2004).

有限公司中通常只有以执行董事作为法定代表人,表现了法定模式的僵硬。

以比较法视角观察,可以发现封闭公司与公开公司的代表权配置模式是不同的,这可能是由于前述封闭公司的特殊治理结构所致。在德国,股份公司的代表权由公司董事会集体或共同享有,但在有限责任公司中,根据德国的《有限责任公司法》第 35 条的规定,该代表权由公司的业务执行人享有。该条最特殊之处在于,在公司没有业务执行人或公司股份集中于一名股东手上时,公司的股东可以直接代表公司。《瑞士债法典》第 716 条(B)(适用于股份公司)规定,对于第三人而言,董事会代表公司。在公司章程及规定无相反内容的前提下,董事会的每一成员对外均可代表公司。董事会可以将其代表公司的权利授予一个或者数个董事,或者授予给经理。此外,《瑞士债法典》中关于有限责任公司代表人的规定不仅不同于股份公司,并且在大陆法系各国和地区中也非常特别。该法典第 811 条规定,"章程如无相反规定,全体股东可以共同管理、代表公司。管理和代表公司的权利可以通过章程或者公司决议授予一名或者多名股东行使",甚至其第 812 条规定,"管理和代表公司的权利可以通过章程或者公司决议授予股东之外的第三人"。在韩国,股份公司由选任的代表董事代表公司,但根据《韩国商法典》第 287 条的规定,有限责任公司的业务执行人在全体股东中选任,全体业务执行人都有代表公司的权利。而在英美法中,前述美国的《特拉华州公司法》规定了在封闭公司中,可以不设董事或业务执行人,由股东全面管理和代表公司。

由此可见,封闭公司中的代表权配置是比较灵活的,由于股东和董事、业务执行人身份的高度重合,常常可以由股东兼任公司代表人,这与股份公司的意思形成和意思表达严格分离不同,表现了封闭公司中股东集权的特点。从更细致的角度观察,无论是大陆法系还是英美法系,都突出了封闭公司的高度自治,这为封闭公司制度生成带来了足够的弹性,"在全球范围内,对封闭公司来说,最重要的治理规定不是法律,而是公司章程和股东协议等。这通常是由于立法允许股东决定公司内部事务的广泛范围”。①

以德国为例,自 1892 年生效以来,股东享有广泛的自治权一直是《有限责任公司法》的一个特点,其经济优势是显而易见的,正如前述,股东可以根据自己的特殊需要定制公司组织结构。在没有任何负外部性的情况下,同质化的股东利益有助于提高公司的效率。在美国,自 2004 年以来,《特拉华州有限责任公司法》(Delaware Limited Liability Company Act)一直寻求允许有限责任公司最大程度的自治,其第 18 – 1101 条(b)规定:本法的政策是最大限度地发挥合同自由原则和有限责任公司协议的可执行性(It is the policy of this chapter to give the maximum effect to the principle of freedom of contract and to the enforceability of limited liability company agreements)。日本在 2005 年的公司法修订中正式纳入了股东自治原则,该法赋予了股东广泛的自由,通过公司章程来定制公司的组织机构,比如股东可以选择是否设置董事会、各委员会等。对此,日本学者表示:在 2005 年的公司法改革中,合同自由原则得到正式承认和确立。现在,至少在封闭公司中,日本股东可以像美国股东一样自由地规划他们的内部关系。②

从经济学角度来看,“经济学理论认为,在假定条件下,自由设计合同安排的当事人将采用有效条款,使当事人之间可供分割的利益最大化”。③ 对于封闭公司来说,较少的股东人数和一定的人合性保障了其实现自治的最佳效果,如果由法律强制性规定公司内部治理模式和权力分配,那么立法者作出的安排并不一定优于股东的共同判断。就这一点而言,公开公司这一基础是不存在或者比较薄弱的,因为实现股东治理的前

---

① Holger Fleischer, *Comparative Corporate Governance in Closely Held Corporations*, in Jeffrey N. Gordon & Wolf-Georg Ringe eds. , Corporate Law and Governance, Oxford University Press, 2018.

② See Zenichi Shishido, *Does Law Matter to Financial Capitalism? The Case of Japanese Entrepreneurs*, 37 Fordham International Law Journal 1087, 1098 (2014).

③ Lucian A. Bebchuk, *Limiting Contractual Freedom in Corporate Law: The Desirable Constraints on Charter Amendments*, 102 Harvard Law Review 1820, 1826 (1989).

提是利益同质性的平准化(homogene Intere-ssenschichtung),①通常公开公司的股东人数众多,股东类型和价值目标各不相同,多元委托造成的异质偏好可能造成在很多问题上无法达成一致。对此,艾森伯格教授认为:"封闭公司中的股东更适合通过协商而不是强制来确定公司治理的结构和规则。"②

虽然在封闭公司中,通常公司的程式化和结构更为简略,但这并不是必然的,仍然也有部分股东倾向于完整的公司治理结构,愿意将公司交给专业董事来打理,这也需要封闭公司的制度设计保持足够的弹性来满足实践的需求。具体到公司代表权的配置来说,封闭公司的意思形成和意思表达有可能是统一的,也有可能分离。公司股东可以自行管理公司,也可以委托专业化的管理者来管理公司,到底怎样设计,视公司的具体情况而定。因此,相比法定模式的僵硬,在封闭公司中采取自治模式,由公司自主选择是较为理想的选择。至于相对人保护,则可以由和代表制度配套的商事登记制度来实现。

本章小结

本章在前述章节研究的基础上,提出公司代表权体系化配置的类型化方案,这一方案建立在两个基础之上。第一,公司所有权和控制权分离程度的不同,造成了公司治理结构的显著差别,因此,公司代表权配置规则应当按照公司类型区分为公开公司中的配置规则和封闭公司中的配置规则。就此而言,因历史和经济结构原因,我国现有立法以有限公司作为公司法的基本模型,这与其他立法例存在显著不同,并造成了我国有限公司与股份公司的规则设置没有实质的区分度,既不能满足有限公司高度

① 参见[韩]李哲松:《韩国公司法》,吴日焕译,中国政法大学出版社2000年版,第339页。

② Melvin A. Eisenberg, *The Structure of Corporation Law*, 89 Columbia Law Review 1461, 1463 (1989).

自治的需求,也无法满足股份公司公共性的需求。据此,应在新一轮的公司法修订中作出改变,按照公开公司和封闭公司的标准对公司类型进行划分。第二,在公开公司之中,同时存在效率和安全的双重需求。因此,结合前文的公司意思形成机制、代表权范围确定机制和代表权行使规则的体系基础,建立以事务类型为区分依据的类型化代表权配置方案是较为实际和妥当的选择。

结　语

长期以来,我国公司的法定代表人制度受到各方的批评,这一问题最集中的表现就是公司对外担保问题。要解决这一问题不能仅靠对个别事项的特别规定,而是应该建立体系化的代表权配置规则。通过比较分析,本书认为,代表权和代理权的区分更多是理论上的,公司代表权问题的实质是代理理论在公司制度中的延伸,必须结合对公司的社团性和科层性深入理解,才能正确建立体系化的规则。

法人"实在说"为公司确立了意思能力和行为能力,但作为法律拟制体的公司始终需要依靠自然人来实现这一能力。从早期的特许公司、合股公司到现代的公开公司、股份公司,公司的社团性不断增强,促使了公司机关发生分化,公司意思形成机关确定为公司股东会和董事会,伯利和米恩斯的研究实际上正是基于这个现象展开的,并提出了两权分离学说。故而,实际上,公司控制权和经营权是两种概念,不应混淆。然而,在处理公司机关的关系上,无论学术研究还是司法实践,远没有达到统一,如何判断决策权的归属历来充满争议。不仅如此,公司的出现在主体和意志两个方面,在外部和内部两个方向上,都挑战着个体自由。公司对外再投资形成的权力和控制关系,在主体上造成了划分独立主体界限的困难;公司内部决策的不同规则造成了判断独立意志真实性和来源的困难。公司内部成员对外作出意思表示如何真实地反映公司的独立意志,这构成了公司法的难题。

公司的意思形成并不像自然人或古典企业一样,通过个人意志或者少数人意志就能直接形成,公司的意思形成机制是由一套规则体系组成,必须符合一定的公司程式,即决策结构和决策形式的要求才属于有效的意思,这就是公司意思形成的逻辑。由不同机关和雇员组成的公司内部存在分权与分工,以及决策结构的划分是不争的事实,这种决策结构:(1)通过法律,比如公司法,或者通过章程,按照对公司的重要性程度,对作出公司行为的权力进行了分配。(2)如果公司和市场中通行的决策结构不同,存在特殊性的内部规则,那么除非采用公示,否则不能对外发生效力。我国公司法立法中的现有决策结构是不清晰的,这种不清晰表现在列举式可能出现的遗漏和立法语言的模糊性,并多以描述性规则而不是以概念性规则对权力边界进行界定。站在两权分离的基础上,一个学理性的框架能够很好地勾勒出公司决策权的边界,更具有实用价值。同时,我国长期以来形成的司法实践,习惯以简单的合同规则判定合同效力,并未尊重公司意思形成的逻辑,造成了显著的利益失衡。就此而言,一个新的立法框架有助于重塑市场规则,帮助审判实践尊重公司的公共性和治理规则,尽力实现公司内外利益的平衡。

与以往的一贯观点不同,公司代表权并非无限或者是不可限制的,我国《民法典》及配套规范体系在立法上正式提出了代表权概念,并明确规定了公司代表权的限制和行使规则,从而改变了以法定代表人为视角,而不是以权限本身为视角的规范思路,这为代表制度提供了新的技术支点。在此前提下,探讨公司代表权范围就具有十分重要的意义。从代理基本规则来讲,代理人的权限范围不得超过本人的权限范围是一项基本原则,代表权也不应例外。越权原则的现代意义表明,公司代表人的代表权要受到法律和市场准入资格的限制。另外,由于我国过去长期的计划经济历史背景,习惯于将法定代表人独立看待,并凌驾于公司其他机关和人员之上,这造成了公司机构构造体系的混乱。事实上,回归代表机关的正确定位，其只不过是公司内的对外执行机关而已，其本身的权限范围不应超过董事会执行权的范围。最后，由于在长期商事实践中，通过代表人的身份判定其权限范围的做法已经成为大多数人确信的商事习惯，因此代表权范围的最终确定已经逐渐客观化和定型化，即公司代表人完成其职务所需的一切行为。循此逻辑，从代理抽象学说来讲，公司内部限制不得改变代表权的范围，只有法定限制，作为法律对特定实现的特别保留，故而不能被代表权范围所涵盖。

实践中表现出的代表权行使规则混乱这一问题是值得警惕和关注的，尤其是唯公章论的做法背离了基本的法律规则和立法理念。事实上，公章只是法律上的客体，并非法律上的主体，其无法承载代表权的功能。在法定代表人场合，公章的基本意义仅仅在于彰显公司名义。除此之外，公司代表权的效力约束和程序控制都对代表权的行使具有重要的规范意义。

“私法上的问题，只要涉及三方关系，通常都十分复杂，教义学构造的难度较大”①，遑论公共公司内部复杂的多元利益主题和治理结构对代表权配置和行使的影响，因此，从注重兼顾效率和安全的基础上，采取类型化的划分方式建立体系化的代表权配置方案是合理且实际的选择。不过，对于封闭公司来说，其两权分离的程度显著低于公开公司，这造就了封闭公司特殊的治理结构，因此，以自治模式，由公司自行确定公司的代表权规则是较为理想的方案。

总之，建立体系化的代表权配置规则需要结合公司自身性质上的特点，以治理规则的需求作整体性的全面考虑，仅仅针对代表制度作细部修订是难以达到效果的，因此，我们应当抓住此次公司法全面修订的历史时机，建立符合新时代商事实践需求的体系化代表权配置规则。

---

① 杨代雄：《越权代表中的法人责任》，载《比较法研究》2020年第3期。

参考文献

一、著作类(含中文译著、外国法典中文译本等)

1.[意]彼得罗·彭梵得:《罗马法教科书》,黄风译,中国政法大学出版社2017年版。

2.朱庆育:《民法总论》,北京大学出版社2016年版。

3.朱慈蕴:《公司法原论》,清华大学出版社2011年版。

4.王泽鉴:《民法概要》,北京大学出版社2011年版。

5.马俊驹、余延满:《民法原论》,法律出版社2010年版。

6.陈华彬:《民法总则》,中国政法大学出版社2017年版。

7.龙卫球:《民法总论》,中国法制出版社2002年版。

8.[奥]凯尔森:《法与国家的一般理论》,沈宗灵译,商务印书馆2013年版。

9.[德]马克斯·韦伯:《支配社会学》,康乐、简惠美译,广西师范大学出版社2010年版。

10.邓峰:《普通公司法》,中国人民大学出版社2009年版。

11. 施天涛:《公司法论》,法律出版社 2018 年版。

12. 陈自强:《代理权与经理权之间——民商合一与民商分立》,北京大学出版社 2008 年版。

13. 叶林:《公司法研究》,中国人民大学出版社 2008 年版。

14. 何建:《公司意思表示论》,法律出版社 2019 年版。

15. 王保树、崔勤之:《中国公司法原理》,社会科学文献出版社 2006 年版。

16. 王泽鉴:《民法总则》,北京大学出版社 2009 年版。

17. 罗结珍:《法国民法典(上)》,法律出版社 2005 年版。

18. 罗结珍:《法国民法典(下)》,法律出版社 2005 年版。

19. 王保树主编:《最新日本公司法》,于敏、杨东译,法律出版社 2006 年版。

20. [日]前田庸:《公司法入门》,王作全译,北京大学出版社 2012 年版。

21. [韩]李哲松:《韩国公司法》,吴日焕译,中国政法大学出版社 2000 年版。

22. 钱玉林:《公司法实施问题研究》,法律出版社 2014 年版。

23. 王文宇:《公司法论》,台北,元照出版公司 2008 年版。

24. 李建伟:《公司法学》,中国人民大学出版社 2018 年版。

25. [美]莱纳・克拉克曼、[美]亨利・汉斯曼等:《公司法剖析:比较与功能的视角》(第 2 版),罗培新译,法律出版社 2012 年版。

26. 王文宇:《探索商业智慧——契约与组织》,台北,元照出版公司 2019 年版。

27. [德]K. 茨威格特、[德]H. 克茨:《比较法总论(上)》,潘汉典等译,中国法制出版社 2017 年版。

28. [德]马克西米利安・福克斯:《侵权行为法》,齐晓琨译,法律出版社 2006 年版。

29. 程啸:《侵权责任法》,法律出版社 2015 年版。

30. 江平主编:《法人制度论》,中国政法大学出版社 1994 年版。

31. [德]卡尔·拉伦茨:《德国民法通论(上册)》,王晓晔、邵建东等译,法律出版社 2013 年版。

32. [日]山本敬三:《民法讲义Ⅰ》,解亘译,北京大学出版社 2012 年版。

33. [法]卢梭:《社会契约论》,何兆武译,商务印书馆 2016 年版。

34. [美]约翰·奇普曼·格雷:《法律的性质与渊源》,马驰译,中国政法大学出版社 2012 年版。

35. [日]末永敏和:《现代日本公司法》,金洪玉译,人民法院出版社 2000 年版。

36. 赵旭东主编:《公司法学》,高等教育出版社 2015 年版。

37. 赵德枢:《一人公司详论》,中国人民大学出版社 2004 年版。

38. 冯果:《公司法》,武汉大学出版社 2017 年版。

39. 范健、王建文:《公司法》,法律出版社 2018 年版。

40. [日]近藤光男:《最新日本公司法》,梁爽译,法律出版社 2016 年版。

41. 朱羿锟:《公司法:原理·图解·案例·司考》,中国民主法制出版社 2016 年版。

42. 朱锦清:《公司法学》,清华大学出版社 2019 年版。

43. [澳]斯蒂芬·波特姆利:《公司宪治论——重新审视公司治理》,李建伟译,法律出版社 2019 年版。

44. [德]托马斯·莱赛尔、[德]吕迪格·法伊尔:《德国资合公司法(下)》,高旭军等译,上海人民出版社 2019 年版。

45. 刘俊海:《现代公司法》(第 3 版)上册,法律出版社 2015 年版。

46. 刘俊海:《现代公司法》(第 3 版)下册,法律出版社 2015 年版。

47. [美]罗伯特·C. 克拉克:《公司法则》,胡平等译,工商出版社 1999 年版。

48. [英]亚当·斯密:《国富论》,胡长明译,江苏人民出版社 2011 年版。

49. [美]阿道夫·A. 伯利、[美]加德纳·C. 米恩斯:《现代公司与私有财产》,甘华鸣等译,商务印书馆 2007 年版。

50. 梅慎实:《现代公司治理结构规范运作论》,中国法制出版社 2002 年版。

51. 张维迎:《企业的企业家——契约理论》,上海人民出版社 2015 年版。

52. 邓峰:《代议制的公司:中国公司治理中的权力和责任》,北京大学出版社 2015 年版。

53. 胡果威:《美国公司法》,法律出版社 1999 年版。

54. [美]肯特·格林菲尔德:《公司法的失败:基础缺陷与进步可能》,李诗鸿译,法律出版社 2019 年版。

55. 苏永钦:《寻找新民法》,北京大学出版社 2012 年版。

56. 黄立:《民法总则》,中国政法大学出版社 2002 年版。

57. [日]山本为三郎:《日本公司法精解》,朱大明译,法律出版社 2015 年版。

58. 史尚宽:《民法总论》,中国政法大学出版社 2000 年版。

59. 马俊驹:《法人制度通论》,武汉大学出版社 1988 年版。

60. [德]汉斯·布洛克斯、[德]沃尔夫·迪特里希·瓦尔克:《德国民法总论》,张艳译,中国人民大学出版社 2019 年版。

61. [韩]郑燦亨:《韩国公司法》,崔文玉译,上海大学出版社 2011 年版。

62. 刘文科:《商事代理法律制度论》,法律出版社 2013 年版。

63. 胡晓静、杨代雄:《德国商事公司法》,法律出版社 2014 年版。

64. 甘培忠、周淳、周游:《企业与公司法学》,北京大学出版社 2018 年版。

65. [意]F. 卡尔卡诺:《商法史》,贾婉婷译,商务印书馆 2017 年版。

66. 任先行、周林彬:《比较商法导论》,北京大学出版社 2000 年版。

67. 吴兴光、蔡红、刘睿:《美国〈统一商法典〉研究》,社会科学文献出版社 2015 年版。

68.《日本最新商法典译注》,刘成杰译注,中国政法大学出版社 2012

年版。

69. 王泽鉴:《民法学说与判例研究(第4册)》,北京大学出版社2009年版。

70. 汪渊智:《代理法论》,北京大学出版社2015年版。

71. 王泽鉴:《债法原理》,北京大学出版社2009年版。

72. [德]本德·吕特斯、[德]阿斯特丽德·施塔德勒:《德国民法总论》,于馨淼、张姝译,法律出版社2017年版。

73. 刘凯湘:《民法总论》,北京大学出版社2011年版。

74. [德]迪特尔·梅迪库斯:《德国民法总论》,邵建东译,法律出版社2013年版。

75. [美]罗伯特·W. 汉密尔顿:《美国公司法》,齐东祥等译,法律出版社2008年版。

76. [美]弗兰克·伊斯布鲁克、[美]丹尼尔·费希尔:《公司法的经济结构》,罗培新、张建伟译,北京大学出版社2014年版。

77. [美]小艾尔弗雷德·D. 钱德勒:《看得见的手:美国企业的管理革命》,童武译,商务印书馆2017年版。

78. [美]弗兰克·H. 伊斯特布鲁克等著、黄辉编译:《公司法的逻辑》,法律出版社2016年版。

79. [加]布莱恩·R. 柴芬斯:《所有权与控制权:英国公司演变史》,林少伟、李嘉译,法律出版社2019年版。

80. 蒋大兴:《公司法的展开与评判》,法律出版社2001年版。

81. 蒋大兴:《公司法的观念与解释》,法律出版社2009年版。

82. 王保树:《商法总论》,清华大学出版社2007年版。

83. 黄辉:《现代公司法比较研究:经验及对中国的启示》,清华大学出版社2020年版。

84. 史际春:《企业和公司法》,中国人民大学出版社2018年版。

85. 王军:《中国公司法》(第2版),高等教育出版社2017年版。

二、论文类

1. 方流芳:《国企法定代表人的法律地位、权力和利益冲突》,载《比较法研究》1999 年第 3、4 期。

2. 钱玉林:《公司法第 16 条的规范意义》,载《法学研究》2011 年第 6 期。

3. 罗培新:《公司担保法律规则的价值冲突与司法考量》,载《中外法学》2012 年第 6 期。

4. 刘贵祥:《公司担保与合同效力》,载《法律适用》2012 年第 7 期。

5. 梁上上:《公司担保合同的相对人审查义务》,载《法学》2013 年第 3 期。

6. 吴越、宋雨:《公司担保合同中相对人审查义务的边界》,载《甘肃社会科学》2020 年第 4 期。

7. 李建伟:《公司决议的外部效力研究——〈民法典〉第 85 条法教义学分析》,载《法学评论》2020 年第 4 期。

8. 蒋大兴:《公司组织意思表示之特殊构造——不完全代表/代理与公司内部决议之外部效力》,载《比较法研究》2020 年第 3 期。

9. 范健、蒋大兴:《公司经理权法律问题比较研究——兼论我国公司立法之检讨》,载《南京大学学报(哲学 · 人文 · 社会科学)》1998 年第 3 期。

10. 石慧荣:《法人代表制度研究》,载《现代法学》1996 年第 4 期。

11. 殷秋实:《法定代表人的内涵界定与制度定位》,载《法学》2017 年第 2 期。

12. 蔡立东:《论法人行为能力制度的更生》,载《中外法学》2014 年第 6 期。

13. 吴越、宋雨:《公司担保合同中善意相对人认定标准研究——基于〈民法总则〉对〈合同法〉第 50 条之扬弃》,载《社会科学研究》2018 年第 5 期。

14. 许德风:《组织规则的本质与界限——以成员合同与商事组织的

关系为重点》,载《法学研究》2011 年第 3 期。

15. 许德风:《意思与信赖之间的代理授权行为》,载《清华法学》2020 年第 3 期。

16. 马更新:《公司担保中决议形成程序与合同效力认定间牵连关系探析》,载《法学杂志》2020 年第 6 期。

17. 刘学义、范卫洋:《人的主体性是康德哲学的核心》,载《甘肃社会科学》1998 年第 3 期。

18. 杨代雄:《越权代表中的法人责任》,载《比较法研究》2020 年第 4 期。

19. 仲崇玉:《论基尔克法人有机体说的法理内涵和政治旨趣》,载《现代法学》2013 年第 2 期。

20. 吴越:《公司人格本质与社会责任的三种维度》,载《政法论坛》2007 年第 6 期。

21. 蒋学跃:《法人侵权责任能力的理论预设与制度设计——以法人本质理论为线索》,载《现代法学》2007 年第 5 期。

22. 马骏驹:《法人制度的基本理论和立法问题之探讨(中)》,载《法学评论》2004 年第 5 期。

23. 邓峰:《作为社团的法人:重构公司理论的一个框架》,载《中外法学》2004 年第 6 期。

24. 方流芳:《中西公司法律地位历史考察》,载《中国社会科学》1992 年第 4 期。

25. 罗培新:《股东会与董事会权力构造论:以合同为进路的分析》,载《政治与法律》2016 年第 2 期。

26. 许可:《股东会与董事会分权制度研究》,载《中国法学》2017 年第 2 期。

27. 郭富清:《从股东绝对主权主义到相对主权主义公司治理的困境及出路》,载《法律科学》2003 年第 4 期。

28. 蒋大兴:《重思公司共同决议行为之功能》,载《清华法学》2019 年第 6 期。

29. 高圣平:《公司担保相关法律问题研究》,载《中国法学》2017 年第 2 期。

30. 柳经纬:《论法定代表人》,载《贵州大学学报(社会科学版)》2002 年第 2 期。

31. 柳经纬:《“斩不断,理还乱”的法定代表人制度》,载《河南省政法管理干部学院学报》2006 年第 4 期。

32. 邓峰:《公司合规的源流及中国的制度局限》,载《比较法研究》2020 年第 1 期。

33. 杨继:《中国股份公司法定代表人制度的存废》,载《现代法学》2004 年第 6 期。

34. 许中缘:《论商事习惯与我国民法典》,载《交大法学》2017 年第 4 期。

35. 朱慈蕴、毛健铭:《商法探源——论中世纪的商人法》,载《法制与社会发展》2003 年第 4 期。

36. 陈彦晶:《商事习惯之司法功能》,载《清华法学》2018 年第 1 期。

37. 王利明:《论习惯作为民法渊源》,载《法学杂志》2016 年第 11 期。

38. 周林彬、王佩佩:《商事惯例初论——以立法构建为视角》,载王保树主编:《中国商法年刊(2007)》,北京大学出版社 2008 年版。

39. 张卫平:《认识经验法则》,载《清华法学》2008 年第 6 期。

40. 樊涛:《我国民商事司法中的交易习惯》,载《法律适用》2014 年第 2 期。

41. 谢鸿飞:《代理部分立法的基本理念和重要制度》,载《华东政法大学学报》2016 年第 5 期。

42. 胡东海:《论职责违反型代理权滥用——以〈民法总则〉第 164 条第 1 款的解释为中心》,载《环球法律评论》2019 年第 2 期。

43. 叶金强:《表见代理中信赖合理性的判断模式》,载《比较法研究》2014 年第 1 期。

44. 吴高臣:《团体法的基本原则研究》,载《法学杂志》2017 年第

1 期。

45. 王雷:《论民法中的决议行为》,载《中外法学》2015 年第 1 期。

46. 孙鹏:《交易安全及其民商法保护论略》,载《法律科学》1995 年第 5 期。

47. 梁上上:《股东表决权:公司所有与公司控制的连接点》,载《中国法学》2005 年第 3 期。

48. 周游:《公司法上的两权分离之反思》,载《中国法学》2017 年第 4 期。

49. 甘培忠、周游:《我国公司法建构中的国家角色》,载《当代法学》2014 年第 2 期。

50. 韩长印、吴泽勇:《公司业务执行权之主体归属——兼论公司经理的法律地位》,载《法学研究》1999 年第 4 期。

51. 王保树、钱玉林:《经理法律地位之比较研究》,载《法学评论》2002 年第 2 期。

52. 高圣平、范慧佳:《公司法定代表人越权担保效力判断的解释基础——基于最高人民法院裁判分歧的分析和展开》,载《比较法研究》2019 年第 1 期。

53. 蒋大兴:《公司董事会的职权再造——基于"夹层代理"及现实主义的逻辑》,载《现代法学》2020 年第 4 期。

三、外文著作与论文类

1. Carsten Gerner-Beuerle & Michael Schillig, *Comparative Company Law*, Oxford University Press, 2019.

2. Archibald Brown, *An Epitome and Analysis of Savigny's Treatise on Obligations in Roman Law*, Sagwan Press, 2015.

3. Andreas Cahn & David C. Donald, *Comparative Company Law: Text and Cases on the Laws Governing Corporations in Germany, the UK and the USA*, Cambridge University Press, 2018.

4. Joshua Getzler, *Fiduciary Principles in English Common Law*, in

Evan J. Criddle, Paul B. Miller & Robert H. Sitkoff eds., Fiduciary Law, Oxford University Press, 2019.

5. M. Stokes, *Company Law and Legal Theory*, in William TWining ed., Legal Theory and Common Law, Blackwell Pub, 1986.

6. William Blackstone, *Commentaries on the Laws and Constitution of England: Book* Ⅰ, Oxford University Press, 2016.

7. Paul Davies & Sarah Worthington, *Principles of Modern Company Law*, Sweet & Maxwell, 1992.

8. Albert Venn Dicey, *Lectures on the Relationship between Law and Public Opinion in England during the Nineteenth Century*, Macmillan, 2011.

9. Michael J. Phillips, *Reappraising the Real Entity Theory of the Corporation*, 21 Fla. Stanford Law Review 1061 (1994).

10. William W. Bratton, Jr., *The New Economic Theory of the Firm: Critical Perspectives from History*, 41 Stanford Law Review 1471 (1989).

11. D. Gordon Smith & Cynthia A. Williams, *Business Organizations: Cases, Problems, and Case Studies*, Wolters Kluwer, 2016.

12. A. W. Machen, *Corporate Personality* (1911) 24 Harvard Law Review 25.

13. John Dewey, *The Historic Background of Corporate Legal Personality*, 35 Yale Law Journal 655 (1926).

14. D. Millon, *Theories of the Corporation* (1990), Duke Law Journa.

15. David Goddard, *Corporate Personality: Limited Recourse and its Limits*, in Ross Grantham & C. E. F. Rickett eds., Corporate Personality in the 20th Century, Hart Publishing, 1998.

16. Henry Hansmann & Reinier Kraakman, *The Essential Role of Organizational Law*, 110 Yale Law Journal 387 (2000).

17. Henry Hansmann et al., *Law and the Rise of the Firm*, 119 Harvard Law Review 1333 (2006).

18. Stephen M. Bainbridge, *The Board of Directors*, in Jeffrey N. Gordon & Wolf-Georg Ringe eds. , Corporate Law and Governance, Oxford University Press, 2018.

19. Vulian Velasco, *Fiduciary Principles in Corporate Law*, in Evan J. Criddle, Paul B. Miller & Robert H. Sitkoff eds. , Fiduciary Law, Oxford University Press, 2019.

20. Ron. Harris, *Industrialising English Law: Entrepreneurship and Business Organisation*, 1720 – 1844, Cambridge University Press, 2011.

21. Derek French & Mayson, *French & Ryan on Company Law*, Oxford University Press, 2019.

22. Paul Davies & Sarah Worthington, *Principles of Modern Company Law*, Sweet & Maxwell, 2016.

23. Franklin A. Gevurtz, *Corporation Law*, West, 2000.

24. Robert W. Hamilton, Jonathan R. Macey & Douglas K. Moll, *The Law of Business Organizations*, West Academic Publishing, 2014.

25. James D. Cox & Thomas Lee Hazen, *Cox and Hazen on Corporations*, Aspen Publishers, 2003.

26. Franklin A. Gevurtz, *The European Origins and the Spread of the Corporate Board of Directors*, 33 Stetson Law Review 925, 929 (2004).

27. Melvin. A. Eisenberg, *The Legal Roles of Shareholders and Management in Modern Corporate Decisionmaking*, 57 California Law Review (1969).

28. James D. Cox & Melvin A. Eisenberg, *Corporations and Other Business Organizations Cases and Materials*, Foundation Press, 2019.

29. Beate & Christopher M. Bruner, *The Cambridge Handbook of Corporate Law, Corporate Governance and Sustainability*, Cambridge University Press, 2020.

30. Rachel E. Barkow, Erwin Chemerinsky & Richard A. Epstein, *Business Organization: Cases, Problems, and Case Studies*, Wolters

Kluwer, 2019.

31. W. Klein, J. Coffee & F. Partnoy, *Business Organization and Finance*, Foundation Press, 2010.

32. J. Choper, J. Coffee & R. Gilson, *Cases and Materials on Corporations*, Aspen Publishers, 2013.

33. Zohar Goshen, *The Efficiency of Controlling Corporate Self-dealing: Theory Meets Reality*, California Law Review 393, 2003.

34. Charles R. T. O'kelley & Robert B., *Corporations and Other Business Associations: Selected Statutes, Rules and Forms*, Wolters Kluwer, 2014.

35. Michael C. Jensen & William H. Meckling, *Theory of the Firm: Managerial Behavior, Agency Costs and Ownership Structure*, 3 Journal of Financial Economics 305 (1976).

36. H. Hansmann & R. Kraakman, *The End of History for Corporate Law*, 89 Georgetown Law Journal 439(2001).

37. Myles Mace, *Directors: Myth and Reality*, Harvard University Press, 1971.

38. Melvin A. Eisenberg, *Legal Models of Management Structure in the Modern Corporation: Officers, Directors, and Accountants*, California Law Review, Vol. 63, 1975.

39. Holger Fleischer, *Comparative Corporate Governance in Closely Held Corporations*, in Jeffrey N. Gordon & Wolf-Georg Ringe eds., Corporate Law and Governance, Oxford University Press, 2018.

40. Ron. Harris, *The Private Origins of the Private Company: Britain* 1862 – 1907, 33 Oxford Journal of Legal Study 339, 343 (2013).

41. Mary Siegel, *Fiduciary Duty Myths in Close Corporate Law*, 29 Delaware Journal Corporate Law 377 (2004).

42. Zenichi Shishido, *Does Law Matter to Financial Capitalism? The Case of Japanese Entrepreneurs*, 37 Fordham Intevnational Law Journal

1087,1098 (2014).

43. Lucian A. Bebchuk, *Limiting Contractual Freedom in Corporate Law: The Desirable Constraints on Charter Amendments*, 102 Harvard Law Review 1820,1826 (1989).

44. Melvin A. Eisenberg, *The Structure of Corporation Law*, 89 Columbia Law Review 1461,1463 (1989).

附录：全文案例统计裁判文书名录

序号	案号/审理法院	案件名称	代表行为是否有效
1	(2017)最高法民申1475号最高人民法院(再审)	河南恒和置业有限公司诉潘×堂等民间借贷纠纷案	有效
2	(2016)最高法民再301号最高人民法院(再审)	绿能高科集团有限公司等诉安徽投资控股股份有限公司等企业借贷纠纷再审案	有效
3	(2017)最高法民终310号最高人民法院(二审)	马鞍山小南山矿业有限公司诉交通银行股份有限公司武汉青山支行等金融借款合同纠纷案	有效
4	(2017)最高法民申2340号最高人民法院(二审)	营口元亨曦地置业有限公司诉青岛天一集团樱珠山房地产开发有限公司等企业借贷纠纷案	有效
5	(2017)最高法民申524号最高人民法院(再审)	亿达信煤焦化能源有限公司与刘×等民间借贷纠纷案	有效
6	(2017)最高法民申2032号最高人民法院(再审)	鼎邦实业投资江苏有限公司诉江苏银行股份有限公司盐城亭湖支行等股权金融借款合同纠纷案	有效

续表

序号	案号/审理法院	案件名称	代表行为是否有效
7	(2017)最高法民申 1696 号最高人民法院(再审)	重庆赞立置业有限公司诉何××买卖合同纠纷案	有效
8	(2016)最高法民再 194 号最高人民法院(再审)	山东兴康医疗器械有限公司与薛××民间借贷纠纷再审案	有效
9	(2016)最高法民再 335 号最高人民法院(再审)	东莞市百盛投资发展有限公司与李××等借款合同纠纷案	有效
10	(2016)鄂民终 286 号湖北省高级人民法院(二审)	湖北嘉弘达典当有限公司与黄石市虹鑫房地产开发有限公司、潘×借款合同纠纷案	有效
11	(2016)最高法民申 2633 号最高人民法院(再审)	河北敬业担保有限公司诉永年县圣帝隆房地产有限公司等追偿权纠纷案	无效
12	(2016)最高法民终 271 号最高人民法院(二审)	海南中度旅游产业开发有限公司与李×借款合同纠纷上诉案	有效
13	(2016)最高法民申字 1006 号最高人民法院(再审)	襄阳骏盛置业有限公司等诉加××保证合同纠纷案	有效
14	(2016)最高法民申 435 号最高人民法院(再审)	萍乡市万新小城镇开发有限公司诉西藏信托投资有限公司等借款合同纠纷案	有效
15	(2016)最高法民申 607 号最高人民法院(再审)	河北华晨光伏科技有限公司与王××、豆×等借款合同纠纷申请案	有效
16	(2016)最高法民再 24 号最高人民法院(再审)	陈×、陈××等与陈×、沈阳金盾防暴器材有限公司等民间借贷纠纷申请案	有效
17	(2016)最高法民申 231 号最高人民法院(再审)	烟台华健检测工程有限公司与潘××民间借贷纠纷上诉案	有效
18	(2016)最高法民申 503 号最高人民法院(再审)	赵××诉杨××等民间借贷纠纷案	无效
19	(2015)民申字第 3236 号最高人民法院(再审)	丁×与张××等民间借贷纠纷申请再审案	无效
20	(2015)民二终字第 176 号最高人民法院(二审)	林××等与林××股权转让合同纠纷上诉案	无效
21	(2015)民申字第 2539 号最高人民法院(二审)	青海创新矿业开发有限公司等诉韩××民间借贷及担保合同纠纷案	有效

续表

序号	案号/审理法院	案件名称	代表行为是否有效
22	(2015)民申字第2491号最高人民法院(再审)	六安市创新小额贷款股份有限公司诉张××等民间借贷合同纠纷案	有效
23	(2015)民申字第3011号最高人民法院(再审)	湘潭高新区兆基复合材料有限责任公司诉刘×等民间借贷纠纷案	有效
24	(2015)民申字第1558号最高人民法院(再审)	福建省浩华房地产开发有限公司等诉中国农业银行股份有限公司仙游县支行等金融借款合同纠纷案	有效
25	(2015)民申字第2086号最高人民法院(再审)	青海贤成矿业股份有限公司等诉周×民间借贷纠纷案	有效
26	(2015)民申字第1062号最高人民法院(再审)	新乡中新化工有限责任公司等诉郭××等民间借贷担保合同纠纷案	有效
27	(2015)民一终字第72号最高人民法院(二审)	山西华晋纺织印染有限公司等与戴×合资、合作开发房地产合同纠纷上诉案	有效
28	(2015)民申字第1058号最高人民法院(再审)	新乡中新化工有限责任公司等诉王××借款担保合同纠纷案	有效
29	(2015)民申字第1059号最高人民法院(再审)	新乡中新化工有限责任公司等诉郑××民间借贷担保合同纠纷案	有效
30	(2015)民申字第418号最高人民法院(再审)	盛隆资源再生(无锡)有限公司诉蔡××公司民间借贷纠纷案	有效
31	(2012)民提字第156号最高人民法院(再审)	招商银行股份有限公司大远东港支行与大连振邦氟涂料股份有限公司、大连振邦集团有限公司借款合同纠纷案	有效
32	(2014)民申字第1876号最高人民法院(再审)	吴××与泰州市天利投资发展有限公司、周××民间借贷纠纷案	无效
33	(2014)民一终字第109号最高人民法院(二审)	高远控股有限公司、上海高远置业(集团)有限公司、毛××与邹××、上海录润置业有限公司与李××民间借贷纠纷案	无效
34	(2014)民申字第628号最高人民法院(再审)	吉林省天合房地产开发有限公司与张××保证合同纠纷案	有效
35	(2013)民申字第1785号最高人民法院(再审)	上海明力德实业有限公司与中国光大银行股份有限公司上海分行其他借款合同纠纷案	有效

续表

序号	案号/审理法院	案件名称	代表行为是否有效
36	(2013)民申字第2275号最高人民法院(再审)	寿光广潍汽车销售服务有限公司、潍坊广潍汽车销售服务有限公司、潍坊广潍汽车销售服务有限公司寿光分公司与王××、梁××民间借贷纠纷案	有效
37	(2013)民申字第2404号最高人民法院(再审)	山东洪福投资担保有限公司与李××、泰安市金润珠宝有限公司买卖合同纠纷案	有效
38	(2017)沪民申934号上海市高级人民法院(再审)	程××与天津桦清信息技术股份有限公司、原审被告潘××、康××、石××、陈××民间借贷纠纷案	无效
39	(2016)沪民申2908号上海市高级人民法院(再审)	上海虹梅农贸市场经营管理有限公司与上海徐汇华擎小额贷款股份有限公司、上海域豪实业有限公司、姚××借款合同纠纷案	有效
40	(2016)津民终46号天津市高级人民法院(二审)	郑××与天津桦科置业投资发展有限公司、张××等民间借贷纠纷案	有效
41	(2017)渝民申739号重庆市高级人民法院(再审)	重庆市永川区巨丰小额贷款有限公司与重庆伟豪实业有限公司黄×等民间借贷纠纷案	有效
42	(2016)渝民再202号重庆市高级人民法院(再审)	重庆百事达兴新汽车销售服务有限公司与袁×、万××等民间借贷纠纷案	无效
43	(2017)渝民终13号重庆市高级人民法院(二审)	贵州立翌房地产开发有限公司与张××保证合同纠纷案	有效
44	(2016)渝民终558号重庆市高级人民法院(二审)	雷士照明(中国)有限公司与中国建设银行股份有限公司重庆南坪支行等金融借款合同纠纷案	有效
45	(2016)渝民终520号重庆市高级人民法院(二审)	陈××、重庆三剑园林工程有限公司等与秦××民间借贷纠纷案	有效
46	(2014)渝高法民初字第00009号重庆市高级人民法院(一审)	魏×、郑××等与李×、田×等合同纠纷案	有效

续表

序号	案号/审理法院	案件名称	代表行为是否有效
47	(2016)渝民终104号重庆市高级人民法院(二审)	重庆超康电子科技有限公司与重庆市渝中区捷贷小额贷款有限公司、逄锦秀等借款合同纠纷案	有效
48	(2015)渝高法民终字第00480号重庆市高级人民法院(二审)	重庆渝亚房地产开发建设有限公司与重庆嘉瑞动物生化药业有限公司、张××等合同纠纷案	有效
49	(2014)渝高法民初字第00063号重庆市高级人民法院(一审)	重庆市能源投资集团物资有限责任公司与吴××、孙×等合同纠纷案	有效
50	(2015)渝高法民申字第01844号重庆市高级人民法院(再审)	重庆市涛峰建筑工程有限责任公司与苏××、杨××民间借贷纠纷案	有效
51	(2015)渝高法民终字第00452号重庆市高级人民法院(二审)	梁平县富国资源利用回收有限公司与重庆两江新区融资担保有限公司、重庆铁鑫汽车服务俱乐部、庞×等追偿权纠纷案	有效
52	(2014)渝高法民终字第00385号重庆市高级人民法院(二审)	重庆金凤建筑(集团)有限公司与丁×、张××等民间借贷纠纷案	无效
53	(2014)渝高法民初字第00072号重庆市高级人民法院(一审)	文××与云南志远房地产开发有限公司、昆明远建房地产开发有限公司等借款合同纠纷案	有效
54	(2014)渝高法民终字第00368号重庆市高级人民法院(二审)	贵州德林矿业发展有限公司、蔡××与贺×、王×借款合同纠纷案	有效
55	(2014)渝高法民终字第00317号重庆市高级人民法院(二审)	杨××、重庆市达固物资有限公司与重庆市当红文化传播有限公司民间借贷纠纷案	有效
56	(2016)粤民申7879号广东省高级人民法院(再审)	肇庆市安信贸易有限公司诉陈××等民间借贷纠纷案	有效
57	(2016)粤民申5833号广东省高级人民法院(再审)	河南世为动漫之都产业园有限公司诉深圳富隆特体育用品有限公司等借款合同纠纷案	有效

续表

序号	案号/审理法院	案件名称	代表行为是否有效
58	(2015)粤高法民二破终字第27号广东省高级人民法院(二审)	陈××与佛山市三水康之田压力容器制造有限公司、柯××普通破产债权确认纠纷案	有效
59	(2014)粤高法民二终字第64号广东省高级人民法院(二审)	东莞百盛投资发展有限公司与李××、郑××借款合同纠纷案	有效
60	(2015)粤高法民二申字第544号广东省高级人民法院(再审)	深圳市红光阳真空工艺有限公司等诉庄×民间借贷纠纷案	有效
61	(2015)粤高法民四终字第45号广东省高级人民法院(二审)	珠海市中广置业有限公司与姚××等借款合同纠纷案	有效
62	(2014)粤高民二终字第68号广东省高级人民法院(二审)	黄××等诉柯××等股权转让纠纷案	有效
63	(2014)粤高法民二破终字第95号广东省高级人民法院(二审)	青海贤成矿业股份有限公司等诉广东科汇发展有限公司等债权转让合同纠纷案	有效
64	(2014)粤高法民二申字第1061号广东省高级人民法院(再审)	深圳市朗捷置业有限公司等诉李××民间借贷纠纷案	有效
65	(2013)粤高法民二终字第34号广东省高级人民法院(二审)	深圳市国野股份有限公司与黄××、深圳市中联环投资有限公司股权转让纠纷案	无效
66	(2016)冀民终288号河北省高级人民法院(二审)	韩×诉锦州市鑫泽锰业有限公司等民间借贷纠纷案	有效
67	(2015)冀民一终字第93号河北省高级人民法院(二审)	唐山润华房地产开发有限公司与任××等民间借贷纠纷案	有效
68	(2014)冀民再终字第27号河北省高级人民法院(再审)	青龙满族自治县燕山冶金铸造有限公司与孟××、董××借款合同纠纷案	有效

续表

序号	案号/审理法院	案件名称	代表行为是否有效
69	(2014)冀民一终字第134号河北省高级人民法院(二审)	唐山中桥铁路道岔制造有限公司诉王××等民间借贷纠纷案	有效
70	(2016)晋民终218号山西省高级人民法院(二审)	介休市金岩洗煤有限公司诉晋中市寿阳利元小额贷款有限公司等借款合同纠纷案	有效
71	(2015)晋商终字第61号山西省高级人民法院(二审)	山西中达铝业有限责任公司等诉运城市合盛小额贷款有限责任公司等借款合同纠纷案	有效
72	(2014)晋民申字第276号山西省高级人民法院(再审)	上海市鑫茂置业有限公司等诉山西合聚工贸集团有限公司民间借贷纠纷案	有效
73	(2013)晋民终字第53号山西省高级人民法院(二审)	山西曜鑫煤焦有限公司等诉山西焦煤集团国际发展股份有限公司担保合同纠纷案	有效
74	(2017)辽民终230号辽宁省高级人民法院(二审)	上海北杰集团关东药业有限公司与上海浦东发展银行股份有限公司大连分行等金融借款合同纠纷案	有效
75	(2016)辽民终635号辽宁省高级人民法院(二审)	樊××等诉王×等合同纠纷案	有效
76	(2016)吉民申2334号吉林省高级人民法院(再审)	延边国际贸易大厦有限责任公司等诉延吉市延河农村信用合作社等金融借款合同纠纷案	有效
77	(2016)吉民申2333号吉林省高级人民法院(再审)	延边国际贸易大厦有限责任公司等诉延吉市延河农村信用合作社等金融借款合同纠纷案	有效
78	(2016)吉民申2330号吉林省高级人民法院(再审)	延边国际贸易大厦有限责任公司诉吉林珲春农村商业银行股份有限公司等金融借款合同纠纷案	有效
79	(2016)吉民申2137号吉林省高级人民法院(再审)	延边国际贸易大厦有限责任公司诉吉林珲春农村商业银行股份有限公司等金融借款合同纠纷案	有效

续表

序号	案号/审理法院	案件名称	代表行为是否有效
80	(2016)吉民申2332号吉林省高级人民法院(再审)	延边国际贸易大厦有限责任公司诉吉林珲春农村商业银行股份有限公司等金融借款合同纠纷案	有效
81	(2016)吉民申2331号吉林省高级人民法院(再审)	延边国际贸易大厦有限责任公司诉吉林珲春农村商业银行股份有限公司等金融借款合同纠纷案	有效
82	(2016)吉民申2138号吉林省高级人民法院(再审)	延边国际贸易大厦有限责任公司诉吉林珲春农村商业银行股份有限公司等金融借款合同纠纷案	有效
83	(2016)黑民申2218号黑龙江省高级人民法院(再审)	青岛九上商务大酒店有限公司与付智清、绥芬河市圣源经贸有限责任公司、东宁通泰木业有限公司、郑××民间借贷纠纷案	有效
84	(2014)黑高商终字第87号黑龙江省高级人民法院(二审)	伊春市交通路桥建筑有限公司与马金建设集团有限公司、马金建设集团有限公司伊春分公司等买卖合同纠纷案	有效
85	(2014)苏商终字第00472号江苏省高级人民法院(二审)	许××诉金烁置业公司、汪××等公司为其股东提供担保效力认定纠纷案	有效
86	(2016)苏民申3834号江苏省高级人民法院(再审)	泰州市华隆置业有限公司与江苏鑫舟信用担保有限公司民间借贷纠纷案	有效
87	(2017)苏民申35号江苏省高级人民法院(再审)	常州市海潮铁艺装饰有限公司等诉陈××民间借贷纠纷案	有效
88	(2015)苏审二商申字第00626号江苏省高级人民法院(再审)	苏州华伦企业发展有限公司等诉苏州通鼎担保投资有限公司等担保追偿权纠纷案	有效
89	(2016)苏民申2786号江苏省高级人民法院(再审)	启东市银宏建筑材料有限公司诉丁××等民间借贷纠纷案	有效
90	(2016)苏民申2784号江苏省高级人民法院(再审)	启东市银宏建筑材料有限公司诉秦××等民间借贷纠纷案	有效

续表

序号	案号/审理法院	案件名称	代表行为是否有效
91	(2016)苏民申5421号江苏省高级人民法院(再审)	蒋××诉江苏阜宁农村商业银行股份有限公司芦蒲支行等民间借贷纠纷案	无效
92	(2016)苏民终1093号江苏省高级人民法院(二审)	交通银行股份有限公司泰州分行诉泰州市鸿宝消防器材有限公司等金融借款合同纠纷案	无效
93	(2015)苏审二民申字第00109号江苏省高级人民法院(再审)	连云港中豪房地产开发有限公司诉苏××等民间借贷纠纷案	有效
94	(2014)苏民终字第00373号江苏省高级人民法院(二审)	巢菊风与常州恒基置业有限公司、秦×等民间借贷纠纷案	无效
95	(2016)苏民申2353号江苏省高级人民法院(再审)	昆山市沪成农村小额贷款有限公司等诉鹰潭丰华建设工程有限公司借款合同纠纷案	无效
96	(2015)苏民终字第00606号江苏省高级人民法院(二审)	蒋×与金坛市钢材物流城有限公司、王×等民间借贷纠纷案	无效
97	(2016)苏民申267号江苏省高级人民法院(再审)	苏州华伦企业发展有限公司诉中国民生银行股份有限公司苏州分行等金融借款合同纠纷案	有效
98	(2015)苏审二民申字第02091号江苏省高级人民法院(再审)	南通东利德工具有限公司等诉倪××民间借贷纠纷案	有效
99	(2015)苏商终字第00608号江苏省高级人民法院(二审)	中国工商银行股份有限公司徐州泉山支行与徐州新中组房地产开发有限公司、孙××等金融借款合同纠纷案	有效
100	(2014)苏商终字第00448号江苏省高级人民法院(二审)	刘××与甘肃苏鑫投资担保有限公司、章××等民间借贷纠纷案	无效

续表

序号	案号/审理法院	案件名称	代表行为是否有效
101	(2015)苏民终字第00508号江苏省高级人民法院(二审)	谢×与泗洪县容大房地产开发有限公司保证合同纠纷案	无效
102	(2015)苏审二民申字第02352号江苏省高级人民法院(再审)	苏州华伦企业发展有限公司、朱××与苏州华伦企业发展有限公司、朱××等民间借贷纠纷案	有效
103	(2015)苏商终字第00560号江苏省高级人民法院(二审)	鲍××与屠××、卓××等保证合同纠纷案	无效
104	(2015)苏审二商申字第00600号江苏省高级人民法院(再审)	江苏如东农村商业银行股份有限公司城中支行保证合同纠纷案	有效
105	(2015)苏审二商申字第00340号江苏省高级人民法院(再审)	江苏康非特动力科技有限公司诉中国建设银行股份有限公司南通城东支行等金融借款合同纠纷案	有效
106	(2014)苏商终字第00505号江苏省高级人民法院(再审)	南京德轩投资管理有限公司与唐××等民间借贷纠纷案	有效
107	(2015)苏民终字第00111号江苏省高级人民法院(二审)	盐城广厦建筑集团有限公司诉金昌盐城机电科技有限公司等建设工程施工合同纠纷案	有效
108	(2015)苏商终字第00041号江苏省高级人民法院(二审)	无锡市仁信实业有限公司等与无锡市百达建设发展有限公司借款合同纠纷案	有效
109	(2014)苏民终字第00361号江苏省高级人民法院(二审)	姚××与江苏金烁置业有限公司、汪××等民间借贷纠纷案	有效
110	(2014)苏民终字第00362号江苏省高级人民法院(二审)	白×与江苏金烁置业有限公司、汪××等民间借贷纠纷案	有效
111	(2014)苏商终字第00438号江苏省高级人民法院(二审)	淮安诚泰房地产开发有限公司诉林××等民间借贷纠纷案	有效

续表

序号	案号/审理法院	案件名称	代表行为是否有效
112	(2014)苏审二商申字第423号江苏省高级人民法院(再审)	扬州金马房地产开发有限公司诉江苏扬州农村商业银行股份有限公司泰安支行等借款合同纠纷案	有效
113	(2014)苏商终字第207号江苏省高级人民法院(二审)	南通荣华混凝土有限公司诉江苏海门建信村镇银行有限责任公司等保证合同纠纷案	有效
114	(2014)苏商再提字第0025号江苏省高级人民法院(再审)	镇江新区中小企业投资担保有限公司诉常州金凤凰动力机械有限公司等担保追偿权纠纷案	有效
115	(2014)苏审二商申字第0287号江苏省高级人民法院(再审)	杨××等与邳州市福华农村小额贷款有限公司民间借贷纠纷案	有效
116	(2013)苏商再提字第0012号江苏省高级人民法院(再审)	江苏恒龙万相房地产开发有限公司诉徐州市中央百货大楼股份有限公司等返还投资款纠纷案	有效
117	(2014)苏商终字第0055号江苏省高级人民法院(二审)	扬州华亭置业有限公司与李××等股权转让纠纷案	有效
118	(2014)苏民终字第0009号江苏省高级人民法院(二审)	泰州市天利投资发展有限公司诉吴××等民间借贷保证合同纠纷案	无效
119	(2016)浙民申3922号浙江省高级人民法院(再审)	朱××等诉嘉兴市开元建筑工程有限公司民间借贷纠纷案	无效
120	(2016)浙民申971号浙江省高级人民法院(再审)	叶××、张×与台州恩都酒店有限公司、玉环县德嘉置业有限公司等股权转让纠纷案	有效
121	(2016)浙民终30号浙江省高级人民法院(二审)	准格尔旗景福煤炭有限责任公司等与朱××等民间借贷纠纷案	有效
122	(2015)浙湖商终字第284号浙江省湖州市中级人民法院(二审)	太湖县新屹汽车城有限责任公司诉赵×等民间借贷纠纷案	无效
123	(2015)浙商提字第52号浙江省高级人民法院(二审)	浙江驰成建设有限公司与周××民间借贷纠纷案	有效

续表

序号	案号/审理法院	案件名称	代表行为是否有效
124	(2015)浙民申字第968号浙江省高级人民法院(再审)	湖南精锐置业发展有限公司等诉徐××民间借贷纠纷案	有效
125	(2015)浙商外终字第12号浙江省高级人民法院(二审)	温州市玖玖旅馆管理有限公司等与温州市大富林精品酒店有限公司债权转让合同纠纷案	有效
126	(2014)浙金商终字第33号浙江省金华市中级人民法院(二审)	卢××与浙江凯越工贸有限公司等民间借贷纠纷案	有效
127	(2014)浙商终字第57号浙江省高级人民法院(二审)	杭州馨华园房地产开发有限公司诉陈××等民间借贷纠纷案	有效
128	(2014)浙民申字第648号浙江省高级人民法院(再审)	浙江天洁新能源股份有限公司与共和县金河水泥有限责任公司等股权转让纠纷案	无效
129	(2013)浙民申字第1455号浙江省高级人民法院(再审)	应××等与杭州玉翰置业有限公司债务转移合同纠纷案	有效
130	(2014)浙民申字第6号浙江省高级人民法院(再审)	宁波绣丰彩印实业有限公司与励××民间借贷纠纷案	有效
131	(2013)浙民申字第1466号浙江省高级人民法院(再审)	宁波绣丰彩印实业有限公司与鲍××民间借贷纠纷案	有效
132	(2013)浙商外终字第131号浙江省高级人民法院(二审)	东方巨龙投资发展(杭州)有限公司与郑××等民间借贷纠纷案	有效
133	(2015)皖民二终字第01013号安徽省高级人民法院(二审)	宁国融鑫小额贷款有限公司诉马××等民间借贷纠纷案	有效
134	(2015)皖民二终字第00926号安徽省高级人民法院(二审)	周××与安徽省宣城建丰房地产开发有限公司、谢××等民间借贷纠纷案	有效

续表

序号	案号/审理法院	案件名称	代表行为是否有效
135	(2015)皖民二终字第01069号安徽省高级人民法院(二审)	安徽玄凯房地产开发有限公司与六安农村商业银行股份有限公司确认合同无效纠纷案	有效
136	(2015)皖民二终字第00670号安徽省高级人民法院(二审)	吕全明与安徽省宣城建丰房地产开发有限公司、谢××等民间借贷纠纷案	有效
137	(2015)皖民二终字第00559号安徽省高级人民法院(二审)	安徽省天森烟草机械有限公司与钱××、赵×、安徽富林包装印刷有限公司、李××民间借贷纠纷案	有效
138	(2015)皖民二终字第00563号安徽省高级人民法院(二审)	安徽省东方金河房地产开发有限公司等诉刘×等民间借贷纠纷案	有效
139	(2015)皖民二终字第00579号安徽省高级人民法院(二审)	罗×与安徽钰之哲贸易有限公司、高××等民间借贷纠纷案	有效
140	(2015)皖民二终字第00383号安徽省高级人民法院(二审)	安徽颜氏实业有限公司与李×借款合同纠纷案	有效
141	(2015)皖民二终字第00234号安徽省高级人民法院(二审)	杨××等与赵××民间借贷纠纷案	无效
142	(2015)皖民二终字第00168号安徽省高级人民法院(二审)	董××等诉胡××等民间借贷纠纷案	有效
143	(2014)皖民二终字第00636号安徽省高级人民法院(二审)	安徽华域置业有限公司与沈××等民间借贷纠纷案	有效
144	(2014)皖民二终字第00114号安徽省高级人民法院(二审)	湖南悦禧置业有限公司诉安庆市炜业矿业有限公司等借款及保证合同纠纷案	有效
145	(2016)闽民终882号福建省高级人民法院(二审)	陈××与厦门世侨投资管理有限公司、厦门三江世侨集团有限公司等民间借贷纠纷案	有效

续表

序号	案号/审理法院	案件名称	代表行为是否有效
146	(2016)闽民终204号福建省高级人民法院(二审)	叶××等与泉州建江汽车配件制造有限公司股权转让纠纷案	有效
147	(2016)闽民申2008号福建省高级人民法院(再审)	漳州市锐诚金属制品有限公司诉漳州龙池酒店有限公司等房屋租赁合同纠纷案	有效
148	(2015)闽民终字第258号福建省高级人民法院(二审)	张××与方圆九洲(福建)房地产开发有限公司、陈××民间借贷纠纷案	有效
149	(2015)闽民终字第595号福建省高级人民法院(二审)	品乘有限公司等诉林×等民间借贷纠纷案	有效
150	(2014)闽民终字第1054号福建省高级人民法院(二审)	山东宁建集团济宁中兴置业有限公司等诉邱××等民间借贷纠纷案	有效
151	(2014)闽民终字第525号福建省高级人民法院(二审)	华安县华龙矿业有限责任公司诉黄××等民间借贷纠纷案	有效
152	(2014)闽民终字第374号福建省高级人民法院(二审)	福建省武平县锦麟房地产开发有限公司诉郑×等民间借贷纠纷案	有效
153	(2016)赣民再138号江西省高级人民法院(再审)	江××保证合同纠纷案	有效
154	(2016)赣09民终456号江西省宜春市中级人民法院(二审)	江西省福隆房地产开发有限公司与舒××等民间借贷纠纷案	有效
155	(2016)赣民再6号江西省高级人民法院(再审)	江西嵩汇科技管业有限公司诉艾××等民间借贷纠纷案	无效
156	(2016)赣民再5号江西省高级人民法院(再审)	江西嵩汇科技管业有限公司诉龚××等民间借贷纠纷案	无效
157	(2015)赣民一终字第257号江西省高级人民法院(二审)	安远县腾益服装有限公司与钟××、唐××、赣州国旺泰矿业集团股份有限公司民间借贷纠纷案	有效

续表

序号	案号/审理法院	案件名称	代表行为是否有效
158	(2015)赣民一终字第274号江西省高级人民法院(二审)	九江中盛地产集团有限公司与殷××、江西国盛钨业有限公司、张××、郑××、武宁县天元金属材料有限公司民间借贷纠纷案	有效
159	(2015)赣民二终字第93号江西省高级人民法院(二审)	江西双胞胎控股有限公司与永州市惠康科技有限公司、贺太元股权转让纠纷案	无效
160	(2015)赣民一终字第169号江西省高级人民法院(二审)	赣州天龙包装彩印有限公司、辜××、张××、赣州聚中环保科技有限公司民间借贷纠纷案	有效
161	(2015)赣民一终字第78号江西省高级人民法院(二审)	上饶市华丰铜业有限公司与黄×等民间借贷纠纷案	有效
162	(2017)鲁民终527号山东省高级人民法院(二审)	山东蓝帆化工有限公司、中国工商银行股份有限公司淄博临淄支行金融借款合同纠纷案	有效
163	(2016)鲁民终273号山东省高级人民法院(二审)	曲××、刘××与烟台市莱山区万光小额贷款有限公司、山东大众投资管理有限公司等民间借贷纠纷案	有效
164	(2016)鲁民终492号山东省高级人民法院(二审)	刘×、董××与德州中商博大置业有限公司、张××等民间借贷纠纷案	有效
165	(2016)鲁民终204号山东省高级人民法院(二审)	朱××与山东瑞中医药有限公司民间借贷纠纷案	有效
166	(2015)鲁民再终字第7号山东省高级人民法院(二审)	张×与田××、山东海润电子有限公司民间借贷纠纷案	有效
167	(2014)鲁民提字第218号山东省高级人民法院(再审)	济宁圣源伟业液压有限公司、山东益铭融资担保有限公司与济宁圣源伟业液压有限公司、山东益铭融资担保有限公司等借款合同纠纷案	有效

续表

序号	案号/审理法院	案件名称	代表行为是否有效
168	(2014)鲁商终字第270号山东省高级人民法院(二审)	中国建设银行股份有限公司济南高新支行与菏泽林海包装制品有限公司、济南东业物流有限公司等金融借款合同纠纷案	有效
169	(2013)鲁民一终字第414号山东省高级人民法院(二审)	吴××与山东聊城鑫昌置业有限公司、北京枫泉博凌国际投资担保有限公司等民间借贷纠纷案	无效
170	(2014)鲁民一终字第359号山东省高级人民法院(二审)	安××与淄博美隆砂浆有限公司、黑卓地产有限公司等民间借贷纠纷案	有效
171	(2014)鲁民一终字第291号山东省高级人民法院(二审)	夏××与济宁福泰阳光汽车销售服务有限公司、殷××等民间借贷纠纷案	有效
172	(2014)鲁民终字第300号山东省高级人民法院(二审)	李××与德州市德裕置业有限公司、张×民间借贷纠纷案	无效
173	(2013)鲁民提字第241－1号山东省高级人民法院(再审)	山东省聊城天昊置业有限公司与郑××、朱××等民间借贷纠纷案	有效
174	(2014)鲁民一终字第39号山东省高级人民法院(二审)	王××与郓城日日顺电器有限公司、郓城县圣锦纺织有限公司等民间借贷纠纷案	无效
175	(2016)鲁民终1717号山东省高级人民法院(二审)	栾××与烟台市莱山区万光小额贷款有限公司、山东大众投资管理有限公司等民间借贷纠纷案	有效
176	(2016)鲁民终1718号山东省高级人民法院(二审)	栾××与烟台市莱山区万光小额贷款有限公司、青岛鑫基房地产集团有限公司等民间借贷纠纷案	有效
177	(2016)豫民再359号河南省高级人民法院(再审)	邢××、洛阳市鑫兰铸造有限公司等与民间借贷纠纷案	有效
178	(2015)豫法民二终字第429号河南省高级人民法院(二审)	王××与王××、邓州市金江房地产开发有限公司民间借贷纠纷案	有效

续表

序号	案号/审理法院	案件名称	代表行为是否有效
179	(2016)豫民终120号河南省高级人民法院(二审)	程××与济源市万科阻燃材料有限公司保证合同纠纷案	有效
180	(2015)豫法民二终字第96号河南省高级人民法院(二审)	贾××与信阳五岳置业有限公司、鲲鹏地产集团有限公司等民间借贷纠纷案	有效
181	(2015)豫法民一终字第78号河南省高级人民法院(二审)	马××与新乡中新化工有限责任公司、毕××民间借贷纠纷案	有效
182	(2014)豫法民一终字第276号河南省高级人民法院(二审)	晋××与段××、安阳市亿银光伏科技有限公司民间借贷纠纷案	有效
183	(2017)鄂民终399号湖北省高级人民法院(二审)	平安银行股份有限公司武汉分行等与湖北鑫盛德隆商贸有限公司等金融借款合同纠纷案	有效
184	(2016)鄂民申2088号湖北省高级人民法院(再审)	随州市晨鑫齿轮制造有限公司等诉随州经济开发区程力小额贷款有限公司保证合同纠纷案	有效
185	(2016)鄂民终1033号湖北省高级人民法院(二审)	湖北正信天益资产管理有限公司等与麻城市宇盛工贸有限公司等民间借贷纠纷案	有效
186	(2016)鄂民终665号湖北省高级人民法院(二审)	湖北荆楚种业股份有限公司与赵××等民间借贷纠纷案	有效
187	(2016)鄂民终619号湖北省高级人民法院(二审)	武汉蓝空房地产开发有限公司诉武汉潮江商贸发展有限公司等民间借贷纠纷案	有效
188	(2016)鄂民终286号湖北省高级人民法院(二审)	湖北嘉弘达典当有限公司与黄石市虹鑫房地产开发有限公司、潘×借款合同纠纷案	有效
189	(2016)鄂民终198号湖北省高级人民法院(二审)	华夏银行股份有限公司武汉徐东支行与龙江龙汽配紧固件制造股份有限公司、武汉市恒晶经贸有限公司储蓄存款合同纠纷案	有效

续表

序号	案号/审理法院	案件名称	代表行为是否有效
190	(2016)鄂民终480号湖北省高级人民法院(二审)	中国农业银行股份有限公司罗田广场支行与潜江市富阳化工有限公司、湖北瑞富阳化工科技有限公司金融借款合同纠纷案	有效
191	(2015)鄂民一终字第00272号湖北省高级人民法院(二审)	曹××与湖北世达房地产投资有限公司、毛××民间借贷纠纷案	有效
192	(2015)鄂民二终字第00187号湖北省高级人民法院(二审)	武汉瑞航贸易有限公司等诉交通银行股份有限公司武汉汉阳支行等金融借款合同纠纷案	有效
193	(2015)鄂民二终字第00192号湖北省高级人民法院(二审)	李××与湖北兴恒融资担保有限公司、湖北帝旺实业投资有限公司借款合同纠纷案	有效
194	(2015)鄂民申字第01885号湖北省高级人民法院(再审)	十堰市时新纺织品有限公司与李×、十堰市武当山特区天尊置业有限公司民间借贷纠纷案	有效
195	(2015)鄂民一终字第00035号湖北省高级人民法院(再审)	梅××与王××、欧××民间借贷纠纷案	有效
196	(2013)鄂民二终字第00088号湖北省高级人民法院(二审)	长阳长丰水电有限公司诉白××等借款合同纠纷案	有效
197	(2017)桂民再74号广西壮族自治区高级人民法院(再审)	广西漓昇电力建设有限责任公司诉冼×等债务转移合同纠纷案	有效
198	(2016)琼民再12号海南省高级人民法院(再审)	牛××与李××、临潭县大寺坡矿产资源开发有限责任公司企业借贷纠纷案	无效
199	(2015)琼民一终字第52号海南省高级人民法院(二审)	海南兆南小额贷款股份有限公司与周××、海南天奇宝藏旅游发展有限公司等企业借贷纠纷案	有效

续表

序号	案号/审理法院	案件名称	代表行为是否有效
200	(2015)琼民一终字第43号海南省高级人民法院(二审)	王××与海南兆祥置业有限公司、符×民间借贷纠纷案	有效
201	(2017)川民申1127号四川省高级人民法院(再审)	达县蜀川木业有限责任公司等诉鲍××等民间借贷纠纷案	有效
202	(2016)川民终631号四川省高级人民法院(二审)	丽江世星文化旅游开发有限公司与四川洪雅七里坪半山旅游开发有限公司等企业借贷纠纷案	有效
203	(2016)川民终849号四川省高级人民法院(二审)	三台县德成置业有限公司与银洪彭喜等确认合同无效纠纷案	有效
204	(2016)川民终619号四川省高级人民法院(二审)	凉山州西昌市鑫庄小额贷款有限责任公司等诉胡奇临等民间借贷纠纷案	有效
205	(2016)川民终671号四川省高级人民法院(二审)	成都新方向科技发展有限公司等与通联资本管理有限公司纠纷案	无效
206	(2016)川民终27号四川省高级人民法院(二审)	四川昊鑫融资担保有限公司与成都市武侯惠信小额贷款有限责任公司等借款合同纠纷案	有效
207	(2015)川民初字第30号四川省高级人民法院(一审)	大连银行股份有限公司成都分行与四川科亨矿业(集团)有限公司合同纠纷案	有效
208	(2014)川民终字第757号四川省高级人民法院(二审)	邓××等与李××借款合同纠纷案	有效
209	(2014)川民提字第334号四川省高级人民法院(再审)	龙××与杨×等股权转让合同纠纷案	有效
210	(2014)川民申字第1198号四川省高级人民法院(再审)	自贡市万象农业开发有限公司等诉周××民间借贷纠纷案	无效
211	(2014)川民申字第381号四川省高级人民法院(再审)	雅安市雨城融和小额贷款有限责任公司与马×等金融借款合同纠纷案	无效

续表

序号	案号/审理法院	案件名称	代表行为是否有效
212	(2016)黔民终29号贵州省高级人民法院(二审)	贵州中铝恒泰合矿业有限公司与上海浦东发展银行股份有限公司贵阳分行纠纷案	有效
213	(2015)黔高民申字第935号贵州省高级人民法院(再审)	都匀市新华建筑工程公司与都匀融通村镇银行有限责任公司等确认合同效力纠纷案	有效
214	(2015)黔高民申字第227号贵州省高级人民法院(再审)	黔西县顺风机动车驾驶学校有限公司诉齐×等民间借贷纠纷案	有效
215	(2014)黔高民申字第410号贵州省高级人民法院(再审)	贵州紫光佳瑞房地产开发有限公司等诉贵州省物资协作公司等借款合同纠纷案	有效
216	(2013)黔高民申字第498号贵州省高级人民法院(再审)	六盘水云峰商贸有限公司与裘××等民间借贷纠纷案	有效
217	(2017)云民申228号云南省高级人民法院(再审)	云南中油华气天然气有限公司诉尤×等民间借贷纠纷案	有效
218	(2016)云民初18号云南省高级人民法院(一审)	招商银行股份有限公司昆明顺城支行诉昆明旭然石化有限公司等金融借款合同纠纷案	有效
219	(2013)云高民二终字第178号云南省高级人民法院(二审)	十四冶建设集团云南矿业工程有限公司与云南华威融资担保有限公司保证合同纠纷案	有效
220	(2013)云高民一初字第13号云南省高级人民法院(一审)	高××诉杨××等民间借贷纠纷案	有效
221	(2013)云高民一终字第225号云南省高级人民法院(二审)	云南高泰高贸易有限公司诉王××等民间借贷纠纷案	有效
222	(2015)陕民一终字第00163号陕西省高级人民法院(二审)	陕西锦城新元置业有限公司与陕西富力房地产开发有限公司等借款合同纠纷案	有效

续表

序号	案号/审理法院	案件名称	代表行为是否有效
223	(2015)陕民一终字第00267号陕西省高级人民法院(二审)	瀚华担保股份有限公司陕西分公司与陕西豪诚太阳光能实业有限公司、陕西豪诚国际酒店有限公司、三原明德亭大酒店有限责任公司、郭××、陈××、陈×、陈×担保追偿权纠纷案	有效
224	(2015)陕民一终字第00115号陕西省高级人民法院(二审)	张××诉安康市公信担保有限公司等追偿权纠纷案	有效
225	(2014)湘高法民二终字第60号湖南省高级人民法院(二审)	张××与甘×、湖南兴嘉置业发展有限公司等股权转让纠纷案	有效
226	(2014)湘高法民二终字第43号湖南省高级人民法院(二审)	湖南天行健置业有限公司与交通银行股份有限公司湖南省分行等借款合同纠纷案	有效
227	(2014)湘高法民再终字第88号湖南省高级人民法院(再审)	息烽明晋公司与曾××、石×民间借贷纠纷案	无效
228	(2014)湘高法民一终字第4号湖南省高级人民法院(二审)	株洲政成电子科技有限公司与吴××、湖南华苑房地产开发有限公司民间借贷纠纷案	无效
229	(2014)湘高法民三终字第128号湖南省高级人民法院(二审)	永州市零陵东湘锰业有限公司诉吕××等借款合同纠纷案	有效
230	(2016)湘民终167号湖南省高级人民法院(二审)	怀化市中小企业信用担保有限公司与怀化市城南农资有限公司、向××等追偿权纠纷案	有效
231	(2015)新民二终字第172号新疆维吾尔自治区高级人民法院(二审)	新疆实信典当有限公司与若羌县融汇小额贷款有限公司、师××、姚××、河北威泰投资有限责任公司小额借款合同纠纷案	有效
232	(2015)新民一终字第248号新疆维吾尔自治区高级人民法院(二审)	新疆海川远航新型建材有限责任公司与陈××民间借贷纠纷案	有效

续表

序号	案号/审理法院	案件名称	代表行为是否有效
233	(2013)新民一终字第222号新疆维吾尔自治区高级人民法院(二审)	乌鲁木齐市鲤鱼山饭店有限责任公司诉李××等民间借贷纠纷案	有效
234	(2017)宁民终75号宁夏回族自治区高级人民法院(二审)	陕西宇佳投资置业有限公司达旗羊场煤矿诉宁夏益商小额贷款有限公司等小额借款合同纠纷案	有效
235	(2015)宁民终字第134号宁夏回族自治区高级人民法院(二审)	宁夏宇光能源实业有限公司与马××等民间借贷纠纷案	有效
236	(2016)甘民终212号甘肃省高级人民法院(二审)	上诉人马××、甘肃宏伊房地产开发有限公司与被上诉人安××民间借贷纠纷案	有效
237	(2014)甘民二终字第38号甘肃省高级人民法院(二审)	兰州市红古区金辉小额贷款有限责任公司等与陈××借款合同纠纷案	有效
238	(2017)湘13民再18号湖南省娄底地区(市)中级人民法院(再审)	湖南鸿荣房地产开发有限公司诉张国际民间借贷纠纷案	无效
239	(2017)湘民申832号湖南省高级人民法院(再审)	长沙市雨花区华晨小额贷款有限公司诉贺××等民间借贷纠纷案	有效
240	(2016)湘民终588号湖南省高级人民法院(再审)	资兴浦发村镇银行股份有限公司与湖南省资兴焦电股份有限公司、郴州湘阴建筑有限公司资兴分公司等金融借款合同纠纷案	有效
241	(2017)最高法民申370号最高人民法院(再审)	安徽省投资集团控股有限公司等诉中原银行股份有限公司濮阳开州路支行借款担保合同纠纷案	有效
242	(2017)最高法民申168号最高人民法院(再审)	厦门世侨投资管理有限公司诉姚××等民间借贷纠纷案	有效
243	(2017)最高法民申179号最高人民法院(再审)	济源市万科阻燃材料有限公司诉程红旗保证合同纠纷案	有效
244	(2016)最高法民申3008号最高人民法院(再审)	范××等诉山西开园鑫融融资担保股份有限公司借款合同纠纷案	有效

续表

序号	案号/审理法院	案件名称	代表行为是否有效
245	(2016)最高法民申1796号最高人民法院(再审)	山东日照焦电有限公司等诉山东潍焦集团薛城能源有限公司股权转让、保证合同纠纷案	有效
246	(2016)最高法民申2374号最高人民法院(再审)	谢×诉泗洪县容大房地产开发有限公司担保合同纠纷案	无效
247	(2015)民申字第3571号最高人民法院(再审)	蔡××、杨××等与蔡××、杨××等民间借贷纠纷案	有效
248	(2014)民申字第1264号最高人民法院(再审)	康×乐等与秦×等债权转让合同纠纷案	有效
249	(2016)最高法民申230号最高人民法院(再审)	阳朔一尺水实业投资开发有限公司与广西汇荣融资性担保有限公司保证合同纠纷案	有效
250	(2015)二中民(商)终字第12699号北京市第二中级人民法院(二审)	北京碧海舟腐蚀防护工业股份有限公司等与天津雷石信锐股权投资合伙企业(有限合伙)股权转让纠纷案	有效
251	(2016)京03民初24号北京市第三中级人民法院(一审)	北京中厚财富投资中心(有限合伙)与王××等股权转让纠纷案	无效
252	(2017)京02民终8991号北京市第二中级人民法院(二审)	西安伯龙高速智能电器有限公司与王××保证合同纠纷案	有效
253	(2016)京01民终4496号北京市第一中级人民法院(二审)	朝阳嘉能特钢有限公司上诉北京北方诺信科技有限公司等买卖合同纠纷案	有效
254	(2016)京01民终4492号北京市第一中级人民法院(二审)	北京恒天军工电气工程有限公司上诉中国民生银行股份有限公司总行营业部等金融借款合同纠纷案	有效
255	(2016)京01民终2671号北京市第一中级人民法院(二审)	张××诉中国民生银行股份有限公司总行营业部等金融借款合同纠纷案	有效
256	(2015)四中民商(初)字第372号北京市第四中级人民法院(一审)	广发银行股份有限公司北京宣武门支行诉中国有色金属工业再生资源有限公司等金融借款合同纠纷案	有效

续表

序号	案号/审理法院	案件名称	代表行为是否有效
257	(2014)三中民初字第01385号北京市第三中级人民法院(一审)	北京庆兴源商贸有限公司与黄××等借款合同纠纷案	有效
258	(2016)京02民终8512号北京市第二中级人民法院(二审)	李××与李××民间借贷纠纷案	有效
259	(2014)二中民初字第06054号北京市第二中级人民法院(一审)	魏××诉北京百姓家园房地产开发集团有限公司保证合同纠纷案	有效
260	(2015)三中民(商)终字第15502号北京市第三中级人民法院(二审)	中商汇融资担保有限公司与阮××等确认合同无效纠纷案	有效
261	(2017)京03民终9547号北京市第三中级人民法院(二审)	北京国信金证网络有限公司与中航鑫港担保有限公司等保证合同纠纷案	有效
262	(2017)京03民终11516号北京市第三中级人民法院(二审)	上海赛迪信息技术有限公司等与链园(北京)文化产业发展有限公司借款合同纠纷案	有效
263	(2016)京03民终4949号北京市第三中级人民法院(二审)	宝鸡忠诚机床股份有限公司与恩和融资租赁(北京)有限公司确认合同无效案	有效
264	(2015)三中民(商)终字第09184号北京市第三中级人民法院(二审)	北京莲花山滑雪场有限公司诉付××等民间借贷纠纷案	有效
265	(2014)三中民终字第11546号北京市第三中级人民法院(二审)	北京雍雅居餐饮有限公司等诉黄××等民间借贷纠纷案	有效
266	(2016)京0114民初3460号北京市昌平区(县)人民法院(一审)	张×与刘××等民间借贷纠纷案	有效
267	(2015)东民(商)初字第03467号北京市东城区人民法院(一审)	黄××诉黄××等民间借贷纠纷案	有效

续表

序号	案号/审理法院	案件名称	代表行为是否有效
268	(2015)西民(商)初字第33785号北京市西城区人民法院(一审)	杨××诉任×等股权转让纠纷案	无效
269	(2016)京0115民初8658号北京市大兴区(县)人民法院(一审)	刘××诉北京时代全芯科技有限公司民间借贷纠纷案	有效
270	(2013)顺民初字第1876号北京市顺义区人民法院(一审)	斯固特纳柔性材料(北京)有限公司诉青岛银洽实业有限公司等买卖合同纠纷案	有效
271	(2014)平民(商)初字第4556号北京市平谷区(县)人民法院(一审)	张××诉安徽万明置业有限责任公司六安分公司等民间借贷纠纷案	有效
272	(2013)朝民初字18982号北京市朝阳区人民法院(一审)	兴业银行股份有限公司北京分行诉北京中网晨麒通讯网络技术有限责任公司等借款合同纠纷案	有效
273	(2017)津01民终6952号天津市第一中级人民法院(二审)	王××诉中信银行股份有限公司天津分行金融借款合同纠纷案	有效
274	(2017)津01民申78号天津市第一中级人民法院(再审)	东联创兴科技(天津)有限公司诉张××等民间借贷纠纷案	有效
275	(2015)一中民三终字第0490号天津市第一中级人民法院(二审)	中国光大银行股份有限公司天津华苑支行与天津大都会汽车销售有限公司、胡××等金融借款合同纠纷案	有效
276	(2016)津02民初362号天津市第二中级人民法院(一审)	北车(天津)投资租赁有限公司诉包头市慧鑫实业有限公司等融资租赁合同纠纷案	有效
277	(2015)二中民二初字第268号天津市第二中级人民法院(一审)	齐鲁银行股份有限公司天津分行诉天津利盈钢铁贸易有限公司等金融借款合同纠纷案	有效
278	(2014)二中保民初字第0013号天津市第二中级人民法院(一审)	天津市正元小额贷款有限公司诉天津天联滨海复合材料有限公司等小额贷款合同纠纷案	有效

续表

序号	案号/审理法院	案件名称	代表行为是否有效
279	(2015)和民三初字第0476号天津市和平区人民法院(一审)	津国投滨海小额贷款有限公司诉天津市天恩实业有限公司等借款合同纠纷案	有效
280	(2015)蓟民二初字第0862号天津市蓟县人民法院(一审)	宋××与杨××、郭××等民间借贷纠纷案	无效
281	(2014)蓟民二初字第0572号天津市蓟县人民法院(一审)	金××诉王××等民间借贷纠纷案	无效
282	(2016)津0110民初926号天津市东丽区人民法院(一审)	高×诉天津盛世弘兴汽车销售有限公司等民间借贷纠纷案	无效
283	(2016)沪01民终4151号上海市第一中级人民法院(二审)	上海久鹏辐照科技发展有限公司诉查××等民间借贷纠纷案	有效
284	(2016)沪01民申287号上海市第一中级人民法院(再审)	宜宾叙州液酒业有限公司诉王×民间借贷合同纠纷案	有效
285	(2015)沪一中民四(商)终字第2623号上海市第一中级人民法院(二审)	江苏省永信钢材市场经营管理有限公司诉吴×等保证合同纠纷案	有效
286	(2016)沪01民终6734号上海市第一中级人民法院(二审)	李×诉曹信贤民间借贷纠纷案	有效
287	(2016)沪01民终6487号上海市第一中级人民法院(二审)	枣庄恒瑞钢材市场有限公司诉张×民间借贷纠纷案	无效
288	(2016)沪01民终6835号上海市第一中级人民法院(二审)	合肥菱湖家具有限公司诉远东国际租赁有限公司融资租赁合同纠纷案	有效

续表

序号	案号/审理法院	案件名称	代表行为是否有效
289	(2015)沪一中民四(商)终字第1626号上海市第一中级人民法院(二审)	上海新华联制药有限公司与赵×等借款合同纠纷上诉案	有效
290	(2015)沪一中民六(商)终字第91号上海市第一中级人民法院(二审)	上海录润置业有限公司与上海浦东新区金浦小额贷款有限公司等金融借款合同纠纷上诉案	有效
291	(2014)沪一中民四(商)终字第1334号上海市第一中级人民法院(二审)	上海立鸿投资合伙企业(普通合伙)与浙江中宙光电股份有限公司、杭州中宙科技有限公司、朱××、王××股权转让纠纷案	无效
292	(2015)沪一中民一(民)终字第1707号上海市第一中级人民法院(二审)	上海总章投资管理有限公司与魏××等民间借贷纠纷上诉案	有效
293	(2015)沪二中民六(商)终字第6号上海市第二中级人民法院(二审)	上海大不同天山茶城有限公司诉兴业银行股份有限公司上海分行等金融借款合同纠纷案	有效
294	(2014)沪二中民四(商)终字第819号上海市第二中级人民法院(二审)	江苏蓝天阳光投资集团有限公司等与王××民间借贷纠纷案	有效
295	(2014)徐民一(民)初字第8435号上海市徐汇区人民法院(一审)	胡××诉倪×等公司民间借贷纠纷案	无效
296	(2015)沪一中民四(商)终字第2213号上海市第一中级人民法院(二审)	倪×诉徐××合伙协议纠纷案	有效
297	(2014)浦民二(商)初字第1022号上海市浦东新区人民法院(一审)	张××诉柏××等股权转让纠纷案	有效
298	(2016)沪0115民初868号上海市浦东新区人民法院(一审)	朱××诉上海磊凯实业有限公司抵押合同纠纷案	有效
299	(2015)浦民六(商)初字第11911号上海市浦东新区人民法院(一审)	交银金融租赁有限责任公司诉山东弘庆危险品运输有限公司等融资租赁合同纠纷案	有效

续表

序号	案号/审理法院	案件名称	代表行为是否有效
300	(2014)浦民六(商)初字第13946号上海市浦东新区人民法院(一审)	美联信金融租赁有限公司诉中高柴油机重工有限公司等融资租赁合同纠纷案	有效
301	(2014)浦民六(商)初字第323号上海市浦东新区人民法院(一审)	远东国际租赁有限公司诉江苏天地永鑫重型钢构有限公司等融资租赁合同纠纷案	有效
302	(2012)浦民六(商)初字第6115号上海市浦东新区人民法院(一审)	远东国际租赁有限公司诉东莞市大步纸业有限公司等融资租赁合同纠纷案	有效
303	(2014)奉民二(商)初字第947号上海市奉贤区(县)人民法院(一审)	上海汉夏实业有限公司诉孙××等借款合同纠纷案	无效
304	(2014)奉民二(商)初字第1040号上海市奉贤区(县)人民法院(一审)	中国银行股份有限公司上海市奉贤支行诉上海鹏炫物资有限公司等金融借款合同纠纷案	无效
305	(2014)松民一(民)初字第5469号上海市松江区人民法院(一审)	周××诉沈××等民间借贷纠纷案	无效
306	(2015)金民二(商)初字第1269号上海市金山区人民法院(一审)	上海能越贸易商行与赵××等借款合同纠纷案	有效
307	(2016)沪0113民初15999号上海市宝山区人民法院(一审)	林×诉缪××等民间借贷纠纷案	无效
308	(2015)普民五(商)初字第9868号上海市普陀区人民法院(一审)	上海俊承投资有限公司诉田××等民间借贷纠纷案	有效
309	(2016)沪0114民初12920号上海市嘉定区人民法院(一审)	陈××与李××、上海成耀物流股份有限公司民间借贷纠纷案	无效
310	(2015)普民五(商)初字第8729号上海市普陀区人民法院(一审)	上海普陀延华小额贷款股份有限公司诉黄××等借款合同纠纷案	有效

续表

序号	案号/审理法院	案件名称	代表行为是否有效
311	(2015)青民二(商)初字第1013号上海市青浦区(县)人民法院(一审)	上海青浦东佳建筑工程有限公司诉耿××等民间借贷纠纷案	无效
312	(2015)青民一(民)初字第1271号上海市青浦区(县)人民法院(一审)	杨××诉邵×等民间借贷纠纷案	有效
313	(2015)杨民二(商)初字第228号上海市杨浦区人民法院(一审)	上海金麟天麒投资中心(有限合伙)诉张××等股权转让纠纷案	无效
314	(2014)黄浦民五(商)初字第7077号上海市黄浦区人民法院(一审)	海通恒信国际租赁有限公司诉广西巨东种养集团有限公司等融资租赁合同纠纷案	无效
315	(2014)普民二(商)初字第11667号上海市普陀区人民法院(一审)	李×诉吴××等民间借贷纠纷案	无效
316	(2014)青民二(商)初字第627号上海市青浦区(县)人民法院(一审)	上海兰翔商务服务有限公司诉清华同方(鞍山)环保设备股份有限公司等股权转让纠纷案	无效
317	(2014)嘉民二(商)初字第1858号上海市嘉定区人民法院(一审)	上海嘉定银丰小额贷款股份有限公司诉上海东球混合机有限公司等小额借款合同纠纷案	有效
318	(2014)普民二(商)初字第3142号上海市普陀区人民法院(一审)	兰××诉张××等民间借贷纠纷案	无效
319	(2014)黄浦民五(商)初字第1116号上海市黄浦区人民法院(一审)	北京银行股份有限公司上海分行诉上海浙甘实业有限公司等金融借款合同纠纷案	有效
320	(2014)奉民二(商)初字第443号上海市奉贤区(县)人民法院(一审)	中国银行股份有限公司上海市奉贤支行诉上海隆村物资有限公司等金融借款合同纠纷案	无效
321	(2013)静民二(商)初字第2339号上海市静安区人民法院(一审)	兴业银行股份有限公司上海大柏树支行诉肖××等金融借款合同纠纷案	无效

续表

序号	案号/审理法院	案件名称	代表行为是否有效
322	(2017)渝01民终509号重庆市第一中级人民法院(二审)	忠县同怡医院有限公司诉××芳等民间借贷纠纷案	有效
323	(2016)渝01民初607号重庆市第一中级人民法院(一审)	万××诉重庆市沙坪坝区东方房地产开发有限公司等民间借贷纠纷案	有效
324	(2014)渝一中法民初字第01261号重庆市第一中级人民法院(一审)	重庆市江北区金圆小额贷款股份有限公司与重庆第十建设有限公司、重庆东田实业有限公司等借款合同纠纷案	有效
325	(2016)渝01民终6485号重庆市第一中级人民法院(二审)	重庆市正腾实业有限公司与陈××民间借贷纠纷案	有效
326	(2016)渝01民终1063号重庆市第一中级人民法院(二审)	重庆市星鑫机动车驾驶培训有限公司等与荣××等公司借款合同纠纷案	有效
327	(2015)渝一中法民终字第06728号重庆市第一中级人民法院(二审)	重庆市合川区泓锦小额贷款有限公司与四川九彩文化产业投资开发有限公司、周××借款合同纠纷案	有效
328	(2015)渝一中法民初字第00773号重庆市第一中级人民法院(一审)	廖××与孙××、肖××等民间借贷纠纷案	有效
329	(2015)渝一中法民申字第00103号重庆市第一中级人民法院(再审)	重庆市莎苑食品有限公司诉罗××等民间借贷纠纷案	有效
330	(2014)渝一中法民初字第01105号重庆市第一中级人民法院(一审)	吴××与李×、重庆浪高购物中心借款合同纠纷案	有效
331	(2015)渝一中法民终字第05234号重庆市第一中级人民法院(二审)	陈××与贵州丰彩大地农业投资有限公司、吴××等民间借贷纠纷案	有效
332	(2015)渝一中法民初字第00024号重庆市第一中级人民法院(一审)	罗××与陈××、贵州明旭房地产开发有限公司企业借贷纠纷案	有效

续表

序号	案号/审理法院	案件名称	代表行为是否有效
333	(2014)渝一中法民初字第01070号重庆市第一中级人民法院(一审)	汪××与廖××、杨×等民间借贷纠纷案	有效
334	(2014)渝一中法民初字第01505号重庆市第一中级人民法院(一审)	重庆建工集团物流有限公司与重庆科沃商贸有限公司、重庆第十建设有限公司买卖合同纠纷案	有效
335	(2014)渝一中法民终字第04428号重庆市第一中级人民法院(二审)	重庆市立鼎钢制品有限责任公司与四川宏基房地产开发有限公司等保证合同纠纷案	有效
336	(2015)渝三中法民终字第01946号重庆市第三中级人民法院(二审)	重庆市美天弘建材有限公司与李××、许××等民间借贷纠纷案	有效
337	(2015)渝三中法民初字第00042号重庆市第三中级人民法院(一审)	钱×与徐××、吴××等借款合同纠纷案	有效
338	(2017)渝05民终4921号重庆市第五中级人民法院(二审)	张××等与胡××等股权转让纠纷案	有效
339	(2017)渝01民终3115号重庆市第五中级人民法院(二审)	重庆市葆春堂蜂业有限公司与冯××等民间借贷纠纷案	有效
340	(2017)渝05民终334号重庆市第五中级人民法院(二审)	资阳弘盛置业有限公司诉重庆市永川区亿发小额贷款有限责任公司等民间借贷纠纷案	有效
341	(2015)渝五中法民终字第07950号重庆市第五中级人民法院(二审)	张×与李×、重庆九成建筑劳务有限公司等民间借贷纠纷案	有效
342	(2014)渝五中法民终字第04024号重庆市第五中级人民法院(二审)	殷×与李××等民间借贷合同纠纷案	有效
343	(2015)渝北法民初字第16916号重庆市渝北区人民法院(一审)	重庆两江新区同谊小额贷款有限公司等诉重庆新华立地产(集团)有限公司等民间借贷纠纷案	有效

续表

序号	案号/审理法院	案件名称	代表行为是否有效
344	(2016)渝 0107 民初 12088 号重庆市九龙坡区人民法院(一审)	中国农业银行股份有限公司重庆九龙坡支行诉王××等金融借款合同纠纷案	有效
345	(2016)渝 0102 民初 7511 号重庆市涪陵区人民法院(一审)	王××诉刘×等民间借贷纠纷案	无效
346	(2016)渝 0112 民初 17953 号重庆市渝北区人民法院(一审)	徐××诉丁×等民间借贷纠纷案	无效
347	(2016)渝 0113 民初 12107 号重庆市巴南区人民法院(一审)	刘××诉袁××等民间借贷纠纷案	有效
348	(2016)渝 0103 民初 7904 号重庆市渝中区人民法院(一审)	肖××诉陈××等借款合同纠纷案	有效
349	(2016)渝 0112 民初 16512 号重庆市渝北区人民法院(一审)	徐××诉丁×等民间借贷纠纷案	有效
350	(2016)渝 0111 民初 619 号重庆市大足区(县)人民法院(一审)	刘××诉魏××等民间借贷纠纷案	有效
351	(2015)巴法民初字第 10256 号重庆市巴南区人民法院(一审)	周×诉郭××等民间借贷纠纷案	有效
352	(2016)渝 0112 民初 02274 号重庆市渝北区人民法院(一审)	龚××与重庆四花生态农业发展有限公司、白××等民间借贷纠纷案	有效
353	(2016)渝 0111 民初 296 号重庆市大足区(县)人民法院(一审)	左××诉重庆市莎苑食品有限公司抵押合同纠纷案	有效
354	(2016)渝 0112 民初 02271 号重庆市渝北区人民法院(一审)	李×与罗××、重庆四花生态农业发展有限公司等民间借贷纠纷案	有效

续表

序号	案号/审理法院	案件名称	代表行为是否有效
355	(2016)渝0111民初3928号重庆市大足区(县)人民法院(一审)	徐××诉蒋××等公司民间借贷纠纷案	有效
356	(2015)武法民初字第01603号武隆县人民法院(一审)	李×与赵××、四川煤田地质一三七总公司等民间借贷纠纷案	有效
357	(2015)永法民初字第07110号重庆市永川区人民法院(一审)	郭××与杜×、重庆智开粘土矿有限公司等民间借贷纠纷案	有效
358	(2015)足法民初字第02620号重庆市大足区(县)人民法院(一审)	重庆市大足区华申小额贷款股份有限公司诉黄×等小额借款合同纠纷案	有效
359	(2015)合法民初字第04893号重庆市合川区(市)人民法院(一审)	周××诉刘××等民间借贷纠纷案	有效
360	(2015)合法民初字第04892号重庆市合川区(市)人民法院(一审)	周××诉刘××等民间借贷纠纷案	有效
361	(2015)合法民初字第07678号甘肃省白银市平川区人民法院(一审)	罗××诉刘××等民间借贷纠纷案	有效
362	(2015)彭法民初字第03506号重庆市彭水苗族土家族自治县人民法院(一审)	谭×与彭水县海天水电开发有限公司、四川省正雄投资有限公司等民间借贷纠纷案	有效
363	(2015)九法民初字第13130号重庆市九龙坡区人民法院(一审)	李××与孙××、叶×等民间借贷纠纷案	有效
364	(2015)足法民初字第02619号重庆市大足区(县)人民法院(一审)	重庆市大足区华申小额贷款股份有限公司诉周××等小额借款合同纠纷案	有效
365	(2014)万法民初字第08525号重庆市万州区人民法院(一审)	牟×与重庆市石柱土家族自治县远林小贷有限责任公司、重庆托拉斯机械设备有限公司、谭××、陈××担保合同纠纷案	有效

续表

序号	案号/审理法院	案件名称	代表行为是否有效
366	(2014)九法民初字第02008号重庆市九龙坡区人民法院(一审)	王×与张××、重庆嫦娥房地产开发有限公司民间借贷纠纷案	有效
367	(2015)长法民初字第04384号重庆市长寿区(县)人民法院(一审)	杨××诉袁××等买卖合同纠纷案	无效
368	(2015)长法民初字第04595号重庆市长寿区(县)人民法院(一审)	华×诉严××等民间借贷纠纷案	有效
369	(2014)九法民初字第10047号重庆市九龙坡区人民法院(一审)	陈××与李××、重庆嘉钢仓储有限责任公司股权转让纠纷案	有效
370	(2015)九法民初字第07875号重庆市九龙坡区人民法院(一审)	王××诉雷××等民间借贷纠纷案	有效
371	(2014)江法民初字第06277号重庆市江北区人民法院(一审)	重庆鼎圣律师事务所诉李××等民间借贷纠纷案	有效
372	(2014)江法民初字第06746号重庆市江北区人民法院(一审)	罗××诉林××等民间借贷纠纷案	有效
373	(2014)合法民初字第06256号重庆市合川区(市)人民法院(一审)	向×诉杨×等民间借贷纠纷案	有效
374	(2014)丰法民初字第01889号重庆市丰都县人民法院(一审)	邹××诉彭×等民间借贷纠纷案	无效
375	(2014)江法民初字第05791号重庆市江北区人民法院(一审)	中国民生银行股份有限公司重庆分行诉张××等借款合同纠纷案	有效
376	(2014)长法民初字第04620号重庆市长寿区(县)人民法院(一审)	李×诉杨××等民间借贷纠纷案	有效

续表

序号	案号/审理法院	案件名称	代表行为是否有效
377	(2014)九法民初字第08364号重庆市九龙坡区人民法院(一审)	重庆市九龙坡区融盛小额贷款有限责任公司诉陈×等借款合同纠纷案	有效
378	(2014)长法民初字第00536号重庆市长寿区(县)人民法院(一审)	李×诉王×等借款合同纠纷案	有效
379	(2013)万法民初字第07556号重庆市万州区人民法院(一审)	重庆市黄浦建设(集团)有限公司诉熊××等合同纠纷案	无效
380	(2017)黑民申2157号黑龙江省高级人民法院(再审)	哈尔滨依米兰香农业科技有限公司诉张×等借款纠纷案	有效
381	(2017)黑民终239号黑龙江省高级人民法院(二审)	王××等与崔×民间借贷纠纷案	有效
382	(2015)浙民申字第2989号浙江省高级人民法院(再审)	赵×诉太湖县新屹汽车城有限责任公司等民间借贷纠纷案	无效
383	(2015)浙商提字第51号浙江省高级人民法院(再审)	严××等诉赵××等股权转让纠纷案	无效
384	(2016)闽民再84号福建省高级人民法院(再审)	厦门聚畅典当有限责任公司诉张××保证合同纠纷案	有效
385	(2014)闽民申字第1048号福建省高级人民法院(再审)	林×等诉林××民间借贷纠纷案	有效
386	(2016)赣民申213号江西省高级人民法院(再审)	九江尚诺电子有限公司与邓××、王××民间借贷纠纷案	有效
387	(2016)鲁民终867号山东省高级人民法院(二审)	菏泽市海港房地产开发有限公司诉丁××等民间借贷纠纷案	有效
388	(2016)鲁民终276号山东省高级人民法院(二审)	烟台市莱山区万光小额贷款有限公司诉曲××等民间借贷纠纷案	有效
389	(2015)鲁商终字第223号山东省高级人民法院(二审)	江苏联峰实业股份有限公司与山东日照焦电有限公司、中圣天下能源技术发展有限公司股权转让纠纷案	无效
390	(2015)鲁民一终字第92号山东省高级人民法院(二审)	莱芜市塑料彩印厂与苏×等民间借贷纠纷案	有效

续表

序号	案号/审理法院	案件名称	代表行为是否有效
391	(2014)鲁商终字第370号山东省高级人民法院(二审)	聊城市财信投资担保有限公司诉山东阳谷恒泰实业有限公司等担保追偿权纠纷案	有效
392	(2014)民申字第528号最高人民法院(再审)	济宁菲斯特印务有限公司与济宁市任城区农村信用合作联社金融借款合同纠纷案	有效
393	(2014)豫法执复字第00073号河南省高级人民法院(执行)	林××、王××2人对下级法院执行异议案	有效
394	(2014)桂民提字第52号广西壮族自治区高级人民法院(再审)	黄×等诉毛××等公司股权转让合同纠纷案	无效
395	(2016)川民终58号四川省高级人民法院(二审)	乐山华泰中顺投资有限公司与峨眉山市兴鑫小额贷款有限责任公司、四川博基鸿发投资有限责任公司、肖××、李××、范××、党××借款合同纠纷案	有效
396	(2014)川民终字第145号四川省高级人民法院(二审)	黄×等与何××民间借贷纠纷案	有效
397	(2015)云高民申字第194号云南省高级人民法院(再审)	云南高泰高贸易有限公司与王××、昆明钰滇工艺美术品有限公司民间借贷纠纷案	有效
398	(2016)藏01民初68号西藏自治区拉萨市中级人民法院(一审)	麦××诉西藏中棱矿业开发有限公司等股权转让合同纠纷案	无效
399	(2014)藏法民一初字第4号西藏自治区高级人民法院(一审)	梁×诉邢×等民间借贷纠纷案	有效
400	(2014)渝一中法民初字第01100号重庆市第一中级人民法院(一审)	重庆银华融资担保有限公司诉重庆市巴南区诚通小额贷款股份有限公司申请确认仲裁协议效力纠纷案	有效

续表

序号	案号/审理法院	案件名称	代表行为是否有效
401	(2017)粤民申5497号广东省高级人民法院(再审)	上海浦东发展银行股份有限公司惠州分行、金钻(惠州)房地产开发有限公司金融借款合同纠纷案	有效
402	(2017)宁民终82号宁夏回族自治区高级人民法院(二审)	陕西宇佳投资置业有限公司达旗羊场煤矿诉宁夏益商小额贷款有限公司等小额借款合同纠纷案	有效
403	(2016)浙民申3923号浙江省高级人民法院(再审)	朱××等诉嘉兴市开元建筑工程有限公司民间借贷纠纷案	无效
404	(2017)沪0115民初1883号上海市浦东新区人民法院(一审)	吴×与上海金煌煌综合市场经营管理有限公司、沈××股权转让纠纷案	无效
405	(2016)沪02民终10521号上海市第二中级人民法院(二审)	程××诉天津桦清信息技术股份有限公司等民间借贷纠纷案	无效
406	(2017)最高法民申4565号最高人民法院(再审)	十堰市辰泓木材有限公司、中国信达资产管理股份有限公司湖北省分公司金融借款合同纠纷案	无效
407	(2018)最高法民申803号最高人民法院(再审)	贵阳皇嘉酒店管理有限公司(原贵阳皇嘉旅游有限公司、原贵阳闽华旅游有限公司)合同纠纷案	有效
408	(2018)最高法民申206号最高人民法院(再审)	雷士照明(中国)有限公司、广东南粤银行股份有限公司重庆沙坪坝支行金融借款合同纠纷案	有效
409	(2018)最高法民申220号最高人民法院(再审)	六盘水金太阳房地产开发有限公司、熊××民间借贷纠纷案	有效
410	(2017)渝民申2781号重庆市高级人民法院(再审)	重庆市葆春堂蜂业有限公司与杨××、冯××民间借贷纠纷案	有效
411	(2018)苏民申701号江苏省高级人民法院(再审)	句容市明新日用化工有限公司、傅××与句容市崇明农村小额贷款有限公司、镇江澳鑫皮业有限公司等民间借贷纠纷案	有效
412	(2018)苏民申1122号江苏省高级人民法院(再审)	江苏丹上电气成套有限公司与毛××、江苏东源物流有限公司等民间借贷纠纷案	有效

续表

序号	案号/审理法院	案件名称	代表行为是否有效
413	(2018)苏民终79号江苏省高级人民法院(二审)	徐××与扬州瘦西湖酒店有限公司、许×等民间借贷纠纷案	不生效力
414	(2017)浙民终592号浙江省高级人民法院(二审)	西安研苑置业有限公司与浙江城建建设集团有限公司等合同纠纷案	有效
415	(2017)皖民终657号安徽省高级人民法院(二审)	安徽阜阳保利汉铭投资有限公司、邵××企业借贷纠纷案	有效
416	(2017)闽民终1204号福建省高级人民法院(二审)	陈××与潘××等股权转让纠纷案	无效
417	(2017)闽民终1205号福建省高级人民法院(二审)	卢××与潘××等股权转让纠纷上诉案	无效
418	(2017)闽民终1206号福建省高级人民法院(二审)	夏××与潘××等股权转让纠纷上诉案	无效
419	(2017)闽民终1203号福建省高级人民法院(二审)	黄××与潘××等股权转让纠纷上诉案	无效
420	(2018)赣民终94号江西省高级人民法院(二审)	江西中森礼花股份有限公司诉郑××等民间借贷纠纷案	有效
421	(2018)鲁民终20号山东省高级人民法院(二审)	滁州市绿都房地产有限公司诉黄××等民间借贷纠纷案	有效
422	(2017)湘民终755号湖南省高级人民法院(二审)	衡阳市金宇再生物资回收有限公司诉中国民生银行股份有限公司衡阳分行等金融借款合同纠纷案	有效
423	(2017)粤民终3195号广东省高级人民法院(二审)	深圳新都酒店股份有限公司、马××保证合同纠纷案	有效
424	(2018)川民申675号四川省高级人民法院(再审)	侯××、戴××民间借贷纠纷案	无效
425	(2017)川民申3018号四川省高级人民法院(再审)	四川龙宇贸易有限公司、四川金德投资有限责任公司买卖合同纠纷案	有效
426	(2018)新民申81号新疆维吾尔自治区高级人民法院(再审)	森禾控股集团有限公司诉黄××民间借贷纠纷案	有效

续表

序号	案号/审理法院	案件名称	代表行为是否有效
427	(2016)新民终53号新疆维吾尔自治区高级人民法院(二审)	陈××等诉吴××等民间借贷纠纷案	无效
428	(2017)最高法民申4565号最高人民法院(再审)	十堰市辰泓木材有限公司、中国信达资产管理股份有限公司湖北省分公司金融借款合同纠纷案	有效
429	(2018)最高法民申803号最高人民法院(再审)	贵阳皇嘉酒店管理有限公司等与王××等合同纠纷案	有效
430	(2018)最高法民申206号最高人民法院(再审)	雷士照明(中国)有限公司等诉广东南粤银行股份有限公司重庆沙坪坝支行借款合同纠纷案	有效
431	(2018)最高法民申220号最高人民法院(再审)	六盘水金太阳房地产开发有限公司、熊××民间借贷纠纷案	有效
432	(2017)渝民申2781号重庆市高级人民法院(再审)	重庆市葆春堂蜂业有限公司诉冯××等民间借贷纠纷案	有效
433	(2018)苏民申701号江西省高级人民法院(再审)	句容市明新日用化工有限公司等诉句容市崇明农村小额贷款有限公司等民间借贷纠纷案	有效
434	(2018)苏民申1122号江苏省高级人民法院(再审)	江苏丹上电气成套有限公司与毛××、江苏东源物流有限公司等民间借贷纠纷案	有效
435	(2018)苏民终79号江苏省高级人民法院(二审)	徐××与扬州瘦西湖酒店有限公司、许×等民间借贷纠纷案	无效
436	(2017)浙民终592号浙江省高级人民法院(二审)	西安研苑置业有限公司与浙江城建建设集团有限公司等合同纠纷案	有效
437	(2017)皖民终657号安徽省高级人民法院(二审)	安徽阜阳保利汉铭投资有限公司、邵××企业借贷纠纷案	有效
438	(2017)闽民终1204号福建省高级人民法院(二审)	陈××与潘××等股权转让纠纷案	有效
439	(2017)闽民终1205号福建省高级人民法院(二审)	卢××与潘××等股权转让纠纷案	有效

续表

序号	案号/审理法院	案件名称	代表行为是否有效
440	(2017)闽民终1206号福建省高级人民法院(二审)	夏××与潘××等股权转让纠纷案	有效
441	(2017)闽民终1203号福建省高级人民法院(二审)	黄××与潘××等股权转让纠纷案	有效
442	(2018)赣民终94号江西省高级人民法院(二审)	江西中森礼花股份有限公司诉郑××等民间借贷纠纷案	无效
443	(2018)鲁民终20号山东省高级人民法院(二审)	滁州市绿都房地产有限公司诉黄××等民间借贷纠纷案	有效
444	(2017)湘民终755号湖南省高级人民法院(二审)	衡阳市金宇再生物资回收有限公司诉中国民生银行股份有限公司衡阳分行等金融借款合同纠纷案	有效
445	(2017)粤民终3195号广东省高级人民法院(二审)	深圳新都酒店股份有限公司、马××保证合同纠纷案	有效
446	(2018)川民申675号四川省高级人民法院(再审)	侯××、戴××民间借贷纠纷案	有效
447	(2017)川11民终531号四川省乐山市中级人民法院(二审)	四川龙宇贸易有限公司等诉四川金德投资有限责任公司等买卖合同纠纷案	有效
448	(2018)新民申81号新疆维吾尔自治区高级人民法院(再审)	森禾控股集团有限公司诉黄××民间借贷纠纷案	无效
449	(2016)新民终53号新疆维吾尔自治区高级人民法院(二审)	陈××等诉吴××等民间借贷纠纷案	有效
450	(2018)最高法民申675号最高人民法院(再审)	哈尔滨太平湖温泉旅游度假有限公司、郭×民间借贷纠纷案	有效
451	(2018)最高法民申404号最高人民法院(再审)	和昌(福建)房地产开发有限公司、王××民间借贷纠纷案	有效
452	(2018)最高法民终148号最高人民法院(二审)	拜城县滴水铜矿开发有限责任公司、新疆石河子农村合作银行借款合同纠纷案	有效

续表

序号	案号/审理法院	案件名称	代表行为是否有效
453	(2017)最高法民终892号最高人民法院(二审)	山东中通科技发展有限公司、浙商煤炭贸易有限公司保证合同纠纷案	有效
454	(2017)最高法民终865号最高人民法院(二审)	海南中度旅游产业开发有限公司、徐××民间借贷纠纷案	有效
455	(2018)最高法民终298号最高人民法院(二审)	王××、马××股权转让纠纷案	有效
456	(2018)最高法民终36号最高人民法院(二审)	大连科技学院、大连华通凯路实业有限公司金融借款合同纠纷案	有效
457	(2018)闽民再153号福建省高级人民法院(再审)	广西宾阳县华晟房地产开发有限公司、陈×民间借贷纠纷案	有效
458	(2017)津民初125号天津市高级人民法院(一审)	平安银行股份有限公司天津分行与承德磁源矿业集团有限责任公司、杨××金融借款合同纠纷案	有效
459	(2018)皖民终401号安徽省高级人民法院(二审)	王××、安徽宏宜纺织有限公司民间借贷纠纷案	有效
460	(2018)云民终596号云南省高级人民法院(二审)	曲靖华泰房地产开发有限公司、中国农业银行股份有限公司曲靖分行金融借款合同纠纷案	有效
461	(2017)沪民初23号上海市高级人民法院(二审)	上海盛实乐行投资管理合伙企业与合肥骅晋达置业有限公司、厦门和合兴投资有限公司等借款合同纠纷案	有效
462	(2018)粤民终1106号广东省高级人民法院(二审)	广东威立电力器材有限公司、陈××民间借贷纠纷案	有效
463	(2018)赣民终120号江西省高级人民法院(二审)	赣州银行股份有限公司南昌分行、江西欧沃投资有限公司金融借款合同纠纷案	无效
464	(2018)皖民终437号安徽省高级人民法院(二审)	李××、李××民间借贷纠纷案	有效
465	(2018)津民终182号天津市高级人民法院(二审)	亿阳信通股份有限公司、天津溢美商业保理有限公司合同纠纷案	有效

续表

序号	案号/审理法院	案件名称	代表行为是否有效
466	(2018)赣民终299号江西省高级人民法院(二审)	南昌绿地申人置业有限公司、罗××民间借贷纠纷案	有效
467	(2018)浙民再13号浙江省高级人民法院(再审)	胡××、上海华久电器有限公司、郑××等保证合同纠纷案	有效
468	(2018)陕民终167号陕西省高级人民法院(二审)	胡××、白××、蔡××与上诉人朱××、姚×、徐××、西安霹雳文化产业有限公司合同纠纷案	有效
469	(2018)新民终107号新疆维吾尔自治区高级人民法院(二审)	库尔勒恒业房地产开发有限责任公司与马××、肖××等民间借贷纠纷案	有效
470	(2018)苏民再180号江苏省高级人民法院(再审)	江苏苏兴建设工程有限公司与湖北保利建筑工程有限公司追偿权纠纷案	无效
471	(2017)粤民终3195号广东省高级人民法院(二审)	深圳新都酒店股份有限公司、马××保证合同纠纷案	有效
472	(2017)川民终374号四川省高级人民法院(二审)	四川康达烟花爆竹有限责任公司、仁寿县民庆烟花爆竹连锁有限公司金融借款合同纠纷案	有效
473	(2018)鲁民终414号山东省高级人民法院(二审)	山东新沙单轨运输装备有限公司、泰安银行股份有限公司金融借款合同纠纷案	有效
474	(2017)皖民终657号安徽省高级人民法院(二审)	安徽阜阳保利汉铭投资有限公司、邵××企业借贷纠纷案	有效
475	(2018)川民初8号四川省高级人民法院(一审)	达州银行股份有限公司万源市支行与泰丰元创投资发展有限公司、四川昊鑫融资担保有限公司金融借款合同纠纷案	有效
476	(2018)鲁民终495号山东省高级人民法院(二审)	德润融资租赁股份有限公司、金鼎租赁有限公司融资租赁合同纠纷案	有效

续表

序号	案号/审理法院	案件名称	代表行为是否有效
477	(2018)甘民终133号甘肃省高级人民法院(二审)	兰州金昌达商贸有限公司、甘肃鑫盛信用担保有限公司等与周××借款合同纠纷案	有效
478	(2018)川民终41号四川省高级人民法院(二审)	乐×、钟××、冯××等借款合同纠纷案	有效
479	(2017)闽民终625号福建省高级人民法院(二审)	山××、福清日清食品有限公司民间借贷纠纷案	有效
480	(2018)京03民终327号北京市第三中级人民法院(二审)	袁××等与崔×民间借贷纠纷案	有效
481	(2018)京02民终9465号北京市第二中级人民法院(二审)	襄汾县尧舜馗热力有限责任公司与金文彩节能技术(北京)有限公司等买卖合同纠纷案	有效
482	(2018)京01民终5349号北京市第一中级人民法院(二审)	京航海天(北京)商务服务有限公司等与中铁北京工程局集团有限公司合同纠纷案	无效
483	(2018)京03民终243号北京市第三中级人民法院(二审)	杨×等与于××借款合同纠纷案	有效
484	(2018)京03民终5408号北京市第三中级人民法院(二审)	北京金圣缘古典家具有限公司等与杭州银行股份有限公司北京顺义支行金融借款合同纠纷案	无效
485	(2018)津01民终1966号天津市第一中级人民法院(二审)	河北景鹏预应力钢绞线有限公司、崔××追偿权纠纷案	有效
486	(2018)津01民终2647号天津市第一中级人民法院(二审)	陈××、天津华今集团有限公司民间借贷纠纷案	有效
487	(2017)沪02民终9838号上海市第二中级人民法院(二审)	上海凝鸿典当有限公司与臧×等民间借贷纠纷案	有效

续表

序号	案号/审理法院	案件名称	代表行为是否有效
488	(2018)沪02民终3142号上海市第二中级人民法院(二审)	上海泰赋仓储有限公司与徐××保证合同纠纷案	有效
489	(2017)沪01民终13058号上海市第一中级人民法院(二审)	王××诉上海远东赢信房地产估价有限公司民间借贷纠纷案	有效
490	(2017)渝01民终8544号重庆市第五中级人民法院(二审)	六枝特区瑞兴房地产开发有限公司诉罗×等民间借贷纠纷案	有效
491	(2018)渝05民初270号重庆市第五中级人民法院(一审)	重庆旗能电铝有限公司与重庆汇程铝业有限公司、大连汇程铝业有限公司买卖合同纠纷案	有效
492	(2017)渝03民初28号重庆市第三中级人民法院(一审)	恒丰银行涪陵支行与国通建材公司等金融借款合同纠纷案	有效